L'Uomo Delinquente

태생적 범죄자

발 행 일　2024년 11월 25일　초판 1쇄 발행

지 은 이　롬브로소 체사레 Lombroso, Cesare
발 행 인　이헌숙
번　　역　김건아
북디자인　김학용
발 행 처　주)휴먼컬처아리랑
　　　　　경기 양평군 옥천면 용천로 37
전　　화　070-8866-2220
전자우편　thethinkbook@naver.com
등록번호　132-81-87282

www.휴먼컬처아리랑.kr

ISBN 979-11-6537-386-3 (93330)

L'Uomo Delinquente

롬브로소 체사레 지음

태생적 범죄자

저자 소개

롬브로소 체사레

Lombroso, Cesare

롬브로소 체사레는 1835년 11월 6일, 이탈리아의 비르가모에서 태어났다. 그는 피에몬트 대학에서 의학을 공부했으며, 그 후 의사로서 활동을 시작하였다.

롬브로소는 "타고난 범죄인"(Criminal Man)이라는 개념을 도입하였다. 그는 범죄인이 유전적으로 범죄를 저지를 수밖에 없는 '타고난' 성향을 가지고 있다고 주장하였다. 그의 이론에 따르면 범죄인은 특정한 신체적 특성인 비정상적인 두개골 형태나 불규칙한 신체 특징을 가지며, 이러한 신체적 특징이 범죄 행위와 관련이 있다고 보았다. 그는 주요 저서인 『범죄인』(L'Uomo Delinquente, 1876)에서 그는 범죄인의 생리적, 신체적 특징을 분석하였다. 이 저서는 그의 이론을 체계적으로 제시하며 큰 영향을 미쳤다. 또한 범죄의 심리적, 사회적 원인에 대한 연구도 진행하였으며 이 과정에서 다양한 사례 연구와 통계 분석을 활용하였다. 롬브로소의 이론은 그의 시대에 큰 논란을 일으켰다. 그는 범죄가 개인의 선택이 아니라 본능적, 유전적 요인에 의해 결정된다고 주장함으로써 범죄 예방과 처벌의 방법론에 대한 새로운 논의가 일어났다. 비록 현대의 범죄학에서는 그의 생물학적 결정론이 비판받기도 하지만, 롬브로소의 연구는 범죄학의 발전에 중요한 기여를 하였으며 범죄와 정신질환의 관계를 탐구하는 데 중요한 기초를 제공하였다. 그는 범죄학과 정신과학의 교차점을 탐구하며 범죄학 연구에 생물학적 접근을 도입하였다. 그의 연구는 범죄학뿐만 아니라, 심리학, 사회학, 법학 등 다양한 분야에 영향을 미쳤다. 그는 1909년 10월 19일, 그의 연구와 이론이 남긴 유산을 뒤로하고 세상을 떠났다. 롬브로소 체사레는 그의 생애 동안 범죄학의 발전에 기여한 중요한 인물로 범죄의 원인을 생물학적 요인에 초점을 맞추어 연구한 점에서 현대 범죄학에 큰 영향을 미쳤다.

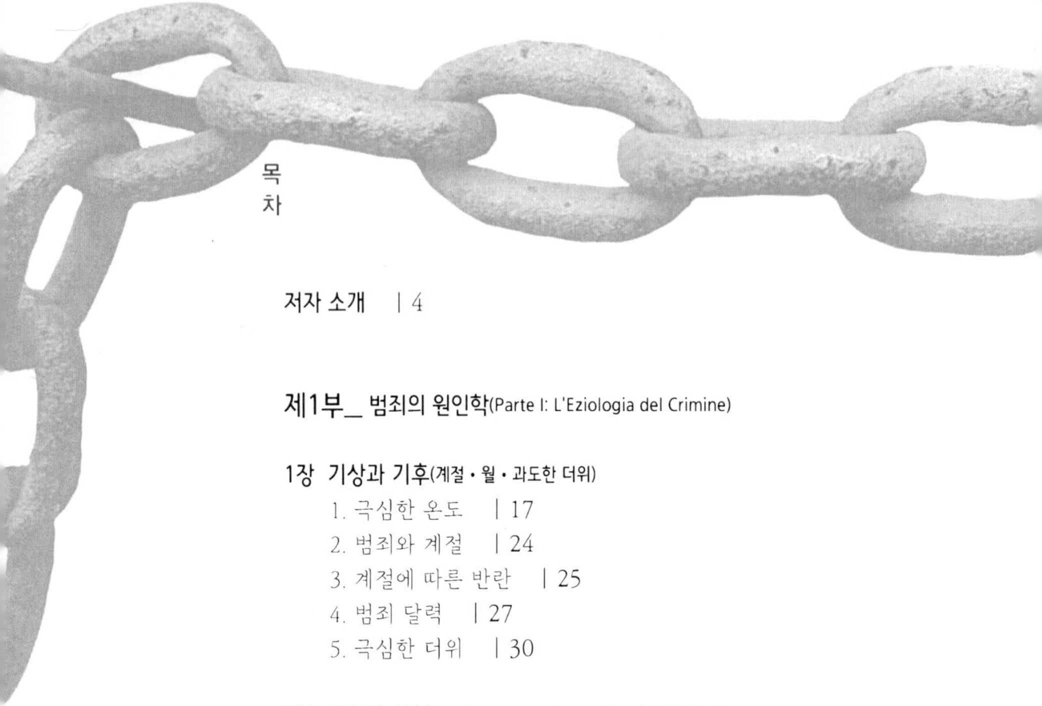

목차

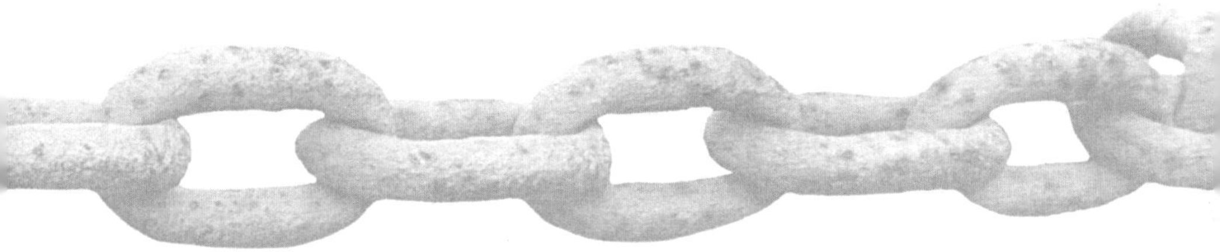

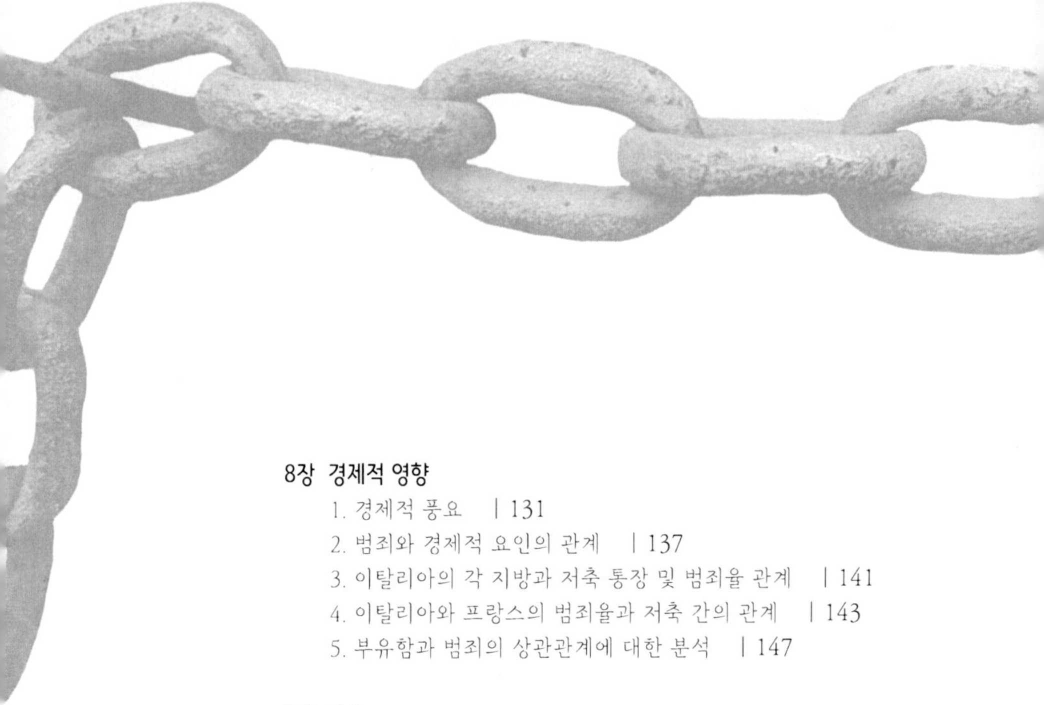

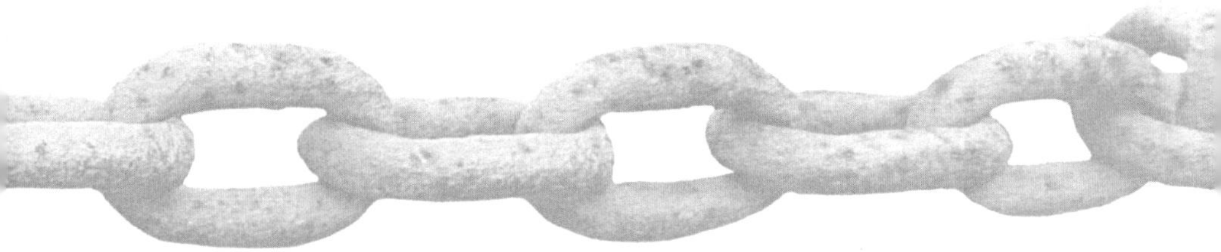

15장 교도소

16장 전쟁과 이민범죄

제2부_ 범죄 예방 및 치료

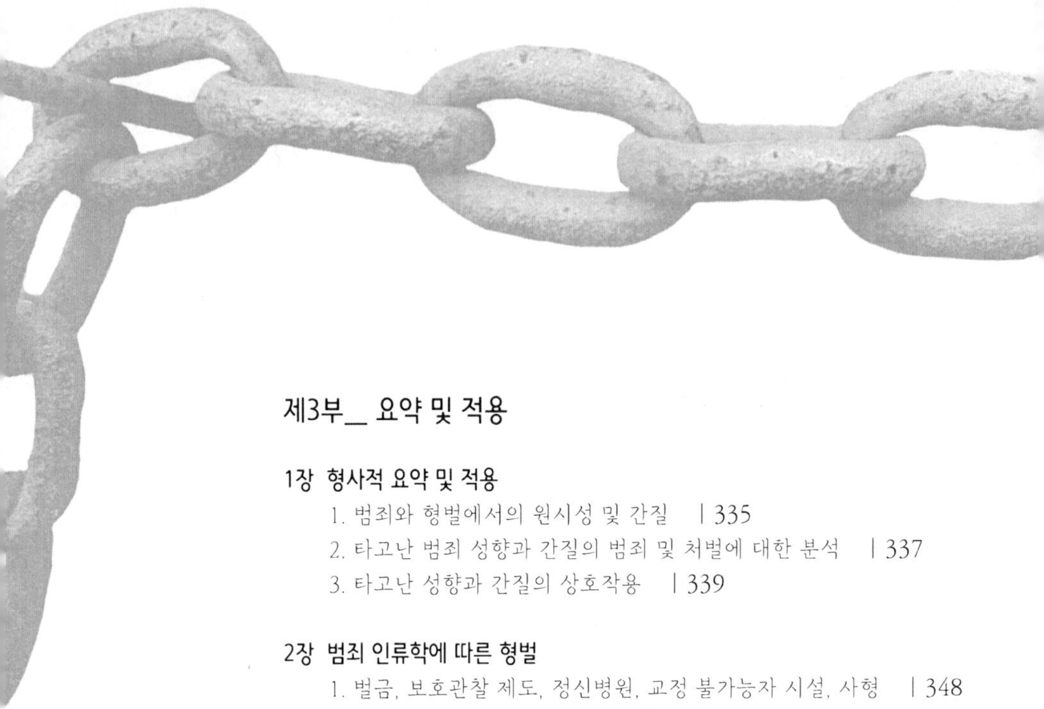

제3부__ 요약 및 적용

1장 형사적 요약 및 적용

2장 범죄 인류학에 따른 형벌

3장 사회적 보호와 범죄자 처리에 대한 제안

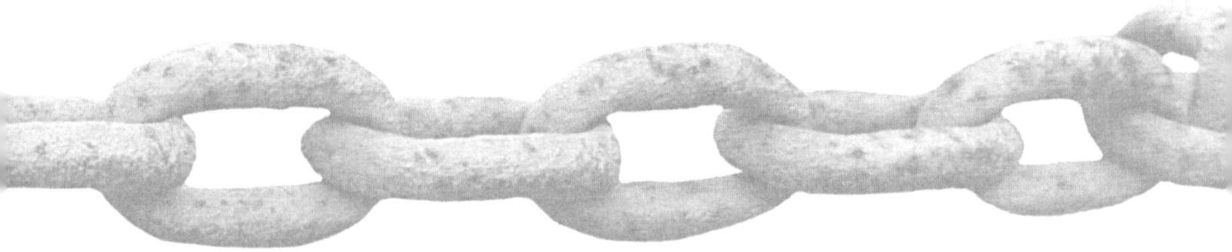

제1부

범죄의 원인학

1장

기상과 기후

(계절 • 월 • 과도한 더위)

1. 극심한 온도

모든 범죄는 여러 가지 원인에 뿌리를 두고 있다. 이러한 원인들이 자주 얽히고 합쳐지지만, 학문적 필요나 언어적 이유로 인해 개별적으로 고려하는 것이 유용하다. 이는 인간의 모든 현상에서 단일 원인만으로 설명되는 경우는 거의 없지만, 콜레라, 장티푸스, 결핵과 같은 질병은 특정 원인에서 비롯된다고 알려져 있다. 그외 많은 다른 기상적, 위생적, 개인적, 심리적 요인들도 이들 질병에 영향을 미친다.

생물학적 행위를 결정하는 원인 중에서 가장 중요한 것은 기상 조건이다. 특히 이 중에서 열의 영향이 가장 중요한 드로세라 로툰디폴리아(Drosera Rotundifolia 원형이끼식물)는 43.3도에서 물에 노출되면 굽어지고 질소화합물에 대한 민감도가 높아진다. 그러나 54.4도의 높은 온도에서는 더 이상 굽어지지 않으며 촉수는 일시적으로 마비된다. 냉수에 다시 넣으면 다시 팽팽해진다. 통계와 생리학은 우리의 많은 기능이 열에 의해 영향을 받는다는 것을 보여주었다. 따라서 극심한 더위가 인간의 심리에 얼마나 큰 영향을 미치는지 이해할 수 있다.

역사상 열대 지역에서 민중이 노예 상태에서 벗어난 사례는 없다. 극심한 더위가 영양의 풍부함을 초래하지 않은 사례는 없으며 영양의 풍부함이 부의 불평등한 분배와 이어지는 정치적, 사회적 권력의 불평등을 초래하지 않은 경우도 없다. 이러한 조건에 놓인 나라들에서는 민중이 아무런 역할도 하지 않으며 국가의 통치에 대한 통제력이나 발언권도 없다. 만약 정부에 혁명이 있었다면 그것은 모두 궁정 내에서 일어난 것이지 민중으로부터 일어난 것이 결코 아니었다.

버클(Buckle)은 이러한 현상의 원인으로 열대 지역에서 인간이 투쟁에 저항하는 힘이 약해진다는 사실을 지적했다. 이는 지역적, 환경적 특성으로 인해 인간에게 필요한 연료나 의복, 음식의 중요성이 줄어들기 때문이다. 이렇듯 생존에 쉬운 환경 때문에 인간은 무기력해지고, 타파스(Tapas 열정, 자제), 케프(Keff 휴식), 조가(Joga 결합, 연결) 그리고 데바이드(Tebaide)[1)]의 금욕주의로 이끌린다. 극심한 더위로 인해 무기력이 필요하게 되며 지속적인 약함의 감정에 영감을 받아 경제는 혼란에 더 쉽게

*1) 테바이드(Tebaide)라는 용어가 특정한 금욕적 생활 방식, 특히 기독교 초기 수도사들이 은둔 생활을 했던 이집트의 테바이드 지역을 가리키는 것을 의미한다. 이 문맥에서 "Tebaide의 금욕주의"는 이 수도사들이 추구했던 엄격한 금욕적 생활 방식과 고독한 은둔 생활을 상징한다.

노출된다. 이는 느긋한 관조와 과장된 찬미, 그리고 종교적, 독재적 광신주의를 촉진한다. 따라서 과도한 방탕과 과도한 미신이 번갈아 나타나며, 가장 가혹한 독재가 무법천지와 번갈아 나타나게 된다.

추운 나라에서는 생존에 대한 저항력이 더 크다. 이는 음식이나 의복, 난방이 더 어려워지기 때문이다. 그러나 바로 이 때문에 이상주의와 불안정성이 줄어든다. 극심한 추위는 상상력을 매우 느리게 만들고, 사람의 마음을 덜 자극적이고 덜 변덕스럽게 만든다. 게다가 인간은 열 부족을 보충하기 위해 많은 연료와 탄소를 함유한 음식을 섭취해야 하므로 이는 개인적, 사회적 활력에 손해를 끼친다. 이로 인해, 그리고 신경중추에 미치는 직접적인 억제 효과로 인해 더 큰 차분함과 온화함이 생긴다. 닥터링크(Dr. Rink)는 에스키모족을 매우 평화롭고 차분하게 묘사하며 싸움이나 다툼에 해당하는 말조차 없다고 한다. 그들 중 가장 큰 반응은 침묵이다.(R. Britanniq., 1876) 그리고 라레(Larrey)는 러시아의 혹독한 추위 속에서 이전에는 위험, 부상, 굶주림에도 굴하지 않던 병사들이 약해지고 심지어 비겁해지는 것을 목격했다.

보베(Bove)는 축치(Tschiuucki 러시아 북동부 시베이라의 축치 자치구)에서 -40도에서는 싸움도 폭력도 범죄도 전혀 일어나지 않았으며 그들은 서로 간에 무관심하고 사랑스럽게 지냈다고 전한다.

용감한 북극 탐험가 프레이어(윌리엄 티에르히 프레이어(William Thierry Preyer)라는 독일의 생리학자이자 심리학자)는 -40도에서 그의 의지가 마비되고 감각이 둔해지며 말이 막히는 것을 경험했다고 한다. 이것이 왜 반 야만적인 독재 국가인 러시아뿐만 아니라, 가장 자유로운 스칸디나비아 지역도 적어도 몇 년 전에는 혁명이 거의 없었으며, 두 지역이 거의 동일한 수준이었는지를 설명해 준다.

적당한 열의 작용 반대로 반란과 범죄를 더욱 자극하는 열은 상대적으로 적당한 온도이다. 이는 남부 민족들의 심리에 대한 관찰로 재확인되는데 그들은 불안정한 경향을 보이며 개인이 사회적 기관이나 공공, 국가보다 우선시된다. 이는 적당한 열이 알코올처럼 신경 중추를 자극하지만 무기력에 이르지 않기 때문이며 열이 필요를 완전히 없애지 않으면서도 농업 생산을 증가시키고, 음식, 의복, 알코올에 대한 요구를 줄이기 때문이다. 파르마 지역의 방언에서 태양은 '허술하게 옷 입은 자들의 아버지'라고 불린다.

도데는 "누마 루메스탄"이라는 소설 전체를 통해 남부 기후가 도덕적 성향에 미치는 큰 영향을 묘사하였다. 그는 '남부 사람은 술을 좋아하지 않는다. 태어날 때부터 이미 취한 상태이다. 태양과 바람이 그들에게 끔찍한 자연 알코올을 증류해 주며 그곳에서 태어난 모든 사람이 그 영향을 느낀다'라고 썼다. 어떤 사람들은 단지 그 온기만으로도 혀가 풀리고 동작이 과장되며 용기가 두 배로 늘어나고 모든 것이 푸르게 보이고, 거짓말을 하게 된다. 일부 사람들은 맹목적인 광기에 이르기도 한다. 그리고 남부 사람 중에 분노나 열광 후에 일어나는 순간적인 탈진과 같은 독성 증상을 느끼지 않은 사람이 어디 있겠는가?'

이탈리아 남부 지역에 관해 로코 데 제르비(Rocco De Zerbi)[2]는 '이탈리아의 약점은 무릎과 다리, 발에 있다.' 즉, 이탈리아는 북쪽이 머리와 상체, 남쪽이 하체에 해당하고 "무릎과 다리, 발"은 이탈리아의 남부 지역을 가리킨다. 이 지역은 역사적으로 경제적, 사회적 문제를 많이 겪어왔다. 이러한 문제들은 북부와의 경제적 격차, 사회적 불안정성, 정치적 부패 등으로 이어졌고, De Zerbi는 이러한 남부 지역의 문제를 이탈리아 전체의 "약점"으로 여겼다. 밀라노에서는 두 당파가 서로 싸우고, 긁어내고, 찢어내며, 각자가 믿음을 가지고 있기 때문이다. 여기에서는 같은 일이 벌어지지만, 믿음 없이 행해졌다. 여기서 믿음은 희망으로 대체된다. 정직한 사람들에게는 덜 지불할 희망, 덜 정직하거나 궁핍한 사람들에게는 더 많이 벌 희망이다'라고 썼다.

톰마지-크루델리(Tommasi-Crudeli)[3]는 '팔레르모의 모든 혁명에서 지배자들에 대한 증오뿐만 아니라, 무정부주의적 본능과 자유가 법의 지배가 끝났다는 생각에서 밀려난 폭력적이고 난폭한 사람들이 중요한 역할을 했다'라고 썼다.

투리엘로(Turiello)는 그의 저서 "정부와 피통치자들"에서 남

*2)
Rocco De Zerbi는 여러 희곡과 소설을 썼으며, 그의 작품들은 당대 이탈리아 사회와 정치적 상황을 반영한 것이 많다. 그는 이탈리아 통일 운동(리소르지멘토)에 대한 열정과 국가의 미래에 대한 관심을 문학 작품에 담았다.

*3)
19세기 이탈리아의 사회학자이자 역사학자로, 이탈리아의 역사와 사회적 문제에 대해 연구한 인물이다. 그의 주요 작업 중 하나는 이탈리아 사회의 혁명과 정치적 동향을 분석하는 것이었다. 그의 작품에서 그는 이탈리아의 정치적 상황과 사회적 문제를 탐구하며, 특히 지역사회의 갈등과 그로 인한 사회적 변화에 주목했다. Tommasi-Crudeli는 이탈리아의 사회적 문제와 정치적 혁명에 대한 통찰력을 제공하며, 당시의 사회적 역학과 갈등을 이해하는 데 중요한 기여를 했다.

부 지역에서 범죄율이 높은 원인 중 하나로 개념의 명확성이 부족하다는 점을 지적했다.

'나폴리 사람은 벽 옆에서 때린다'는 의미로 벽에 가까이 쳤다고 말한다. 나는 너를 원한다는 의미로 너에게 간다고 말한다. 그들은 작은 가치를 무시한다. 심지어 그림에서도 색채가 도안보다 우세하며 작은 도둑질을 무시하는 것에서 시작해 점차 신뢰와 의무를 잃게 된다. 남부는 북부보다 감정의 진폭이 더 크고, 사랑, 공포, 충동에 의해 더 많은 범죄를 저지르며, 따라서 사람들에 대해 더 많은 범죄를 저지른다. 반면 북부에서는 의도적으로 더 많은 범죄를 저지르며 제어가 부족한 남부에서는 더 즉각적인 해악을 초래하고, 북부에서는 더 지속적인 해악을 초래한다. '남부인의 다른 특징은 개별성으로 이는 그들이 단체를 형성하는 것을 꺼리게 하며 모든 사회가 분열되는 경향을 보이게 한다. 이로 인해 남부인은 개별적 가치를 더 중요시하게 되지만 결국에는 더 큰 약점으로 이어진다. 나는 이탈리아에서 과학 사회가 단지 상호 칭찬을 위한 평범한 사람들 사이에서만 형성되며, 결코 두 명의 뛰어난 인물이 함께하지 않는다는 것을 관찰했다'라고 덧붙였다.

레나토 푸치니(Neri Tanfuci)[4]는 그의 저서 "한눈에 본 나폴리"에서 남부인의 특징 중 하나로 불안정성을 언급했다. "그들은 순진한 존재처럼 보이다가 갑자기 교활한 악당처럼 보인다. 그들은 부지런하면서도 게으르고, 절제하면서도 방탕

*4)
19세기 이탈리아의 사회학자이자 작가로, 특히 남부 이탈리아의 사회적 특성에 대한 연구로 알려져 있다. 그의 주요 저서 중 하나는 《Napoli a colpo d'occhio》로, 이 책에서는 나폴리와 그 주변 지역의 사회적, 문화적 특성을 분석하고 있다. Tanfuci는 남부 이탈리아 사람들의 특성과 생활 방식을 연구하며, 그 지역의 독특한 사회적 행동과 특성에 대한 통찰을 제공했다. 그의 연구는 주로 지역 사회의 문화적, 사회적 행동 패턴을 이해하는 데 중점을 두었으며, 당시 사회의 복잡성을 잘 드러내고 있다.

하다. 요컨대, 그들의 성격은 특히 하층민의 경우 장어처럼 미끄러져 결코 고정되지 않는다. 기후는 수치심의 상실을 촉진한다.

그들은 다산하며, 자녀들의 미래에 대한 생각이 그들을 두렵게 하지 않는다.

'라짜로네'는 기회가 있을 때 도둑질을 하지만 위험이 따를 때는 하지 않는다. 그는 허풍을 떨며 열 가지를 말하고 하나를 실천한다. 싸움을 걸 때는 겁을 먹고서도 몸짓과 소리로 위협하며, 실질적인 싸움은 피하려 한다. 그러나 일단 몸싸움에 돌입하면 잔인해진다.

질투심에 사로잡혀 의심스러운 여성을 상처 입히며, 그 여자는 이를 받아들인다. 독립적인 성격 때문에 병원이나 수용시설을 견디지 못한다. 일해야 할 때는 훌륭하게 일을 해내며 가족에 대한 애정이 강하다. 그들은 적은 것에 만족하며 술에 취하지 않는다. 교활하고 거짓말을 잘하며 겁이 많은 그들의 삶은 작은 사기와 속임수, 그리고 구걸의 연속이다. 그들은 한 푼의 동정을 얻기 위해 신발을 핥을 수 있으며, 전혀 수치심을 느끼지 않는다.

그들의 지식은 미신이다. 곱사등이나 장님이 지나가면 특별한 주술이 있다. 그들의 생각은 신, 악마, 마녀, 저주, 성 삼위일체, 명예, 칼, 도둑질, 장식품, 그리고 '카모라'의 범위 안에 있다. 하층민들은 카모라를 두려워하지만 동시에 존경한다. 이는 그들이 다른 폭력적인 자들로부터 자신을 보호해 줄 유일한 권위라고 생각하기 때문이다. 카모라는 그들에게 어떤 형태로든 정의에 가까운 것을 제공할 유일한 권위이다."

2. 범죄와 계절

온도가 많은 범죄에 어떻게 영향을 미치는지 이해하기 쉽다. 게리(Guerry 법학 통계학자)의 통계에 따르면, 영국과 프랑스에서 강간과 살인 범죄는 더운 달에 더 많이 발생한다. Curcio도 이탈리아에서 같은 사실을 발견했다. 쿠르치오(Curcio)에 따르면, 우리나라에서도 살인은 가장 더운 달에 가장 많이 발생했다. 독살 또한 5월에 가장 많이 발생한다. 이 같은 현상은 반란에서도 관찰된다. 1791년부터 1880년까지 전 세계에서 발생한 836건의 반란을 연구한 결과 아시아와 아프리카에서 가장 많은 반란이 7월에 발생한 것을 발견했다. 유럽과 아메리카에서도 더운 달에 반란이 가장 많이 일어나는 현상이 두드러졌다. 유럽에서는 7월에 아메리카에서는 1월에 가장 많은 반란이 발생했으며 이는 각각 가장 더운 달이다. 가장 적은 반란이 발생한 달은 유럽에서 11월과 12월, 아메리카에서 5월과 6월이었다. 이들은 각 지역의 기온에 상응하는 달들이다. 유럽 전체에서 개별 국가로 범위를 좁혀보면 더운 달에 가장 많은 혁명이 발생한 것을 발견할 수 있다. 이탈리아, 스페인, 포르투갈, 프랑스에서는 7월에 혁명이 가장 많이 발생하였으며, 독일, 터키, 영국, 스코틀랜드에서는 8월에 그리스에서는 3월과 함께 8월에 혁명이 가장 많이 발생하였다. 아일랜드, 스웨덴, 노르웨이, 덴마크에서는 3월, 스위스에서는 1월에 벨기에와 네덜란드에서는 9월, 러시아와 폴란드 4월, 그리고 보스니아, 헤르체고비나, 세르비아, 불가리아 5월과 4월에 혁명이 가장 많이 발생하였다. 따라서 더운 달의 범죄 영향이나 혁명이 발발할 영향은 남부 국가에서 더 크다고 할 수 있다.

3. 계절에 따른 반란

유럽에서 100년 동안의 반란 데이터를 계절별로 분류하면 다음과 같다.

남부 국가들을 포함한 9개 국가에서는 여름에 반란이 가장 많았고, 4개 국가(주로 북부 국가들)에서는 봄에 반란이 가장 많았다. 가을에 반란이 가장 많았던 국가는 오스트리아-헝가리였고, 겨울에 반란이 가장 많았던 국가는 스위스였다. 두 가지 예외를 제외하면 봄에는 항상 가을보다 더 많은 혁명이 일어났다. 남미를 포함한 아메리카를 고려할 때 1월은 남미에서

7월에 해당하며 2월은 8월에 해당한다고 볼 수 있다. 이처럼 여름이 두 반구 모두에서 첫 번째 자리를 차지하며 봄은 항상 가을과 겨울보다 많다. 이는 범죄와 마찬가지로 초기 더위와 적은 식량 때문일 가능성이 있다. 가을과 겨울은 혁명의 수에서 큰 차이가 없으며 아메리카에서는 겨울에 일어난 혁명이 가을보다 7번 더 많고, 유럽에서는 겨울이 가을보다 2번 적다. 다른 범죄에 대해서도 여름과 봄이 분명히 우세하며 게리(Guerry)에 따르면 브누아스통 드 샤토뇌프(Benoiston de Chateneuf)[5]는 여름에 군대에서 결투가 더 빈번하게 발생한다고 보고했다.

더운 해에 페리(Ferri)는 그의 저서 "범죄와 연간 기온 변화의 의존성"(Das Verbrechen in seiner Abhängigkeit von dem järhlichen Temperaturwechsel, 1882)에서 1825년부터 1878년까지의 프랑스 범죄 통계를 연구하여 월뿐만 아니라 더운 해와 추운 해가 범죄율과 거의 완벽한 평행성을 보인다는 결론을 내렸다.

온도의 영향은 1825년부터 1848년까지 분명하고 지속적으로 나타나며 종종 농업 생산이 미치는 영향보다 더 크다. 1848년 이후 더 심각한 농업 및 정치적 변동을 제외하고는 온도와 범죄율 간의 일치는 시간이 지남에 따라 다시 나타나지만, 특히 살인과 같은 경우에는 그 영향이 덜 분명하고 민감하게 나타난다. 반면, 강간 및 수치심에 대한 공격은 연간 온도 변화에 훨씬 더 정확하게 따라간다. 따라서 재산 범죄의

*5)
프랑스의 범죄학자이자 사회학자로, 주로 범죄와 범죄자의 심리적 및 사회적 측면을 연구한 인물이다. 그의 연구는 19세기 후반과 20세기 초의 범죄학과 사회학 분야에서 중요한 기여를 했다. 그가 쓴 "Crimes et Suicides"(범죄와 자살)이라는 책에서는 범죄와 자살의 발생률을 계절과 기후와 같은 다양한 요소와 연관 지어 연구하였다. 특히 그는 군대 내에서의 범죄와 자살율의 변화를 계절과 온도 변화와 연관지어 분석한 것으로 알려져 있다.

경우 1월에 도둑질과 위조가 많으며, 다른 계절에는 큰 차이가 없다. 여기서 기상의 영향은 완전히 다르게 나타난다. 기상은 필요를 증가시키고, 이를 충족시킬 수단을 감소시킨다.

4. 범죄 달력

알렉상드르 라카상(Lacassagne와 프랑수아 쇼시노 Chaussinaud 법학자들) 그리고 모리(Maury)는 각 범죄의 통계를 통해 범죄 달력을 만들어 이 연구를 완성했다. 이는 식물학자들이 우리에게 식물 달력을 제공한 방식과 유사하다. 유아살해는 1월, 2월, 3월, 4월에 가장 많이 발생하며 이는 봄철의 높은 임신률과 일치하며, 5월에는 줄어들고 특히 6월과 7월에 감소한 후, 11월과 12월에 다시 증가한다. 이 시기는 불법 출생률과 낙태의 발생률과도 대체로 일치한다. 살인은 7월에 최고치를 기록하며, 상해도 마찬가지이다. 반면, 부모 살해는 1월과 10월에 최고치를 기록한다.

온도는 아동 성폭행에서 가장 큰 영향을 미치며, 이 범죄는 6월에 최고치를 기록하고 이어서 5월, 7월, 8월에 최고치를 기록한다. 12월에는 최저치를 기록하며 다른 추운 달들이 뒤를 잇는다. 성인 성폭행은 같은 패턴을 따르지 않으며 6월에 최고치를 기록하고 11월에 최저치를 기록한다. 12월과 1월에는 다시 증가하며 2월에는 정체 상태에 있다가 3월과 5월에 다시 상승한다.

상해는 기후의 영향을 덜 받아 불규칙한 경향을 보인다. 2월에 상승했다가 다음 몇 달 동안 하락하며 5월에 다시 상승하고 6월에도 상승했다가 7월에 다시 하락하며 8월과 9월에 다시 상승한다. 11월과 12월에는 다시 하락한다. 반면, 재산 범죄에서는 변동이 그렇게 크지 않다. 그러나 12월과 1월에 3,000건 이상 증가하며 추운 계절에 일반적으로 더 많이 발생하고 4월과 더운 계절에는 감소한다. 이는 추위 자체의 직접적인 영향 때문이 아니라, 겨울에는 필요가 증가하고 이를 충족할 수단이 줄어들며 도둑질의 기회도 더 많아지기 때문이다.

마지막으로, 모리(Maury)의 흥미로운 연구(사회 도덕의 움직임)를 Guerry의 원고를 바탕으로 한 달씩 추적해 본 결과 다음과 같은 결론을 얻을 수 있다.

3월에는 유아살해가 가장 많은 비율을 차지하며, 10,000건의 범죄 중 1,193건이 이 범죄와 관련된다. 이어서 폭력적인 성폭행이 1,115건, 출산의 추정과 실종이 1,019건, 미성년자 납치가 1,054건으로 뒤를 잇는다. 3위에는 997건의 협박이 기록된다.

5월에는 방랑이 1,257건으로 가장 많이 발생하며, 이어서 성폭행과 수치심에 대한 공격이 1,150건, 독살이 1,144건, 미성년자 성폭행이 1,106건으로 기록된다. 미성년자 성폭행은 이달에 급격히 증가하여 3월의 35위에서 4위로 올라가며, 4월에는 이미 10위로 하락한다. 6월에는 1,303건으로 2위에 오른다. 그러나 6월에 가장 많이 발생한 범죄는 성인 성폭행이며 1,313건이 기록된다. 4위는 낙태가 차지하며 1,080건이다. 3위는 부모 살해로 1,151건이 기록된다.

7월에는 미성년자 성폭행이 1위를 차지하며 1,330건이 기록된다. 이외에도 가장 많이 발생한 범죄는 모두 같은 종류이다. 미성년자 납치가 1,118건, 수치심에 대한 공격이 1,093건으로 뒤를 잇는다. 3위에는 1,100건의 친족 상해가 기록된다. 8월에는 성범죄가 3위로 하락하며 1위는 농촌 방화가 차지한다.

9월에는 잔혹한 감정이 줄어들며 아동에 대한 성폭행은 15위, 성인에 대한 성폭행은 25위에 머문다. 반면에 도둑질과 신뢰 남용은 4위를 차지한다.

뇌물 수수와 부패는 9월과 10월에 가장 많이 발생하는데, 이는 이 시기가 임대 계약과 재정 보고의 시기이기 때문이다. 많은 출산 은폐와 거짓 출산은 출생이 가장 많은 시기와 일치한다.

10월부터 1월까지는 살인, 부모 살해, 도로에서의 절도 사건이 자주 발생하는데 이는 긴 밤과 외로움 때문인 것으로 보인다. 11월에는 사업이 재개되면서 문서 위조와 부패 사건이 증가한다. 1월에는 화폐 위조와 교회에서의 도둑질이 가장 많이 발생하는데 이는 분명 어두컴컴한 날씨 때문일 것이다. 2월에는 유아 살해와 출산 은폐가 다시 등장한다. 이는 임신이 가장 많이 이루어지는 시기와 일치하기 때문이다. 10월에 성욕 범죄는 28위, 성인에 대한 공격은 29위를 기록했으나 11월에는 각각 24위와 26위로 떨어졌다.

5. 극심한 더위

고온의 더위와 습기가 적당한 추위보다 범죄 발생율에 덜 영향을 미친다는 점에서 Corre[6] 는 또 다른 유사점을 제시했다. 그는 과들루프의 크레올 범죄에서 가장 더운 날(7월 5일, 29.3도)에 범죄, 특히 사람에 대한 범죄가 최소화되었으며, 반면 3월(17도)에는 범죄가 최대치를 기록했다는 것을 관찰했다. 이는 대규모의 더위가 혁명에 미치는 영향과 유사한 온도의 역전 효과이며 이는 극심하고 습한 더위가 억제제로 작용하고 가벼운 추위가 자극제로 작용하기 때문이다.

서늘한 계절에는 재산에 대한 범죄가 53건, 사람에 대한 범죄가 48건 발생했다. 더운 계절에는 사람에 대한 범죄가 23건, 재산에 대한 범죄가 51건 발생했다. 그는 또한 사람에 대한 범죄는 6월에 최대치를 기록하고, 1월에 최소치를 기록한다고 관찰했다.

*6) Facteurs généraux de la criminalité dans les pays créoles-Arch. d'anthr. crim., 1889, IV, 20-Arch. de psych., X, 3.

기타 기상 영향에 따라 교도소의 관리자들은 수감자들이 폭풍이 다가오거나 초승달이 다가올 때 더 불안해진다고 경고하곤 한다. 그러나 이를 입증할 충분한 데이터는 없다.

정신 이상자들이 온도 변화에 민감한 범죄자들과 동일하게 기압 변화에도 매우 민감하다는 점에서 범죄자들도 이와 같은 영향을 받을 가능성이 높다. 또한, 나를 놀라게 한 한 가지 사실은 기상학적 영향과 유기적 영향이 동시에 작용한다는 것을 보여주는 것이다. 여러 해 동안 토리노 사법 교도소에 입소한 사람들을 매일 관찰했을 때 특정 며칠 동안에는 탈장 환자, 비대칭적 신체를 가진 사람, 금발이거나 흑발인 사람들이 눈에 띄게 많이 입소하는 것을 꾸준히 보았다. 심지어는 서로 다른 지역에서 온 사람들까지 포함되었다. 이러한 현상은 같은 주의 다른 날에도 발생했는데 이는 온도 변화가 없는 날이었다. 최근 몇 년 동안 경제적 및 정치적 영향이 우세해지면서 기상학적 영향이 뒤로 밀렸다. 그 결과 과거 프랑스에서 분명했던 연평균 기온이 범죄율에 미치는 영향이 최근에는 감소했다. 또한, 반란이 거의 일어나지 않았던 북유럽(러시아, 덴마크)에서 지금은 남부 국가들만큼 반란이 발생하고 있다. 하지만 초기의 기상학적 영향을 무시할 수는 없다. 더운 나라에서의 범죄와 반란이 모든 것에서 온도 요인의 우세함이 배제될 수는 없지만 여전히 중요한 역할을 하고 있다. 이는 범죄와 정치적 반란의 지리적 분포를 연구하면 더욱 분명해진다. 실제로, 프랑스와 이탈리아의 남부 지역에서는 사람에 대한 범죄(재산에 대한 범죄는 훨씬 적다)가 북부 및 중부 지역보다 훨씬 많이 발생한다. 이는 카모라와 산적에 대해 이야기할 때 다시 다루게 될 것이다.

프랑스에서 Guerry는 남부에서 사람에 대한 범죄가 중부와 북부보다 두 배 이상 많다는 것을 입증했다. 반대로, 재산에 대한 범죄는 북부에서 더 많이 발생한다. 이탈리아 북부에서도 리구리아는 더 온화한 기후로 인해 다른 지역에 비해 사람에 대한 범죄가 더 많이 발생한다.

1875년부터 1884년까지 신고된 범죄 중 가장 많은 수는 로마가 위치한 라치오 주에서 발생했으며, 그 다음으로 섬 지역과 남부 지역에서 발생했다. 북부 지역은 최소한의 범죄율을 보였으며 피에몬테에서 100,000명당 512건, 롬바르디아에서 689건, 라치오에서 1,537건, 사르데냐에서 1,293건, 칼라브리아에서 1,287건이 발생했다. 살인 사건의 비율이 가장 높은 지역은 남부와 섬 지역이다. 러시아에서는 유아 살해와 교회 도둑질이 남동부에서 가장 많고, 살인과 부모 살해는 북동부에서 남서부로 갈수록 증가한다.

홀츠엔도르프(Holtzendorff)[7]는 "미국 남부 주에서의 살인 사건 수가 북부 주보다 15배 더 많다"라고 계산했다. 뉴잉글랜드에서는 66,000명당 1건의 살인 사건이 발생하지만, 남부에서는 4,000에서 6,000명당 1건이 발생한다. 텍사스에서는 레

*7) 제1차 세계 대전 당시 독일의 해군 제독이었던 헨리히 폰 홀첸도르프(Heinrich von Holtzendorff)를 가리킬 가능성이 크다. 그는 특히 1916년에 작성한 메모로 잘 알려져 있다. 이 메모는 당시 독일이 무제한 잠수함 작전을 재개할 것을 권고하는 내용이었다. 그의 권고는 미국의 제1차 세계 대전 참전에 영향을 미친 결정적인 요인 중 하나로 평가받고 있다. Holtzendorff의 메모는 영국을 무너뜨리기 위해서는 무제한 잠수함 전쟁이 필요하다는 점을 강조했고, 독일이 이를 통해 영국의 해상 보급선을 차단할 수 있을 것이라고 주장했다. 이 전략이 결국 미국의 참전을 유발했으며, 이는 전쟁의 결과에 중대한 영향을 미쳤다. 따라서 Holtzendorff는 주로 제1차 세계 대전의 해군 전략과 관련된 인물로 언급된다.

드필드(Redfield 생물학자, 생태학자)에 따르면, 15년 동안 818,000명 중 7,000건의 살인 사건이 발생했다고 한다. 심지어 학교에서도 무기를 지닌 어린아이들을 발견할 수 있다." 유럽에서의 단순 살인과 강력 살인의 분포를 보면, 이탈리아를 비롯한 유럽의 남부 국가들에서 가장 높은 수치를 기록하며, 가장 낮은 수치는 영국, 덴마크, 독일과 같은 북유럽 국가들에서 기록된다. 정치적 반란에 대해서도 유럽 전역에서 동일한 현상을 볼 수 있다. (아틀라스 및 나의 "정치적 범죄", 1889 참조) 반란의 수가 북쪽에서 남쪽으로 갈수록 증가하는 것을 확인할 수 있으며, 이는 기온이 북쪽에서 남쪽으로 갈수록 상승하는 것과 일치한다. 그리스는 인구 1,000만 명당 95번의 반란을 겪으며 이는 가장 높은 수치이고, 러시아는 0.8로 가장 낮은 수치를 보인다. 가장 낮은 수치는 영국과 스코틀랜드, 독일, 폴란드, 스웨덴, 노르웨이, 덴마크와 같은 북유럽 지역에서 나타나며 가장 높은 수치는 포르투갈, 스페인, 유럽의 터키, 이탈리아 남부 및 중부 지역에서는 평균적인 수치를 기록한다.

종합적으로 보면 북유럽에서 인구 1,000만 명당 약 12번의 반란이 중부 유럽에서 인구 1,000만 명당 약 25번의 반란이, 남부 유럽에서 인구 1,000만 명당 약 56번의 반란이, 이탈리아를 보면, 인구 1,000만 명당 27번의 반란이 북부 지역에서 발생했으며, 중부 이탈리아에서 32번, 남부 이탈리아에서 33번 발생했다. 우리는 보디오(Bodio 이탈리아 통계학자) 가 출판한 이탈리아 범죄 10년 통계와 스페인 법무부가 출판한 1884년 스페인 범죄 통계에서 살인과 반란에 대한 새로운 증거를 얻을 수 있다. 이 통계를 인구와 비교하면 남부 기후의 영향이 분명히 나타나며 이는 수도와 대도시의 영향을 반영한 결과이다. 반대로 스페인에서는 북부 지역인 산탄데르와 레온, 남부의 카디스, 중부의 바다호스, 카세레스, 살라망카에서 도둑질이 많이 발생한다. 이는 기후보다는 기회의 영향을 더 많이 받기 때문이다. 따라서 이 지역에서도 수도가 있는 중부와 북부 지역에서 유아 살해와 부모 살해가 더 많이 발생한다. 이는 유럽 전역, 이탈리아, 프랑스에서도 마찬가지이다. 이탈리아에서는 Ferri의 대규모 아틀라스와 Bodio의 통계를 통해 남부와 섬 지역 전역에서(사르데냐를 제외한) 단순 살인에 대한 더위의 영향이 우세하다는 것을 알 수 있다.

2장

지리적 위치

(Capitolo II: La Geografia e il Crimine)

1. 범죄에 미치는 지형의 영향

이탈리아 중부의 섬 샤르데냐와 포를리에서는 강력 살인 사건이 증가하며, 이탈리아 남부와 섬 지역에서는 살인 사건이 증가한다. 이는 그리스 식민지였던 지역인 풀리아, 카타니아, 메시나 등에서는 일어나지 않는다. 자발적인 상해는 같은 법칙에 따라 증가하지만, 사르데냐에서는 감소하며 리구리아에서는 더 많이 발생한다. 여기에는 부모 살해도 유사한 경향을 보인다. 이탈리아 남부와 섬 지역에서 매우 높은 비율을 보이며, 그리스 지역에서는 예외적으로 약간 증가하지만, 피에몬테 중심부에서도 약간 증가한다. 독살도 이탈리아 섬 지역과 칼라브리아 같은 옛 로마 제국 지역에서도 많이 발생했듯이 이는 명백히 기후의 영향을 받지 않는다. 유아 살해도 칼라브리아, 사르데냐뿐만 아니라 아브루치, 피에몬테에서도 많이 발생하여 기후와 거의 독립적이다.

강간의 경우, 산악 지역에서는 35%, 구릉 지역에서는 83%로 거의 동일하거나 비슷하게 발생하지만, 평야 지역에서는 인구 밀도가 높고 대도시가 많아 70%로 매우 많다. 재산에 대한 범죄에 관해서는 차이가 덜 두드러진다. 사람에 대한 범죄는 재산 범죄와 반대로 평야 지역에서 더 많이 발생하여 50%에 이른다. 구릉 지역에서는 47%로 감소, 산악 지역에서는 43%로 더 줄어든다.

엔리코 페리(Enrico Ferri는 이탈리아의 저명한 범죄학자, 사회주의 정치인, 법률가)의 아틀라스에서 볼 수 있듯이 도둑질은 북부 이탈리아의 포 계곡 평야 지역인 볼로냐, 페라라, 베네치아 평야 지역과 산악 및 해안 지역인 칼라브리아와 사르데냐에서 가장 많으며, 리보르노에서도 많이 발생한다. 반면, 가장 남쪽에 위치한 시칠리아는 덜 영향을 받는다.

통킨에서 해적 행위는 해안에 집중된 도적들이 관개 시스템을 통해 활동하기 쉬운 환경에서 촉진된다.

1894년 Bodio의 아름다운 지도를 보면 이탈리아에서 말라리아로 인한 사망률이 1,000명당 5~8명에 이르는 지역인 그로세토, 페라라, 베네치아, 크레마, 베르첼리, 노바라, 란치아노, 바스토, 산 세베로, 카탄차로, 레체, 포자, 산 바르톨로메오 인 갈도, 테라치나이고, 사르데냐에서 질병의 강도가 재산 범죄와 일치하는 경우는 13개 중 5개, 즉 그로세토, 페라라, 사르데냐, 레체, 로마에서만 발견된다. 이처럼 살인 등과 관련해서는 전혀 관계가 없다. 오히려 말라리아가 가장 심한 사르데냐 남부에서는 북부보다 범죄가 적다. 도덕적 범죄에 대해서도 마찬가지이다. 프랑스에서는 모르비앙 랑드 루아르에 셰르 앵(Morbihan, Landes, Loir-et-Cher, Ain 평야 또는 습지대) 등 말라리아가 있는 지역에서 살인과 강간 사건이 적다.

2. 지질학, 갑상선종이 발생하는 토양, 말라리아 지역 등

이탈리아의 큰 갑상선종 및 백치증 발생 지역인 손드리오, 아오스타, 노바라, 쿠네오, 파비아는 주민의 위생과 지능에 큰 영향을 미치지만, 범죄 강도가 뚜렷하지 않으며 살인이나 도둑질, 도덕적 범죄에서 모두 평균 이하이다. 손드리오에서는 도덕적 범죄와 관련하여 이웃 지역인 코모와 브레시아보다 더 많은 범죄자가 발생한다.

프랑스에서도 알프스 하부, 알프스 상부, 피레네 동부 지역에서는 갑상선종과 살인 사건 수가 높지만(100만 명당 9.76명), 로제르, 아리에주, 사부아, 두, 퓌 드 돔, 엔, 오트 비엔나에서는 갑상선종은 많지만 살인은 적다 (100만 명당 1에서 5.7명). 도둑질도 갑상선종이 많은 지역에서 거의 발생하지 않으며 두, 보주, 아르덴에서만 예외가 있다. 그러나 갑상선종이 지배적인 지역에서는 범죄에서 잔혹성과 음란성이 결합된 특이한 경향을 보이는 데 이를 분석하기 위해서는 더 상세한 연구가 필요하다.

프랑스 23개의 지역중 사망율이 가장 낮은 7개 지역에서는 30%가 프랑스 평균을 초과하는 살인율을 보였다. 로트에가론, 엔, 마른, 코트도르, 외르, 오트손, 오브로, 이 지역들의 평균 살인률은 18.9‰이다(Ferri, Atlante). 사망률이 중간인 18개 지역 중, 6개 지역(23%)이 살인 사건의 평균을 초과하며 이는 앵드르에루아르, 오드, 바스 피레네, 에로, 두, 센에와즈, 보주이다. 이 18개 지역의 평균은 15.4로, 첫 번째 그룹과 크게 다르지 않다.

사망률이 높은 25개 지역 중, 7개 지역(28%)이 살인 사건의 평균을 초과하며 이는 바스 알프스, 오트 루아르, 센, 센 인페리외르, 부슈뒤론, 코르스, 바르이다. 이들의 평균은 28%이다. 그러나, 마지막 두 지역을 제외하면 차이는 훨씬 적어진다.(20%)

도둑질의 경우, 사망률이 가장 낮은 24개 지역 중 14개 지역이 90%을 초과하며 평균은 102.4이다. 사망률이 중간인 18개 지역 중 7개 지역이 도둑질에서 90%을 약간 초과하며 평균은 91%이다. 사망률이 높은 25개 지역 중 8개 지역이 90%을 초과하며, 평균은 105%이다.

결과적으로 도둑질에는 명확한 상관관계가 없지만 살인 사건의 경우 높은 사망률과 평행하는 경향이 있으며 이는 이탈리아(시칠리아, 사르데냐, 바실리카타)에서도 마찬가지이다.

반란의 경우 높은 사망률을 보이는 지역에서 더 많이 발생한다.

사망률이 가장 낮은 27개 지역 중 15개는 반란을, 12개는 보수적 경향을 보이며, 사망률이 가장 높은 27개 지역 중 21개는 반란을, 6개는 보수적 경향을 보인다.

3장

인종의 영향

(Chapter III: The Influence of Race)

1.인종의 야만성

대부분의 범죄 중심지는 이탈리아와 프랑스의 셈족 및 그리스다. 인종에서 두부 지수[8]는 머리카락 색깔은 유대인들과 집시들이다.

인종의 영향으로 우리는 이미 인간 범죄 개념이 야만인에게 매우 미미하다는 것을 보았으며, 이는 원시인에게서는 아예 없었을 가능성을 의심하게 한다. 그러나 많은 야만인 부족들은 자신들만의 상대적 도덕을 가지고 있으며 그것을 그들 나름대로 적용한다. 이로 인해 그들 사이에서도 범죄가 시작된다. 아메리카의 유리스 부족은 재산에 대한 존중이 매우 커서 경계를 표시하기 위해 실 한 가닥만으로도 충분하다. 코리

*8)
두부 지수는 머리의 폭(가로)과 길이(세로)의 비율을 나타내는 값이다. 이를 계산하는 공식은 다음과 같습니다: 두부 지수=(머리의 최대 목머리의 최대 길이)×100₩text{두부 지수} = ₩left(₩frac{₩text{머리의 최대 폭}}{₩text{머리의 최대 길이}}₩right) ₩times 100두부 지수=(머리의 최대 길이머리의 최대 폭)×100
두부 지수는 고고학, 인류학, 그리고 생물학 등에서 사용되어 왔으며, 과거에는 인종적 특징을 구분하는데 활용되었다.

아크족과 므바야족은 자신의 부족에서 살인을 저지른 자를 처벌하지만 다른 부족에서 벌어진 살인은 범죄로 여기지 않는다. 누구나 알 수 있듯 그러한 법이 없다면 부족은 결속력을 잃고 해체될 것이다. 그러나 이러한 상대적 도덕에도 불구하고, 눈에 띄게 거부감을 보이는 부족들도 있는 데, 아프리카 카라만사의 평화롭고 정직한 바뉴 부족은 쌀을 재배하는 반면, 발란티 부족은 사냥과 약탈로만 생계를 이어간다. 그들은 자신의 마을에서 도둑질을 한 사람을 죽이지만 다른 부족에서는 도둑질을 마다하지 않는다(Revue d'anthropologie, 1874). 좋은 도둑들은 가장 존경받으며, 아이들에게 도둑질을 가르치는 데에 높은 대가를 받고, 원정의 지도자로 선택된다.

모로코의 베니 하산 부족도 이들과 많은 유사점을 가지고 있다. 도둑질은 그들의 주요 직업이며, 그들은 훈련받고 지도자도 있으며 정부로부터 인정받는 권리를 가진다. 정부는 때때로 도둑질된 물건을 되찾기 위해 그들을 이용한다. 이들은 곡물 도둑, 말 도둑, 마을 도둑, 길거리 도둑으로 나뉜다. 일부 도둑들은 말을 타고 너무 빨리 도둑질을 해서 추적이 불가능하다. 이들은 벌거벗고, 기름을 바른 채로 오두막에 침입하거나, 말을 놀라게 하지 않기 위해 나뭇가지로 몸을 가린다. 도둑질을 8세부터 시작한다.

인도에는 자카카일(Zacka-Khail 아프가니스탄 동부에 위치한 마을)이라는 부족이 있는데 이들은 도둑질을 업으로 삼고 있으며 남자

아이가 태어나면 집 벽에 만들어진 틈새를 통해 아이를 지나가게 하며 세 번 "도둑이 되어라"라고 노래하면서 그를 도둑으로 키운다. 반면에 쿠루바르(Kourubar 세네갈의 다카르) 부족은 진실성으로 유명하며 이들은 결코 거짓말을 하지 않으며, 도둑질을 하는 것보다는 굶어 죽는 것을 선택한다. 그래서 이들은 수확물을 지키는 임무에 선택된다. 스펜서도 토도스(Todos), 아이노(Aino), 보도스(Bodos 유일한 전부)와 같은 일부 정직한 민족을 언급했으며 이들은 대부분 전쟁보다는 교환을 더 중시하는 민족들이다. 이들은 일반적으로 서로 싸우지 않으며 문제를 지도자들이 해결하도록 맡기고 교환할 때 그들이 부당하다고 생각하면 받은 것의 절반을 돌려준다. 그들은 보복법을 갖고 있지 않으며 잔인함을 피하고 여성을 존중하지만 종교적이지는 않다. 아랍 부족(베두인) 중에는 정직하고 근면한 부족들도 있지만, 기생적이며 모험을 갈망하고 예측 불가능한 용기를 가지고 있어 지속적인 이동이 필요로 하며 모든 일에 무관심하고 도둑질 경향이 있는 부족들도 많다. 스탠리는 중앙 아프리카에서 정직하고 성실한 나라들과 도둑질과 살인 성향이 있는 제이게(Zeghe 중앙 아프리카의 특정 부족. 스탠리(Stanley)가 탐험 중 발견한 부족 중 하나인 도둑질과 살인 성향이 있는 부족)와 같은 다른 부족들을 발견했다.

오텐토트족과 카프리족 중에서도 더 야만적이고 모든 일에 무능하며, 다른 사람들의 노동에 의존해 살아가는 떠돌이들이 존재한다. 이들은 카프리족에게는 핑거스(Fingas 남아프리카의 특정집단), 오텐토트족에게는 쏜콰스(Sonquas 남아프리카의 코이산족)로 불린다.

문명이 발달한 세계에서 범죄에 대한 인종적 차이를 보여주는 문서들은 더 명확하다. 우리는 런던의 도둑 중 상당수가 아일랜드인이나 랭커셔 출신이라는 것을 알고 있다. 러시아에서는 아아누친(Anutschine. 러시아 인류학자이자 지리학자) 에 따르면, 베사라비아와 케르손 지역에서 수도를 제외하고 가장 많은 범죄가 발생하며 기소된 사람들에 비해 유죄 판결을 받은 사람들의 수가 더 많다. 그곳에서는 범죄가 가족 대대로 이어진다. 독일에서는 집시가 많이 사는 지역에서 여성들의 도둑질 경향이 더 크다는 것이 알려져 있다. 이탈리아에서는 알바니아 식민지들이 산적 행위로 악명 높다. 범죄 중심지로는 이탈리아 전역에서 특별한 범죄자를 지속적으로 배출한 몇몇 마을들이 있다. 그 안에 리구리아의 레리치는 사기로, 캄포프레도와 마손은 살인으로 노베세의 포초로는 강도로 유명하다. 루카에서는 카판노리가 살인으로 피에몬테의 카르데(살루초 근처)는 농촌 도둑으로 산 조르지오 카나베제, 비스케, 칸디아는 다른 범죄로 유명하다. 로디지아노에서는 산탄젤로가 도둑질로 크레모나의 구졸라, 만토바의 폰테테라, 베네토의 에스테, 카바르체레, 산 지오반니 일라리오네, 몬타냐나는 도둑질로 악명 높다. 피스토이에세의 페르골라는 도둑질로 유명해서 '페르골리노'라는 단어가 도둑의 동의어가 되었다. 페사레세에서는 산 피에트로 인 칼리바노가 농촌 도둑으로, 산탄드레아 인 빌리스와 페레토가 남성 살인과 여성 도둑질로 악명이 높다. 남부 이탈리아에서는 소라, 멜피, 산 펠레가 1660년부터 계속해서 산적을 배출했으며 시칠리아의 파르티니코와 몬레알레도 마찬가지이다. 일부 마을에서 범죄가 우세한 이유는 분명히 인종적 요인 때문이며 역사를 통해 밝혀진 사실도 있다. 여기에 피스토이에세의 페르골라는 집시들이 정착한 곳이며, 마손은 포르투갈 출신의 살인자들, 캄포프레도는 코르시카 해적들이 정착한 곳으로 이 지역의 방언은 아직도 코르시카어와 리구리아어가 혼합된 형태를 띠고 있다. 가장 악명 높은 마을은 로마 근처의 아르테나이며 이곳은 시겔레에 의해 연구되었다.

"언덕 꼭대기에 위치한 이 마을은 푸르고 아름다운 농촌 마을로 부드러운 기후 속에 자리잡고 있으며 이곳에 가난은 존재하지 않는다. 따라서 이 마을은 가장 정직하고 행복한 마을 중 하나여야 한다. 그러나 이곳은 악명 높은 마을로 주민들은 주변에서 도둑, 산적, 살인자로 여겨진다. 이 평판은 어제 오늘의 일이 아니다. 중세 이탈리아 연대기에서도 '아르테나'라는 이름이 자주 등장하며 이 마을의 역사는 길고 긴 범죄의 연속으로 요약될 수 있다." 문제의 심각성을 다음의 통계표에서 알 수 있다. "여기서 볼 수 있듯이 이 마을은 부상, 살인,

그리고 암살 사건 수가 이탈리아 평균보다 여섯 배 많으며 강도 사건 수는 이탈리아 평균보다 서른 배 많다. 그리고 이 숫자들은 아르테나 범죄자들의 잔인성과 대담함을 제대로 보여주지 못한다. 이를 이해하려면 모든 범죄를 설명해야 하며 대낮에 공공 광장에서 사람을 살해하고 재판에서 진실을 말하려는 증인들을 목 졸라 죽이는 모습을 봐야 한다!" 시겔레에 따르면, 이러한 범죄의 원인은 주민들의 성격과 과거 정부들이 브리간타조와 카모라를 낳은 영향에 있다. 특히, 증인들이 매수되거나 겁을 먹어 침묵함으로써 당국이 범인을 처벌하지 못한 점 그리고 무엇보다도 범죄의 유전 때문이다. 실제로 시겔레는 1852년 이후 아르테나 주민들을 상대로 한 재판을 연구하면서 항상 같은 이름들이 등장하는 것을 발견했다. 아버지, 아들, 손자가 한 세대씩 이어지는 것은 마치 불가피한 법칙에 따른 것처럼 보였다. '몬테포르티노'라는 아르테나의 이전 이름은 1155년부터 이미 범죄로 유명했다.

1557년 교황 바오로 4세는 이 마을의 모든 주민을 추방하고 누구든지 그들을 죽이고 성을 파괴할 수 있도록 허락했다. '그곳이 더 이상 사악한 도둑들의 소굴이 되지 않도록 하기 위함이었다.'. "특정 지역에서 특정 유형의 범죄가 우세한 이유는 확실히 인종의 영향 때문이며 만토바에서는 닭 도둑질과 방화가 많다. 우디네는 1센티모를 위해 다투고 부모 폭행과 부상이 1년에 28건이나 발생하며 악명이 높다. 나폴리의 칠렌토에서는 인구 200명당 30%가 총기로 살해된다. 이 지역들의 높은 범죄율에 인종이 영향을 미친다고 나는 의심하며 산탄젤로, 포초로, 산 피에트로의 주민들 사이에서 주변 마을보다 키가 큰 사람들이 많이 보인다는 점에서 이를 더욱 의심하게 된다." 이와 관련하여 주목할 만한 점은 이 마을들이 특정한 풍습, 특히 미신적인 풍습을 가지고 있다는 것이다. 산탄젤로에서는 신부가 마을의 주인이다. 신부에게 인사를 하지 않거나 심지어 종이 울릴 때 무릎을 꿇지 않으면 큰 일이다. 산탄젤로 주민들은 나쁜 일을 저지르기 전에 미사에 참석하며, 여성들은 살인과 도둑질이 처벌받지 않도록 성모 마리아에게 기도한다. 이들은 남편의 범죄에 대해 큰 소리로 이야기하지만, 남편이 감옥에 가면 놀라며 아이들을 안고 머리를 풀어헤친 채 억울함을 외치며 수 마일을 동행한다. 이 여성들도 작은 이유로 칼을 꺼내 들지만, 남자들은 더 나쁘다. 어이없는 이유로 복수를 하기도 하는데, 예를들어 두 명의 행인이 마을을 지나가며 담배 꽁초를 주지 않자 그들은 그들을 방에 가두고 굶겨 죽이려 했다. "시칠리아의 악명 높은 '콩카 도로' 계곡에 모든 산적이 모여드는 것을 생각해보면 이곳은 베르베르족과 셈족이 처음으로 오랫동안 정착했던 곳으로 이곳의 해부학적 특징, 풍습, 정치 및 도덕성은 아랍의 영향을 그대로 유지하고 있다. 토마시 크루델리가 설명한 것처럼 이곳에서는 아라비아 부족처럼 가축 도둑질이 가장 선호되는 범죄이다. 따라서, 이곳의 정복자이자 약탈자였던 민족의 피, 환대적이고 잔인하며 지능적이지만 미신적이고 항상 불안정하며 억제되지 않는 피가 이 지역의 갑작스럽고 끊임없는 반란을 부추기고 초창기 아랍인들처럼 정치와 범죄가 뒤섞여 있다. 그리고 정치 외에도 이 지역의 범죄는 덜 지능적이며 아리안 혈통이 풍부한 다른 지역, 예를 들어 시칠리아의 카타니아나 메시나보다 덜 혐오스럽고 덜 반감을 불러일으킨다." 반대로 볼테라의 라르데렐로 마을은 지난 60년 동안 살인, 도둑질, 심지어 경범죄도 전혀 발생하지 않은 것으로 주목할 만하다.

프랑스에서도 티에라슈 숲의 연장선인 아르덴 숲 경계에 위치한 일련의 마을들에서 파우벨레(1891년 인류학회 보고서)는 범죄성 인종이 존재한다고 지적했다. 이 인종이 지배적인 곳에서는 온갖 종류의 격렬한 싸움이 발생하며 사법당국은 종종 감옥이 가득 차는 것을 막기 위해 이를 묵인할 수밖에 없다. 외지인이 이들 사이에 들어가면 남녀 모두로부터 모욕을 당할 위험이 크다. 심지어 상류층에서도 이러한 야만성이 종종 문명화된 외양 아래에서 드러난다. 잦은 알코올 중독은 이러한 야만성을 더욱 부추기며 이들은 농사일을 꺼리고 숲을 착취하거나 철강 산업에 종사하지만, 밀수를 더 선호한다. 이들의 키는 평균보다 약간 더 크며 근육이 강하고 턱이 넓고 튼튼하다. 코는 곧고 눈썹 아치는 두드러지며 털이 풍부하고 색소가 짙어 이웃한 다른 금발의 사람들과 쉽게 구별된다. 이들은 이웃 마을 사람들과 거의 어울리지 않는다. 이러한 현상은 범죄 통계에 의존할 때 복잡한 원인들이 겹쳐져 명확한 결론을 도출하기 어렵기에 항상 숫자로 정확하게 표현할 수 있는 것은 아니나 스페인, 롬바르디아, 달마티아, 보이보디나, 고리치아에서는 여성이 범죄율이 가장 낮고 오스트리아 슐레지엔과 러시아 발트 지방에서는 범죄율이 가장 높다. 그러나 여기에서는 인종의 영향보다 풍습의 영향이 더 클 수 있다. 여성들이 남성들과 마찬가지로 교육을 받고 남성들의 싸움에 참여하는 슐레지엔이나 발트 지방에서는 여성들의 범죄율은 남성들의 범죄율과 비슷하게 나타난다.

오스트리아 제국의 독일어권 국가들, 특히 잘츠부르크와 오스트리아에서 청소년(즉, 미혼 남성)의 범죄율이 슬라브인과 이탈리아인, 고리치아, 티롤, 카린티아에 비해 더 높은 것도 같은 이유로 설명할 수 있다. 이하 지역범죄 생략…….

2. 인종적, 민족적 요인이 범죄에 미치는 영향

민족적 차이에 대한 범죄율을 살펴볼 때, 민족적 배경이 확연히 다른 시칠리아와 사르데냐의 범죄 패턴은 매우 다르게 나타난다. 시칠리아는 폭력 범죄, 특히 살인 사건에서 높은 비율을 보이고 있으며 이는 사라센(아랍)과 알바니아 혈통의 영향을 받은 결과이다. 반면 사르데냐는 페니키아 혈통의 영향을 받아 재산 범죄, 특히 절도 사건에서 더 높은 비율을 보이고 있다. 사르데냐 내에서 사사리와 칼리아리 간의 범죄 패턴 차이는 지역적, 경제적, 사회적 조건뿐만 아니라 민족적 배경에서도 비롯된다. 사사리 지역은 폭력 범죄가 칼리아리 지역은 재산 범죄가 두드러진다. 이러한 차이는 페니키아와 스페인 혈통의 차이에서 비롯된 것이다. 코르시카와 시칠리아의 유사성으로 코르시카와 시칠리아는 사라센 혈통의 영향을 많이 받았으며 이로 인해 두 지역 모두 높은 폭력 범죄율을 보이고 있다. 코르시카는 정치적으로는 프랑스에 속하지만, 민족적 및 범죄적 특성에서는 이탈리아와 유사하다. 이러한 분석은 범죄율이 민족적 요소와 밀접하게 연관되어 있으며 특정 지역에서 특정 유형의 범죄가 더 빈번하게 발생하는 이유를 설명하고 있다.

이 연구는 프랑스의 여러 인종적 배경이 범죄 유형에 미치는 영향을 다루고 있다. 특히 리구리아와 갈리아인들이 인종 범죄에서 가장 높은 비율을 차지한다는 점을 강조하고 있다.

인종과 범죄 유형은 프랑스의 리구리아와 갈리아 인종이 가장 높은 수준의 살인율과 성폭행율을 보이고 있다. 반면에 벨기카 인종은 재산 관련 범죄에서 가장 높은 비율을 차지한다. 리구리아 인종은 반란과 혁명에서 100%의 비율로 나타나며, 이들은 정치 범죄에서도 두드러진다.두개골 형태와 범죄율은 이탈리아의 범죄 통계와 두개골 지수를 분석한 결과, 장두형(dolichocephalic) 인종이 단두형(brachycephalic) 인종에 비해 살인과 폭행 비율이 훨씬 높다. 장두형 인종은 주로 이탈리아 남부에 분포하며, 이들은 평균적으로 더 높은 살인율을 기록하고 있다. 반면, 단두형 인종은 북부 이탈리아에 주로 분포하며 이 지역은 상대적으로 낮은 범죄율을 보인다. 범죄와 두개골 지수의 연관성으로는 범죄율과 두개골 지수 간의 연관성을 통해 인종적 특성이 범죄에 영향을 미친다는 것을 보여준다. 장두형 인종은 살인과 폭행에서 중두형(mesocephalic) 인종은 약간 더 높은 절도율을 보인다. 이 분석은 인종적 배경과 생물학적 특성이 범죄 유형에 어떤 영향을 미치는지를 설명하고 있으며 이는 기후와 같은 환경적 요소와도 관련이 있을 수 있음을 시사하고 있다.

두개골 형태와 범죄에서 프랑스에서는 길쭉한 두개골 형태(돌리고세팔리)를 가진 사람들이 주로 남부와 북부 지역에 분포하며 이들의 살인율은 낮은 편이다. 반면, 재산 관련 범죄에서는 이들이 더 높은 비율을 보인다. 이탈리아에서는 남부에 주로 분포하는 돌리고세팔리 인종이 높은 살인율을 보이는 짧은 두개골 형태(브라키세팔리)를 가진 사람들은 주로 북부에 분포하며 상대적으로 낮은 범죄율을 보인다. 머리카락 색상과 범죄를 보면 프랑스에서는 머리카락이 검은 사람들이 주로 남부와 코르시카에서 발견되며 이들 지역에서 살인율이 높다. 반면, 금발을 가진 사람들은 북부에 주로 분포하며 이 지역에서는 상대적으로 살인율이 낮다. 이탈리아에서는 남부 지역에 금발이 적으며 이 지역은 일반적으로 높은 살인율을 기록하고 있다. 그러나 롬바르드와 그리스계의 영향을 받은 베네벤토와 시칠리아 동부 지역에서는 금발 비율이 높고 이들 지역은 상대적으로 낮은 범죄율을 보인다. 이 분석은 인종적 및 생물학적 특성이 범죄 유형에 어떻게 영향을 미칠 수 있는지를 보여주며 이러한 특성들이 기후와 같은 환경적 요소와도 상호작용할 수 있음을 시사하고 있다. 유대인의 범죄는 주로 사기와 같은 경제적 범죄에 집중되어 있으며, 살인과 같은 폭력 범죄는 상대적으로 적다. 이들은 조직적으로 활동하며 세심한 계획과 지속적인 노력으로 법망을 피하는 경우가 많다. 이러한 통계와 분석은 인종적 요소가 범죄의 형태와 발생률에 어떤 영향을 미칠 수 있는지를 보여준다. 러시아의 유대인들은 주로 고리대금업자, 위조화폐 제조자, 심지어 여성 밀매업자로 활동하며 그들을 터키로 보내는 역할을 하기도 한다. 밀수는 마치 준정부 기관처럼 조직되어 있으며 베르드레레프와 같은 국경 도시들은 거의 대부분 유대인 밀수업자들로 채워져 있다. 정부는 종종 군대를 동원하여 이 도시를 포위하고 수색하였으며 그 결과 어마어마한 양의 밀수품이 발견되었다. 이러한 밀수 행위는 프로이센과의 상업 조약을 방해할 정도로 심각했다.

프로이센에서는 과거에 유대인들이 위조, 중상모략, 파산 등의 혐의로 자주 유죄 판결을 받았으며, 특히 'manutengolismo'(범죄 공모)와 관련된 범죄가 많았다. 이는 유대인들이 독일과 영국의 은어에서 중요한 어휘를 제공한 이유이기도 하다. 도둑들은 주로 유지와 공모자의 역할을 한 유대인들로부터 영감을 받아 그들의 은어를 채택했다. 유명한 마인츠(Magonza) 갱단의 모든 대규모 범죄는 유대인 공모자들에 의해 준비되었으며 프랑스에서도 유대인 여성들이 대규모 범죄 조직의 공모자나 연인으로 자주 등장했다. 과거에 유대인들이 이러한 범죄에 연루되었던 이유는 금전 욕심, 절망적인 사회적 낙담, 공직이나 공공 복지에서의 배제 그리고 무장한 인종들에 대한 반발 때문이었다. 유대인들은 자신들에게 다른 공격 수단이 없었기 때문에 이러한 범죄에 가담하게 된 경우가 많았다. 이러한 맥락에서 유대인의 범죄율이 약간 높았다 해도 놀랄 일은 아니며, 정치적 참여의 기회가 열리기 시작하면서 이러한 특정 범죄에 대한 경향이 줄어들었다는 점은 주목할 만하다.

유대인들의 범죄율이 다른 인종과 비교하여 낮다면 이와 반대로 정신 질환의 확산은 유대인들 사이에서 더 빈번하다는 점에서 모순이 발생할 수 있다. 그러나 여기서는 인종적 요인보다는 지적 활동의 영향이 더 크게 작용한다고 보아야 하며 이는 도덕적 감정의 원인을 증가시킬 수 있기 때문이다. 실제로, 아랍인과 베두인과 같은 셈족 인종에서는 정신질환이 드물다.

이와 달리, 집시들은 전체적으로 범죄적 성향을 가진 인종의 전형을 보여주며 그들의 모든 열정을 다해 악덕을 행하는 것으로 보인다. 그들은 최소한의 노력을 요구하는 모든 것을 거부하며 지속적인 노동보다는 굶주림과 빈곤을 견디기를 택한다. 그들은 심지어 자신들끼리도 거짓 맹세를 하고 배은망덕하며 동시에 잔인하기까지 한 집시는 주인에게 맞은 후 복수를 위해 그를 동굴로 끌고 가서 그의 몸을 가죽에 싸서 끔찍한 음식으로 먹이를 주며 괴저로 죽게 했다. 집시들은 분노에 휩싸이면 자식들을 투석기처럼 적에게 던지기도 하며 범죄자들처럼 허영심이 많고 불명예에 대한 두려움이 없다. 그들은 술과 옷에 번 돈을 모두 탕진하며 화려한 옷을 입고 있지만 발은 맨발이거나 노란색 부츠를 신은 모습을 자주 볼 수 있다. 그들은 미리 준비하지 않고 사는 경향이 있으며 당장의 생존에만 몰두한다. 결론적으로 집시들은 권위나 법, 규율, 원칙, 의무와 같은 개념들을 참기 힘들어하는 이상한 인종이라고 할 수 있다. 이 글은 집시들이 규칙과 권위를 거부하고 범죄와 불법적인 활동에 깊이 연루된 모습을 묘사하고 있다. 그들은 고된 노동을 기피하며 예측 불가능한 삶을 선택하고 미래에 대한 계획 없이 그날그날을 살아가는 경향이 있다. 또 집시들은 범죄를 미화하거나 용인하는 문화적 요소를 가지고 있으며, 그들 사이에서 범죄를 장려하는 대화나 시가 전해지는 것을 볼 수 있으며, 아버지가 아들에게 "훔쳐라"라고 가르치거나 "집시들이 길을 갈 때 특별한 표시를 남긴다"는 설명이 그것이다. 이러한 내용은 집시들이 자신들만의 독특한 문화와 관습을 가지고 있다는 점을 강조하는 동시에 이들에 대한 부정적인 고정관념을 반영하고 있다. 그들에게 복종과 명령은 똑같이 혐오스럽고 무겁고 번거로운 일이다. 그에게 소유는 의무만큼이나 낯선 개념이며 결과와 예측, 과거와 미래를 연결하는 고리는 그들에게 전혀 이해되지 않는 것이다.

콜로치(Colocci, 이탈리아 성씨)는 그들이 탈옥수, 도둑, 국제 밀수업자들과 공통된 특별한 이동 경로를 가지고 있으며 독일인의 Zink와 유사한 특별한 표식으로 그 경로를 표시한다고 믿는다. 이러한 표식 중 가장 일반적인 것은 빠뜨로(patterau, 집시, 떠돌이)인데 이는 두 가지 형태로 존재한다. 삼지창 모양의 고대 형태와 라틴 십자가 모양의 새로운 형태이다. 이 표식들은 주요 도로를 따라 집의 벽에 숯으로 그리거나 나무 껍질에 칼로 새겨져 있으며 이는 후에 올 동료들에게 "이것은 집시의 길이다"라고 알리는 전형적인 수단이 된다. 첫 번째 패턴에서는 측면 선들이 방향을 나타내며,두 번째에서는 십자가의 더 긴 쪽으로 방향을 나타낸다.

멈춤 지점 또는 정류장은 신비로운 스바스티카(Svastika)[9]로 표시되며, 이는 아마도 고대 인도 상징의 기억이거나, 우리의 십자가의 초기 형태일 것이다. 그들이 머물던 곳을 떠나고 싶을 때 −페숑 데 루비(Pechon de Ruby)가 16세기에 썼듯이− 그들은 반대 방향으로 반 리그를 걸은 후 원래 길로 되돌아온다.

그들은 범죄자와 파리아(Paria, 인도의 카스트 제도에서 가장 낮은 계층)에서 파생된 것처럼, 범죄를 찬양하는 대중 문학을 가지고 있으며 이는 다음과 같은 아버지와 아들의 대화에서 드러난다.

> 아버지: "올라, 내 바실리오야, 네가 크면 네 아버지의 십자가를 위해 도둑질을 해야 한다."
> 아들: "하지만, 아버지, 제가 들키면 어떻게 하죠?"
> 아버지: "그럴 때는 네 발바닥에 의지해라, 내 아들아."
> 아들: "아버지의 십자가는 집어치워요! 저에게 제대로 가르치지 않으시는군요."

그리고 다음과 같은 시에서도

"언제부턴가, 작은 말아, 더 이상 도둑질도 하지 않고 더 이상 술도 마시지 않네. 네가 도둑질을 할 때, 멋진 작은 말아, 좋은 술을 마셨고, 그늘 아래 앉아있었지. 너의 손실은 확실하네"(루마니아 집시), "산 집시 소년들은 작은 개들처럼 평야의 집시를 보면그를 털어버리네"(슬라브 집시). 이와 같은 주제는 영

*9)
Svastika는 원래 다양한 문화에서 행운, 번영, 신성한 보호를 상징하는 중요한 상징이었지만, 나치 독일에 의해 그 의미가 크게 왜곡되었다. 현대에는 그 역사적, 문화적 맥락에 따라 다른 의미로 이해되며, 여전히 많은 아시아 국가에서는 긍정적인 의미로 사용된다.

국과 스페인의 집시들 사이에서도 시적 이야기로 자주 나타난다.

4장 문명

1. 야만 • 집합체 • 정치 • 언론 • 집단 범죄

많은 사회 문제 중에서 문명이 범죄와 정신 질환에 미치는 영향을 확실하고 정확하게 해결하려는 욕구가 더 크다.

우리가 단순한 숫자에만 의존한다면 이 문제는 분명 잘 해결된 것으로 보일 것이며 왜냐하면, 매년 범죄와 정신 질환의 수가 인구 증가에 비해 불균형적으로 증가하고 있음을 보여주기 때문이다. 하지만, 간단한 숫자 데이터로 여러 요인이 동시에 작용하는 복잡한 문제를 해결하려는 사람은 큰 오류에 직면할 가능성이 크다는 것을 메세달리아(Messedaglia)는 지적했다. 실제로, 범죄와 정신 질환의 증가를 민법 및 형법의 변화, 특히 정신질환자, 떠돌이, 미성년자의 신고 및 입원 횟수의 증가, 그리고 경찰의 활동 증가로 설명할 수 있다.

한 가지는 확실하다. 문명에는 안젤로 메세달리아(Messedaglia 이탈리아의 대표적인 인물 1820-1901)가 잘 표현한 것처럼 그 나름의 범죄성이 있다는 것이다. 야만은 도덕적 민감성을 무디게 하고 살인을 혐오하는 마음을 줄이며—종종 영웅적인 행위로 칭송받는—복수를 의무로 간주하고, 힘을 권리로 보며, 피의 범죄와 악당의 결속을 증가시키며, 정신 질환자들 사이에서 종교적 광기, 악마에 대한 집착, 모방광을 증가시킨다. 하지만 가정 내 유대는 훨씬 더 강하고 성적 자극과 야망의 욕망은 훨씬 적으며, 따라서 존속살해, 영아살해, 절도는 훨씬 덜하다.

인류가 지금까지 창조한 문명의 유형은 두 가지가 있다고 굴리엘모 페레로(Guglielmo Ferrero 1871년 7월 21일 ~ 1942년 8월 3일 이탈리아의 역사학자, 사회학자)는 썼다. 폭력형 문명과 사기형 문명이다. 이 두 유형은 생존을 위한 투쟁의 형태에서 근본적으로 다르다. 원시적인 폭력형 문명에서는 생존을 위한 투쟁이 주로 힘으로 이루어진다. 정치적 권력과 부는 무력으로, 타민족이나 더 약한 동포를 희생시키면서, 무력으로 획득된다. 한 민족과 다른 민족 간의 상업 경쟁은 주로 군대와 함대를 통해 싸우며, 즉 시장에서 경쟁자를 강제로 몰아내고 혼자 편하게 착취하려는 것이다. 법적 분쟁은 결투로 해결된다. 사기형 문명에서는 생존을 위한 투쟁이 교활함과 속임수로 이루어진다. 법적 결투 대신에 변호사들의 계략과 기만이 등장한다. 정치적 권력은 더 이상 철로 된 방패로 획득되지 않고, 은으로 된 방패로 획득된다. 돈은 다른 사람의 주머니에서 신비한 속임수로 유혹하여 가져오며 마치 주식 시장의 거래처럼 상업 전쟁은 생산 수단의 개선과 더욱더 기만적인 수단, 즉 구매자에게 저렴한 가격의 환상을 주는 능숙한 위조로 이루어진다.

첫 번째 유형의 문명에 속하거나 속했던 지역으로는 코르시카, 부분적으로는 사르데냐, 몬테네그로, 중세 이탈리아 도시들 그리고 일반적으로 거의 모든 원시 문명이 있다. 두 번째 유형에는 현대의 모든 문명화된 민족이 속하며 이들은 자본주의적 부르주아 체제가 모든 부분에서 완전히 발전한 민족이다. 그러나 이 두 유형의 구분은 이론에서처럼 현실에서 그렇게 절대적이지 않다. 왜냐하면, 때로는 동일한 사회 내에서 두 유형의 일부 특성이 섞이기 때문이다. 우리는 범죄에서도 이 두 가지 투쟁 수단을 발견하게 된다. 사실 우리는 두 가지 형태의 범죄가 병행해서 나타나는 것을 목격한다. 아타비스틱 범죄, 이는 일부 개인이 생리적이고 심리적으로 병적인 구조를 가진 것으로 문명이 지금까지 억제한 폭력적인 생존 투쟁 수단인 살인, 절도, 강간 등의 범죄로 회귀하는 것이다. 그리고 진화적 범죄, 이는 의도는 동일하게 비열하지만 수단은 훨씬 더 문명화된 형태로 힘과 폭력 대신에 교활함과 사기를 사용하는 것이다. 첫 번째 형태의 범죄에는 범죄에 치명적으로 소질이 있는 소수의 개인들만 해당된다. 두 번째 형태에는 더 많은 사람이 해당되며 이는 외부 환경의 유해한 영향에 저항할 수 있는 강철 같은 성격을 지니지 않은 사람이 포함된다.

시게레(Sighele 1868-1913 이탈리아의 범죄학자이자 사회심리학자인)는 이 현상이 상류층과 하층 사회 계층의 두 가지 집단 범죄 형태에서도 더 크게 재현된다고 적절히 지적했다. 한 쪽에는 정치와 사업에서 그들의 표와 영향력을 팔고, 음모, 속임수, 거짓말을 통해 대중의 돈을 훔치는 부자들, 부르주아들이 있다. 다른 한쪽에는 가난하고 무지한 사람들이 있으며 이들은 아나키스트들의 음모와 시위, 폭동 속에서 자신들에게 부과된 상황에 반항하고, 위에서부터 내려오는 부도덕함에 항의하려고 시도한다. 이 두 가지 범죄 형태 중 첫 번째는 본질적으로 진화적이고 현대적이다. 두 번째는 아타비스틱하고, 야만적이고, 폭력적이다. 첫 번째는 모두 지능적이고, 부당 점유, 위조, 사기와 같은 교활한 수단으로 진행된다. 두 번째는 대부분 육체적이고 반란, 살인, 다이너마이트와 같은 잔인한 수단으로 진행된다. 이탈리아는 최근 몇 년 동안 이 두 가지 범죄가 동시에 폭발하는 슬픈 장면을 보여주었다. 우리는 시칠리아에서 산적 행위와 기근 폭동이 동시에 일어나는 것을 경험했으며, 이는 동정적이거나 이해관계가 얽힌 거짓말이 다른 이름과 동기로 부여되었으며, 로마에서는 은행 스캔들로 인해 부유한 계층의 부도덕함이 폭로되었다.

누군가는 이렇게 물을 수 있다. "고대에 범죄 조직이 어디에나 존재했다면, 왜 그들의 관행이 일부 지역(나폴리)에서만 유지되고 다른 지역에서는 사라졌을까?" 그에 대한 답은 국민과 정부의 미개한 상태를 생각하면 찾을 수 있다.

카모라는 미개한 정부에 의해 야만화된 국민의 불행한 상태에 자연스럽게 적응한 일종의 현상이었다. 또한 산적 행위는 종종 억압자들에 대한 일종의 야만적인 정의였다. 러시아의 농노 시절, 아무도 그들의 고통에 신경 쓰지 않자 생명에 무관심한 농노들은 딕슨(Dixon 스코틀랜드와 잉글랜드에서 유래된 이름, 아들)이 우리에게 보여준 노래에서처럼 살인으로 복수할 준비가 되어 있었다.(유럽의 감옥에 관한 연구로 잘 알려진 저자는) 러시아의 모든 큰 가문이 가족 역사에서 학살 사건을 갖고 있다고 말한다. 자본의 유통 부족과 탐욕은 남부 이탈리아의 부자들을 농촌 빈민에 대한 착취와 횡령으로 몰아갔다. 폰디(Fondi 이탈리아 라치오(Lazio) 주 라티나(Latina) 현에 위치한 소도시)에서, 조리오(Jorioz)가 쓰기를 많은 이들이 시장 아만테(Amante 사랑하는 사람)의 학대로 인해 산적이 되었다고 했다. 꼬빠(Coppa), 마지니(Masini), 토르토라(Tortora 비둘기)는 그들의 마을 사람들로부터 받은 학대로 인해 산적이 되었다. 농민들은 사회가 자신들에게 가한 불의를 산적이 복수해 준다고 여겼다. Traetto의 시장은 자신을 자유주의자로 자처하면서 길에서 자신의 반대자들을 구타

하고 그들이 저녁에 외출하는 것을 허용하지 않았다. 고대의 남작이 소유한 땅의 분할 문제로 부자와 가난한 사람들 사이에 갈등이 생겨났으며 이 땅은 모두에게 특히 가난한 농민들에게 약속되었다. 남부 이탈리아의 소수 귀족들 사이의 적대감과 그들의 고객들에 대한 복수는 산적 행위의 주요 원인이었다. 바질리카타(Basilicata 이탈리아 남부에 위치한 지역)의 124개 마을 중 44개 마을만이 산적을 배출하지 않았으며 이는 정직한 시장들에 의해 잘 관리된 마을들이었다. 키에티(Chieti) 근처의 마을 봄바(Bomba 이탈리아 중부 아브루초)와 몬타촐리(Montazzoli 아브루초 지역) 중에서 가난한 사람들이 잘 대우받은 첫 번째 마을은 산적을 배출하지 않았지만, 두 번째 마을은 많은 산적을 배출했다. 남부 이탈리아의 작은 마을들에서 나타나는 중세의 특징이 현대 문명 속에 존재한다고 Villari는 매우 잘 지적했다. 다만, 중세의 남작 대신 부르주아가 독재를 행사하는 것이다. Partinico, 인구 20,000명의 도시에서는 완전한 중세시대의 특징을 보여주고 있다. 그곳의 귀족들은 수 세기 동안 지속된 복수의 싸움을 계속하고 있다. San Flavio에서는 두 가문이 서로의 명예를 지키기 위해 서로를 파괴했다.

프란케티(Franchetti 이탈리아 오페라와 유럽 음악에 기여한 인물이자 정치가이자 사회학자)가 쓰기를 시칠리아에는 여전히 농노와 같은 농민계급이 있고, 계급이 법 위에 있다고 여기는 사람들이 있으며 또 다른 그룹의 많은 사람들 역시 법이 무효하다고 믿고 스스로 정의를 실현하는 관습을 신조로 삼고 있다. 법의 권위가 알려지지 않거나 존중받지 못하는 곳에서 그 대표자들이 존중받을 수 있을까? 시칠리아의 공무원은 불법 행위자들이 그를 공범으로 만들려거나 최소한 침묵을 지켜주기를 바랄 때는 아첨과 환대의 대상이 되지만 그가 자신의 의무를 충실히 이행하는 사람으로 밝혀지면 즉시 공격을 받는다.

프란케티(Franchetti 정치가이자 사회학자로서, 이탈리아 남부 사회 문제를 연구)는 봉건제가 폐지된 후에도 사회적 관계의 본질은 변하지 않았고, 단지 외형적인 형태가 변했다고 말했다. 강자들의 폭력과 이를 합법화하는 수단들은 법적 제도에서 사라졌지만, 새로운 방법으로 불법 행위를 저지르는 것이 필요해졌으며 이를 위해서는 정부 관리나 판사를 이용하는 것이 적합했다. 그들의 공모를 확보하는 데는 부패만으로는 충분하지 않았으며, 기술도 필요했다. 모든 사람에 대한 영향력을 얻거나 유지하기 위해 같은 기술이 필요했으며 그들의 경제적 조건이 그들을 노예로 만들지 않았다면, 폭력은 어느 정도 교활함과 기만으로 자리를 양보해야 했다. 해고된 옛 남작의 무장병사들이 여전히 존재했고 이미 범죄를 저질렀거나 범죄를 저지를 준비가 된 사람들도 여전히 존재했으며 이들은 전통적으로 피의 범죄에 쉽게 빠져들었다. 억압으로 무력해진 나라에서 이들의 존재는 당연히 다수일 수밖에 없었다. 이들은 모두 자신의 이익을 위해 일을 했으며, 그들의 도움이 필요한 사람은 그들과 동등한 입장에서 그들과 거래해야 했다. 또 다른 예는 우리의 수도인 로마와 더불어 코르시카와 로마냐에서 찾아볼 수 있다. 로마는 몇 년 전, 특히 사람에 대한 범죄율이 이탈리아의 많은 지역보다 높았지만 Gabelli가 아주 잘 보여준 바와 같이(로마와 로마인들, 1881), 그것은 주로 오래된 면책 전통과 그로 인해 형성된 도덕적 분위기의 결과였다. 특히 시골에서는 살인을 유발하기에 충분했고 이는 종종 그 원인이 매우 불균형하여 판사들조차도 수수께끼나 광기로 보일 정도였다. 몇 잔의 와인을 마시면서 사소한 것에 대한 화가 타오르며 이미 칼을 든 손이 머리가 이를 거부할 시간을 주지 않고 곧바로 행동에 나선다. 또한, 모욕에 복수하지 않는 사람은 남자가 아니라는 야만적인 편견이 있어 남성의 존엄성은 권위를 통해서가 아니라 스스로 정의를 실현해야 한다고 요구한다. 이는 고대 로마인들에게까지 거슬러 올라가는 폭력과 에너지의 유산이다. 불과 몇 년 전만 해도 결혼하지 않은 여성은 남자가 주머니에서 칼을 꺼내지 않는다면 결혼을 꺼렸고 남자는 충성의 증표로 자신의 이름이나 "내 사랑, 내 심장"과 같은 문구가 새겨진 칼을 애인에게 선물했다. 그리고 북부 이탈리아에서는 모든 신사가 도둑이나 살인자를 붙잡는데 정부를 돕는다고 생각하지만, 로마 사람들은 정부를 세금, 인지세 등으로만 이해하고 강한 자아 의식을 가진 로마인은 스스로 살인을 저지르거나 범인을 놓아주고 자신과는 무관한 일로 여겨 증언을 꺼렸다. 이는 교황청 정부 하에서 형성된 오랜 습관 때문이다.

이 범죄에 수도의 부패는 은행과 언론의 추악함을 더했다.

파질리카타(Basilicata 이탈리아 남부에 위치)에서 파니 로시(Pani Bossi(정치가이자 작가. 언급된 저서)는 어머니들이 종종 자신의 아들을 "산적"이라고 부르는 것을 들었다고 했다. 크로노(Crocco 성씨)는 그들의 "작은 카르민(Carmine 악당)"이었다. 부자들은 "닌코 난체(Ninco-Nanche 카르미네 크로코의 이름에서 파생된 애칭)"라는 별명으로 농촌의 왕을 불렀다.

"시칠리아에서는 '산적'이라는 말이 심지어 그 의미를 잃었고 불명예의 칭호 대신, 오히려 많은 정직한 사람들도 자랑스럽게 여기는 칭호가 되었다. '나는 산적이다'는 그들에게는 아무것도 두려워하지 않으며 특히 법을 두려워하지 않는 사람을 의미하며 그들의 마음속에서 법은 정부와 혼동되거나 더 나아가 경찰과 혼동된다."

진정한 도덕의 개념이 없고 애매한 층과 정직한 층 사이의 거리가 줄어들거나 거의 사라지면서, 산적이 자신이 사는 농민들 사이에서 공범자를 찾는 것은 자연스러운 일이며 그들은 범죄를 새로운 종류의 투기로 간주하게 된다. 그리고 이것이 시칠리아의 최대 문제라고 프리펙트들은 보고했으며, 그곳에서는 실제 산적들이 농촌을 헤매고 다니는 일은 드물지만 특정 상황에서는 그들과 동조하는 자들이 수백 배로 늘어나며 심지어 대지주들조차도 산적들을 이용해 공갈을 강요하고 유언장을 무효화하며 동료 시민들에 대한 지배력을 획득하는 것을 목격할 수 있다.

알프레도 코만디니는 로마냐 지역에 대해 같은 사실을 보여주었으며 부르드와 부르네는 코르시카에 대해 같은 사실을 지적했다. "로마냐의 모든 문제의 원인은 과도한 음주, 광범위한 무기 소지, 그리고 전제정치 시대의 전통에서 유래한 정치적 결사이다. 모든 계층이 이에 참여하며 심지어 목숨을 걸고서도 참여한다. 이 결사들은 정당한 열망을 품고 있었지만 많은 경우 범죄자가 체포되면 그들을 배신할 수 있다는 두려움 때문에 그들의 도주나 면책을 도왔다. 이제 이러한 결사들은 더 이상 진정한 정치적 또는 교육적 목적을 가지지 않으며, 상호부조의 목적도 없다. 대부분은 함께 술을 마시는 패거리 불과하며, 거의 항상 가장 부유한 사람이 술값을 지불한다. 이는 쉽게 칼부림, 싸움, 모욕을 촉발시키고 전통적인 의무로 인해 개인뿐만 아니라 전체 그룹이 참여하는 반작용으로 이어진다. 이러한 결사들은 아주 작은 도시에서도 다수 존재하며 때로는 다섯, 열 개에 이르기도 한다. 모든 결사가 하나의 당에 속하지만 각 구역과 교외에 따라 나뉘어 있다. 이들 중 한 결사의 회원이 다른 결사의 회원과 여성, 돈 문제로 분쟁을 겪게 되면 그 분쟁은 전체 그룹으로 확산된다. 상호지원은 명예를 위해 다툼에서 부상을 입거나 죽음을 맞이한

자를 사회적으로 받아들이게 만든다. 정부의 권위에 대한 신뢰가 없기 때문에 분쟁은 그들의 형제, 그룹의 지도자 앞에서 해결되며 그들은 신의 뜻에 따라 문제를 해결한다. 가장 악한 자는 사회에서 추방되고 그걸로 끝이다. 화해는 함께 술을 마시는 것으로 이루어지지만 그 술자리가 새로운 갈등을 일으키기도 한다."

"이 모든 것이 결국 범죄로 귀결된다. 마을에 고립된 농민들은 그룹의 우두머리에 적대적이며, 정의가 없다고 확신한다. Marras는 자신의 연설에서 여전히 전설적인 외침을 들을 수 있다고 고백했다. '코르시카에는 정의가 없다.'

코르시카인들은 큰 자부심을 가지고 있다. 그들은 육체노동을 경멸하고 땅을 별로 사랑하지 않으며, 도덕적 자질보다 지적 자질에 더 민감하다. 그들은 행복과 양심을 이해하는 특별한 방식이 있다.그들의 조직은 로마의 귀족제와 매우 유사하다. 열다섯에서 스무 가문이 나머지 모든 가문을 지배한다. 어떤 가문은 겨우 백 표만을 가지며, 다른 가문은 수천 명의 유권자를 마음대로 조종한다. 50개의 가문은 200년 이상 동안 단 하나의 가문에 절대적으로 헌신해 왔다. 독립된 삶은 불가능하며, 혼자서는 아무것도 할 수 없다. 한 가문의 구성원들은 그들 중 한 사람을 지지하기 위해 목숨을 건다. 두 가지 양심이 섬에서 싸우고 있다. 현대의 양심은 권리와 공평의 절대적 원칙에 영감을 받은 것이며 오래된 코르시카의 양심은 가족 협회의 이익을 초월하지 못한다. 후자가 거의 항상 우세하며 그 효과는 철도 수용 재판에서 볼 수 있었다.

카사비안카(Casabianca 하얀집)가 주재한 배심원은 섬에서 가장 강력한 정당의 수장이었으며, 거대한 편파성을 보여주었다. 베네데티(Benedetti 축복받은)는 그 정당의 적이었기 때문에 16에이커와 96평방미터의 포도밭에 대해 2,000프랑을 받았지만 Casabianca에게 충성스러운 비르지고티(Virgitti 고유성씨)는 18에이커와 90평방미터의 포도밭에 대해 13,000프랑을 받았다. 이런 불공정은 코르시카에서는 자연스러운 것으로 보이며 적들조차도 그들이 권력을 잡았다면 그들의 고객을 위해 똑같이 했을 것이라고 생각한다.

재판관들은 전능하지만, 그들을 임명한 정당에 매우 편파적이다. 그들은 선거인 명부를 작성할 때 마음대로 하며 법과 상고 및 대법원의 판결에도 불구하고, 정당에 해를 끼치거나 이익이 되는 이름을 빼거나 추가한다. 이는 때때로 심각한 범죄의 원인이 된다. 프란체스코 리치는 모라키니 가문의 선동으로 인해 명부에서 삭제되었다. 시 의회 선거에서 투표할 수 없게 된 리치는 분노하여 울타리 뒤에서 매복하고 있다가 모라키니 가문 중 한 명에게 총격을 가했다. 범죄를 비난받자 리치는 이렇게 대답했다. '내가 그렇게 하지 않았다면, 나를 루카 사람으로 여겼을 것이다.'

선거일의 속임수는 다양하고 끝이 없지만 종종 비극으로

이어진다. 팔네카(Palneca 프랑스 코르시카 섬)에서는 시장 Bartoli가 유리한 순간을 기다리기 위해 세 번이나 투표를 연기했다. 네 번째 투표일(1884년 9월 28일) 아침 일찍 그의 지지자 80명이 시장과 함께 마을 회관에 갇혀 요새화했다. 그들의 적들이 도착했을 때 들어갈 수 없었다. 분노한 그들은 공격을 시도했지만 총격을 받고 격퇴당했다. 그날 종일 집과 집 사이에서 총격전이 벌어졌으며 사상자가 발생했다. 바르톨리(Bartoli 흔한 성씨)의 적들은 "우리는 노예로 살기보다는 죽기를 원한다"고 도지사에게 선언했다.

1885년 프랑스 전역에서 42,523건의 농촌의 위법이 확인되었지만, 코르시카 한 곳에서만 13,405건이 발생했으며 이는 거의 3분의 1에 해당한다!"

발전된 문명은 욕구와 욕망을 수백 배로 증가시키고 더 많은 부로 감각적 자극을 쉽게 할 수 있게 하며, 이는 정신 병원에서 알코올 중독과 일반 마비를 증가시키고 감옥에서는 재산 범죄와 풍속 범죄를 증가시킨다. 통계는 사실, 수도와 교육받은 계층에서 발생한 범죄의 대부분이 이러한 성격을 가지고 있으며, 이러한 범죄가 증가하고 있음을 보여준다. 그리고 시게레(Sighele 이탈리아의 범죄학자이자 사회심리학자로, 군중 심리와 집단 행동 연구)는 이제 이러한 성격이 현대의 집단 범죄, 즉 부르주아 계급의 범죄이며 이는 대중과 비교하여 증가하고 있음을 보여준다. 이 두 가지 형태의 집단 범죄의 존재가 확인되면,

다음과 같은 질문이 생긴다. 왜 부유한 사람들의 범죄는 사기적이며, 가난한 사람들의 범죄는 폭력적인가? Sighele는 다음과 같이 대답한다. 상류 계급은 진정으로 현대적인 것을 대표하며 하류 계급은 여전히 감정과 사고에서 상대적으로 먼 과거를 대표한다. 따라서 전자는 현대적이고 진화적인 집단 범죄를 가지며, 후자는 여전히 폭력적이고, 아타비스틱하다고 할 수 있다.

배젯(Bagehot 영국의 경제학자, 정치 평론가)은 이렇게 썼다. "사회적 계층이 내려갈수록 섬세한 본능이 점점 감소하는 것을 확인하기 위해 야만인 사이를 여행할 필요는 없다. 가난한 계층의 영국인 우리 자신의 하인들과 이야기하면 충분하다."

둘째, 부유한 계층의 범죄는 오늘날 우리 사회를 지탱하는 부패한 사회 조직을 나타내는 병리적 현상이며 이는 곧 끝날 것이다. 반면, 하류 계층의 범죄는 새로운 시대의 시작을 알리는 병리적 신호일 수 있다. 결국, 하나는 해가 지는 것을 나타내며 다른 하나는 해가 뜨는 것을 나타낸다. 첫 번째는 이미 늙은 조직의 퇴화를 나타내며 두 번째는 자라나고 있는 젊은 조직의 위기를 나타낸다. 따라서 첫 번째는 노련하고 신중하며 교활한 노인의 모든 특성을 지니고 있으며 두 번째는 젊고 강한 사람의 피도 눈물도 없고 경솔하며 뻔뻔한 대담함의 모든 특성을 지닌다.

마지막으로, 부유한 계층은 숫자 때문에가 아니라 그들의 힘과 그들이 의지하는 기반 때문에 다수를 대표한다. 반면, 하류 계층은 소수이다. 이제 모든 소수파는 다수파보다 더 대담하고 더 폭력적이라는 심리적 특성이 있다. 소수파는 정복해야 하지만 다수파는 이미 정복한 것을 유지하기만 하면 된다. 더 먼 이익이나 목적을 달성하기 위한 에너지는 그것을 달성한 후 유지하기 위한 에너지보다 더 크다. 승리는 사람을 쇠약하게 하지만 승리를 갈망하는 것은 용기를 증가시킨다. 이것은 한 사람이 많은 사람에게 공격받았을 때 혼자였을 때보다 더 큰 에너지를 발휘하게 되는 개별적인 사실의 집단적 재현이다. 이는 방어의 필요성이 혼자이고 더 약한 사람의 힘을 두 배로 늘려주기 때문이며, 위험에 직면했을 때 더 강력하게 깨어나는 자기 보존 본능이 절망의 용기로 불리는 것을 신체에 부여하기 때문이다.

범죄의 영역에서도 이러한 자연의 법칙이 무시될 수 없었으며, 따라서 더 강력한 적과 싸워야 하는 하층 계급은 폭력과 대담함으로 자신의 약점을 보상해야 했다. 어느 정도까지는 이탈리아에서도 이를 확인할 수 있다. 1869년에, 도시와 큰 마을의 인구가 550만 명을 넘지 않았을 때 작은 마을의 인구 1,100만 명과 거의 동일한 범죄율을 보였다. 공공질서와 도덕에 반하는 범죄에서는 두 배 이상으로 앞서 있었지만, 사람에 대한 범죄에서는 동등했거나 오히려 낮았다. Bodio가 "이탈리아 경제"에 발표한 아름다운 그래픽 지도를 살펴보면 재산에 대한 범죄의 수와 인구 밀도, 교육 수준 사이의 평행 관계를 찾을 수 있다. 밀라노, 리보르노, 베네치아, 토리노는 재산에 대한 범죄가 더 많고 폭력 사건은 적으며, 인구 밀도가 높고 문맹자가 적다.

칼라브리아, 아브루치, 시칠리아, 로마는 문맹자가 많아 사람에 대한 범죄의 수치가 가장 높다. 나폴리와 팔레르모는 인구 밀도가 높고 문맹자가 많아 두 종류의 범죄가 많지만, 바리, 레체, 베네벤토, 루카는 인구 밀도가 꽤 높지만, 재산에 대한 범죄가 적고, 카탄차로와 칼타니세타는 반대의 상황이다. 그러나 이탈리아에서는 많은 예외가 있어 일부 국가에서는 야만이 끝난 지점이 명확하지 않으며 큰 정치적 사건들로 인한 혼란과 불안이 여전히 남아있다.

문명이 더 나아갈 수 없고 범죄의 성격을 바꾸거나, 어쩌면 범죄의 수를 증가시키는 것 외에는 할 수 없다는 사실은 불쾌할지라도 이해하기 쉬울 것이다. 왜냐하면, 발전된 교육이 방어보다는 공격에 더 유리하다는 것을 본 사람이라면 누구나 알 수 있기 때문이다. 여기에 언급된 이유 외에도 다른 차원의 이유들이 추가되어야 한다. 문명은 철도, 관료적 집중, 상업적 집중 등으로 인해 큰 중심지를 계속 성장시키고, 더욱더 주요 도시들을 인구 밀집 지역으로 만들고 있다. 그리고 알려진 바와 같이 도시에는 상습 범죄자들의 대부분이 모인다. 이 불행한 집결은 범죄자들에게 더 큰 이익이나 면책 특권을 제공하는 대도시의 특징에 의해 설명될 수 있다. 그러나 이 원인이 전부는 아니다. 왜냐하면, 수도에서는 감시가 적지만 단속은 더 활발하고 집중적이기 때문이다. 그리고 유혹이 많지만 일자리도 더 많이 제공되기 때문이다. 나는 더 강력한 다른 영향이 있다고 생각하며 그것은 바로 집결 자체가 범죄나 비도덕성으로 이끌기 때문이다. 사람을, 아니 더 나아가 자신을 어떤 종류의 사회적 그룹 속에서 연구한 사람이라면 그가 종종 변화하는 것을 관찰했을 것이다. 혼자이거나 가정의 벽 안에 있을 때는 정직하고 조심스러웠던 사람이 사회 속에서는 방종해지고 심지어 비도덕적으로 변한다. 클럽이나 모임에 모인 많은 사람이 친구나 스승을 모욕하는 것을 혐오감 없이 지켜본 적이 얼마나 많았던가? 그리고 그들이 조금 전까지도 열정적으로 지지했던 사람을 비열하게 돌을 던진 적이 얼마나 많았던가? 한 걸음 더 나아가면 가장 정직한 사람조차도 좋은 친구처럼 보이기 위해 도둑질을 하고, 초심자를 도박으로 끌어들이며 가장 추악한 욕망에 빠져드는 것을 볼 수 있다. 이러한 경향은 그룹이 인구 밀도가 높아질수록 커진다. 시골의 다섯 명에서 여섯 명의 학생들이나 한 공장의 수천 명의 노동자로부터 시작해서 나폴리나 파리의 거리에서 가장 사소한 원인으로 밀집된 거대한 군중들까지, 그들의 외침은 사형 선고로 변한다. 거의 직접적인 증거로는 무해하고 인구가 적은 집단에서 시작해 점점 더 복잡하고 끈질긴 범죄 조직으로 발전하면서 은어가 더욱더 복잡한 구조를 취하는 것을 볼 수 있다. 심지어 초기의 집단에서도 외부인에 대한 일종의 적대감이나 음모를 나타낸다.

베르티용은 이렇게 말한다. 다른 사람들에게 우리가 주위에서 보는 감정과 동작을 재현하려는 일종의 폭력적이고 병적인 경향이 있으며 몇 가지 상황은 젊은 나이, 여성의 성별, 그리고 무엇보다 비슷한 다른 사람들의 집합은 사르세이가 언급한 바와 같이 각자 내면에서 느끼는 자연스러운 감정을 더욱 강하게 만든다. 공기는 지배적인 의견에 의해 영향을 받으며 전염병처럼 그 영향을 받는다. 또 말하길, 큰 집합체 속의 말들이 심지어 수간에 대한 경향을 개발한다는 것도 주목할 만하다. 도둑질, 살인, 욕망 등의 원시적 본능은 각 개인이 고립되어 있을 때 특히 교육으로 완화될 때는 겨우 배아 상태에 있지만 다른 사람들과의 접촉으로 인해 갑자기 커진다. 학교나 기숙사에서 가장 덕망 있는 학생도 다른 학생들, 때로는 선생님으로부터 부정의 비밀을 배우게 된다. 이러한 모든 것이 성 기관의 발달과 뇌의 발달 그리고 개선된 영양 상태 사이의 평행 관계와 함께 최근 몇 년간의 범죄에서 특별히 두드러진 성욕 범죄의 급증을 어느 정도 설명해준다. 또 성매매의 지속적인 증가와 일치하는데 이는 주로 대도시에서 선호된다. 그리고 이것이 왜 더 문명화된 국가에서 여성이 더 많이 범죄를 저지르는지에 대한 원인 중 하나이다. 상대적 빈곤에 대한 잘못된 수치심, 사치에 대한 욕구, 남성과 동일한 환경에서 범죄를 저지를 수 있게 하는 남성적인 교육과 직업 기회가 그들을 범죄로 몰아넣는다. 이들은 위조, 언론을 통한 사기 등의 범죄를 저지른다.

문명은 일부 광기를 증가시키듯 일부 범죄도 증가시킨다(예: 마비, 알코올 중독). 왜냐하면, 문명은 야만인에게는 거의 알려지지 않은 흥분제의 사용을 증가시키며, 이는 더 문명화된 국가에서는 필수적인 필요가 되기 때문에 영국과 미국에서는 알코올과 담배의 남용에 아편과 심지어 에테르의 남용이 추가되었으며 1840년에서 1870년 사이에 프랑스에서의 알코올 소비는 연간 8리터에서 30리터로 증가했다.

문명은 신문의 창간과 확산을 촉진하며, 신문은 항상 스캔들을 다루는 경우가 많으며, 때로는 오직 그것만 다룬다. 이는 범죄자들의 모방을 자극하는 원인이다. 트로프만 사건이 르 쁘띠 주르날(Petit Journal 작은 신문)의 발행 부수를 50만 부로, 피가로 (Figaro 프랑스와 이탈리아 문화에서 흔히 등장하는 이름)의 발행 부수를 21만 부로 증가시켰다는 사실을 생각하면 슬프다. 이것이 벨기에에서 거의 즉시 무스티(Moustier 프랑스의 지명)에 의해 모방된 이유일지도 모른다. 그들의 피해는 또한 이상한 범죄에 의해 입증되었다. 주인 R...이 부재 중일 때 그의 금고가 털렸으며, 용의자가 체포되었다. 그의 집에서 실종된 돈이 발견되었으며, 그는 울면서 아무런 악의 없이 그것을 훔쳤다고 자백했다. 사실 그는 주인의 허락을 받아 더 큰 금액을 사용할 수 있었으며, 어떤 금고도 털지 않았을 것이다. 그는 전날 불행한 일간지 중 하나에서 읽은 것을 실행에 옮기기 위해 그 일을 저질렀다고 한다. 주인은 그가 열렬한 독자임을 알고 있었기에 그의 변명이 매우 진실하다고 믿으며, 그가 무죄 판결을 받자마자 다시 고용했다. 또 다른 예로, 1873년 파리에서 그리말은 자신에 대해 말하게 하려고 범죄를 저지르기로 결심했다. 그는 신문에서 위대한 악당들에 대해 읽은 내용을 따라하려 했으며 방화를 시도했으나 그의 의도는 믿어지지 않았다. 그는 아내를 학대했고 그녀는 죽었으며 그는 범죄를 자백했으나 이 역시 기소되지 않았다. 그때 그는 과부 그라스 사건을 보게 되었고, 그녀를 모방하여 친구의 얼굴에 질산을 던졌다. 친구는 죽었고, 그는 숨지 않고 자신의 훌륭한 행위를 모두에게 이야기했다. 다음 날, 그는 Petit Journal을 읽으러 달려갔으며 신문이 그 비극적 사건을 보도한 것을 보고, 그는 경찰에 자수했으며 그의 범죄 아이디어는 그가 열렬히 읽던 법정 소설과 신문 기사에서 나왔다는 것이 밝혀졌다. 그리고 같은 이야기는 오늘날 프랑스에서 유행하는, 오로지 범죄 이야기만을 다루는 소설들에도 적용될 수 있다.

대도시에서 저렴한 가격으로 제공되는 빈민가의 숙소는 범죄를 유발하는 요인 중 하나이다. 메이휴(Mayhew 일반적인 성씨)에 따르면 많은 사람이 파업 중 로징 하우스(Lodging House 임시 거주지)로 끌려가고, 그곳에서부터 도둑질로 이어진다고 한다. 정치법과 새로운 형태의 대중 정부는 현대 문명의 확산으로 인해 강요되었으며 때로는 진정한 자유의 위장된 모습이기도 하다. 이들은 축제나 정치, 행정, 상호부조 단체의 형태로 결사의 형성을 촉진한다. 팔레르모, 리보르노, 라벤나, 볼로냐의 예와 루치아니와 파지, 크리스피와 니코테라의 역사는 가장 숭고한 행위에서 가장 비도덕적인 폭력, 어쩌면 범죄까지도 얼마나 짧은 단계로 이어지는지를 보여준다. 북미에서는 일부 단체들이 뉴욕과 샌프란시스코의 두 가장 번성한 도시 한가운데에서 공식적으로 범죄를 저지르기에 이르렀으며 사기를 거의 합법화하기까지 했다. 이러한 형태의 정부에서 정치 혁명이 더 자주 발생하는 것은 많은 사람을 집결시키고, 열정을 자극하기 때문에 일부 범죄를 증가시킨다. 1848년 이전에는 프랑스에서 100~200건이었던 성범죄가 280건으로 그리고 505건으로 증가했으며 동시에 사생아 출산도 증가했다. "스페인은 감옥이다."라고 저명한 스페인인이 말했으며 "거기서는 어떤 범죄든 그것이 이쪽이나 저쪽을 위한 것이기만 하면 또는 정치적 성격을 띠기만 하면 무사히 저지를 수 있다." 사면된 죄수는 5년 동안 4,065명에 달하며 이는 프랑스의 4배에 해당한다. 이로 인해 스페인에서 범죄가 다른 곳보다 더 많이 발생하는 것은 놀라운 일이 아니다. 혁명과 마찬가지로 전쟁도 접촉과 집합의 증가로 인해 범죄 수치를 증가시킨다. 1866년 우리나라에서 그리고 1862년 북미에서 전쟁 중 및 전쟁 후에 이러한 사실이 입증되었다.

교도소에서의 범죄자들의 교류가 범죄를 얼마나 증가시키는지 보여주기 위해 더 이상의 말이나 숫자는 필요하지 않다. 교도소에서 죄수들 스스로의 고백에서 배운 바와 같이 가장 사악한 자가 영광의 상징이며, 덕은 수치이다. 그리고 문명은 대규모 교도소를 증가시키면서 특히 개별 감금 시스템이 없는 경우, 범죄에 더 큰 불을 지피며 농업 식민지, 학교, 가석방 등의 자선 및 박애적 노력들이 인류의 존엄성을 높이는 데 기여할 수는 있지만 무감각해진 범죄자의 마음을 개선하는 데는 도움이 되지 않는다. ticket of leave제도의 도입으로 1861-62년에 영국에서 범죄자가 크게 증가한 것처럼 1834년에는 강제 이주로 인해 같은 결과가 나타났다(B. Scalia, 언급된 저서). 불량 소년과 미성년자들을 위한 수용소와 개혁학교도 가장 성스러운 인류애로 영감을 받은 것처럼 보이지만, 도덕적으로 건전하지 않은 사람들의 집합으로 인해 그들이 설립된 목적과는 거의 항상 반대되는 영향을 미친다. 스웨덴의 저명한 학자 올리브크로나는 스웨덴의 많은 재범자가 교도소 제도의 결함, 즉 젊은이들을 성인과 동일한 규율에 처하는 것에 기인한다고 언급했다.

문명은 매일 새로운 범죄를 도입하며, 이전보다 덜 잔혹하지만 결코 덜 해롭지 않는 런던에서는 폭력 대신 교활함을,

강도 대신 낚시 도둑질을, 담 넘기를 대신해 협박과 언론을 통한 사기를 사용하는 경향이 있다. 보험금을 노린 살인과 같은 새로운 형태의 범죄는 의사들에 의해 저질러졌으며 새로운 과학적 지식의 발전으로 불행히도 증가하고 있는 콜레라의 증상이 비소산 중독의 증상과 유사하다는 사실이 두 명의 의사에게 콜레라 유행 시기에 마그데부르크와 뮌헨에서 많은 고객을 독살하게 한 아이디어를 제시했다(Pettenkoffer, Théorie des Cholera, 1871).

비엔나에서는 "크라체(Kratze 긁힌 자국)"라는 새로운 범죄가 생겨났으며, 이는 가상의 회사로 물품을 발송하여 그 물품을 가로채는 범죄이다. 아나키스트들은 건물과 사람을 대상으로 한 다이너마이트 사용을 유행시켰다. 방금 시카고에서는 전기 충격기와 같은 도구와 작은 흉기가 도입되었으며 이 흉기는 피해자의 주머니에 넣어져 그들을 즉사시키고 산산조각 낸다.

문명은 가족의 유대를 약화시키면서 범죄의 온상이 되는 버려진 아이들뿐만 아니라 성인들의 방치, 강간, 영아살해도 증가시킨다. 하지만 이러한 모든 점에도 불구하고 우리는 문명의 번영을 저주할 수는 없다. 그것이 잠시 동안 범죄의 증가를 일으킬 수 있더라도 그것이 범죄의 성격을 완화시키는 한편, 그로 인해 발생한 상처를 치유하는 방법도 찾아냈기 때문이다. 예를 들어, 범죄자 정신병원, 감옥의 개별 수감 시스템, 산업 노동소, 우편 및 작업장에서 적용되는 저축 제도, 특히 방랑하는 아이들을 보호하는 사회단체들이 이러한 상처를 예방하고, 범죄를 거의 요람에서부터 막는 역할을 한다.

2. 인구 밀도와 출생률

인구 밀도와 범죄에 대한 문명의 영향을 보다 명확히 이해하기 위해서는 그 개별 요인들을 하나씩 살펴봐야 한다. 그중 첫 번째는 인구 밀도이다. 범죄의 역사를 살펴보면 범죄가 진정한 의미에서 나타나기 시작하는 것은 인류 사회가 일정 수준의 밀도에 도달했을 때이다. 매춘, 폭력, 절도와 같은 범죄는 레클루, 웨스터마르크, 그리고 크로포트킨이 올바르게 지적한 바와 같이 원시 사회에서는 거의 나타나지 않는다. 이는 비를 맞을 때만 모이는 베다족이나, 밀 수확 시기에만 모이는 호주 원주민에서와 같다. 범죄의 동등한 형태는 동물에게서도 드물며 이는 그들이 집단생활을 하지 않기 때문이다. 범죄는 접촉이 적은 곳에서는 기회를 얻기 어려워 발생하지 않는다. 심지어 야만적인 사회에서도 범죄는 상대적으로 적지만 문명사회에서는 수백, 수천 가지로 증가한다. 범죄의 빈도와 밀도 사이의 관계를 살펴보면, 기후의 영향을 제외하고는 범죄의 발생은 밀도에 직접적인 비례 관계가 있음을 알 수 있는 7개의 밀도가 낮은 국가 중 2곳(스페인과 헝가리)은 높은 살인율을 보이며, 8개의 밀도가 높은 국가 중 1곳(이탈리아)만이 많은 살인 사건을 기록한다. 절도의 경우 반대의 현상이 나타난다.

반란에 대한 결론을 내리기는 어렵지만 동일한 밀도(폴란드, 오스트리아, 스위스)에서 반란의 차이가 크며, 밀도가 크거나 작은 국가들(영국, 러시아, 헝가리)에서는 부족하거나 결핍된 상태다. 중세 시대, 인구가 매우 드문 코르시카는 많은 반란을 겪었다. 이탈리아와 같은 국가에서는 밀도에 따른 범죄의 영향을 더욱 명확히 볼 수 있고, 밀도가 증가함에 따라 살인율이 감소하며 이는 밀라노, 나폴리, 리보르노, 제노바와 같은 다양한 지역에서 일관되게 나타난다. 반면에 밀도가 낮은 지역에서는 살인율이 증가하며 이는 더 따뜻하고 섬인 지역에서 발생한다. 절도, 강간, 공무원에 대한 폭력도 밀도가 증가하면 살인율이 감소하지만 밀도가 과도하게 높을 때는 다시 증가한다. 사기는 밀도와 거의 항상 반대로 움직이며, 이는 사르데냐와 포르리베세 및 볼로냐 지역에서의 전통적인 사기와 관련이 있다.

최근 프랑스 통계에서도 다음과 같은 사실을 확인할 수 있다. 절도는 인구 밀도가 높아질수록 점점 더 빈번하게 발생한다. 반면 살인과 강간은 밀도의 최저와 최고 지점에서 최대치를 기록하며 이는 밀도가 높은 지역에는 대규모 산업 중심지(세느-이니페리외르), 정치 중심지(파리), 이민 지역(부슈-뒤-로느)이 많아 갈등의 기회가 많기 때문이다. 반면 밀도가 낮은 지역(코르시카, 로제르, 높은 알프스)에서는 야만성이 극에 달하여 상처를 주거나 살해하는 행위가 범죄라기보다는 의무로 여겨지는 경우가 많다.

정치적 폭동에 관해서도 마찬가지로 인구 밀도가 높은 지역에서 자주 발생하는 경향이 있다. 이는 프랑스의 혁명적인 인구와 보수적인 인구를 연구한 결과로도 입증되었다. 밀도가 높은 지역에서는 혁명적인 생각이 더 확산되는 경향이 있다. 반대로, 밀도가 낮은 지역(바스-알프스, 론데, 앙드르, 쉐르, 로제르)은 정치적 선거에서 군주제를 지지하는 경향이 강했다. 이런 경향은 로나, 루아르, 세느-에트-오이즈, 세느와 같은 고밀도 지역에서는 혁명적인 성향이 더 강해지는 현상을 보인다.

파리와 같은 대도시에서는 정치적 동요가 빈번하게 발생하며, 비올레-르-뒤크는 이를 "모든 시민들이 불만을 표출하며, 이것이 세계화된 도시를 만들어 무정부적인 군중이 선거를 조작하고 정부를 무너뜨리려 한다"고 설명한 코뮌 이후 36,309명 중 1,725명이 외국인이었고, 지방 출신은 25,648명이었다. 마시므 뒤 캄프는 이러한 중앙집중적 국가에서는 지방 생활이 불완전하게 발전한다고 지적했다. "대도시는 정치적 평온에 위험을 초래하며, 흡입 작용을 일으켜 사람들을 끌어들이고 붙잡는다. 프랑스는 머리가 너무 커서[10], 물리적 공격성에 시달리기 쉬운 상태이다. 코뮌은 그 중 하나였다." 결국, 민족적 및 기후적 영향이 밀도의 영향을 무력화시키긴

*10)
"프랑스는 머리가 너무 커서"라는 표현은 프랑스의 중앙집권화 문제를 비판하는 비유로, 파리와 같은 대도시에 지나치게 권력과 자원이 집중된 상태가 국가의 정치적 안정과 균형 발전을 위협할 수 있다는 의미를 담고 있다.

하지만, 밀도는 절도를 증가시키고 살인을 감소시키는 명확하고 직접적인 영향을 미친다.

3. 이민과 이주

이탈리아와 프랑스 사이에는 명백한 차이가 있다. 이는 두 나라의 부유함에서도 나타나지만, 특히 범죄율에서 뚜렷한 차이를 보인다. 이탈리아에서는 밀도가 증가함에 따라 살인율이 감소하지만, 프랑스에서는 밀도가 최고조에 달할수록 살인율이 크게 증가한다. 이는 대도시가 문명화된 영향으로 범죄자들의 전설적인 보복 성향을 없애고 살인 범죄의 한계가 있었기 때문이다. 그러나 프랑스는 이민이라는 새로운 요소가 밀도를 증가시켰고 이는 범죄에 더 취약한 120만 명 이상의 외국인 인구를 포함한다. 특히 부쉬 듀 론(Bouches-du-Rhône 프랑스의 지역)[11]와 같은 이민자가 많은 지역에서는 살인율이 가장 높다. 이민 요소를 제거하면 Bouches-du-Rhône의 범죄율이 86%에서 62%로, 에로주(州)(Hérault 프랑스 남부에 위치한 지역)는 81%에서 63%로, 알프 마리팀(Alpes-Maritimes 알프 산맥과 지중해를 접한 지역)는 83%에서 45%로 감소한다.

Hérault 지역의 경우, 도시(Cette)에서 범죄율이 높아지는데

*11) Bouches-du-Rhône은 프랑스 남부에 위치해 있으며, 마르세유(Marseille)라는 프랑스에서 두 번째로 큰 도시가 이 지역의 중심지다.

이는 재범자들이 공공장소에 거주하기 때문이라 한다. 1889년에는 118명의 피의자 중 21명이 외국인으로 토착민 비율이 2‰인 반면, 외국인은 19‰에 달한다고 한다. 마르세유에서도 항구에서 일하는 외국인 노동자들이 범죄율에 기여하고 있다. 외국인들이 절도, 살인, 폭동 등에서 주요 원인으로 지목되고 있다.

1881년에는 강간 범죄율이 다음과 같았다.

- 프랑스인 100만 명당 17명이었다.
- 외국인 100만 명당 60명이었다.

1872년에는 다음과 같았다.

- 프랑스인 100만 명당 18명이었다.
- 외국인 100만 명당 46명이었다.

이민자들이 범죄를 더 많이 저지른다는 사실은 이미 알려져 있었다. 최근 미국 통계에 따르면, 이민자, 특히 아일랜드와 이탈리아 출신이 많은 주일수록 범죄율이 높았다. 이민의 영향은 인구 밀도의 효과를 방해한다. 예를 들어, 몬태나(평방마일당 0.3명), 와이오밍(0.2), 네바다(0.6), 애리조나(0.4)와 같은 인구 밀도가 낮은 주는 이민 덕분에 높은 범죄율을 보였다. 반면, 뉴욕(평방 마일당 151명)과 펜실베이니아(95명)와 같은 인구 밀도가 높은 주는 상대적으로 낮은 범죄율을 기록했다. 컬럼비아 지역에서는 평방 마일당 2,960명의 밀도에도 불구하고 범죄율이 낮았다. 뉴욕에서 49,000명의 체포자 중 32,000명이 이민자였고, 북미에서 38,000명의 수감자 중 20,000명이 외국인의 자녀였다.

프랑스에서는 1886년까지 다음과 같은 통계가 있었다.

- 자국 내 거주하는 10만 명당 8명이 법정에 출두했다.
- 타국에 거주하는 10만 명당 29명이 법정에 출두했다.
- 프랑스 내 외국인 10만 명당 41명이 법정에 출두했다.

1851년부터 1886년까지 프랑스의 이민자는 38만 381명에서 112만 6,183명으로 증가했다.

Joly(조리)는 이민 흐름이 약할 때는 더 에너지가 넘치고 지능적인 사람들이 이주하지만 흐름이 너무 강할 때는 좋은 사람과 나쁜 사람 모두가 포함된다고 지적했다. 대부분의 범죄는 이웃 지역에서 발생하며, 그 예로 1886년에는 스위스인 10만 명당 4명, 스페인인 10만 명당 18명, 이탈리아인 10만 명당 23명이 범죄를 저질렀다. 파리에서는 벨기에와 스위스 커뮤니티가 같은 인구수에 비해 영국인과 미국인보다 3배 많은 체포자를 발생시켰다. 이탈리아 커뮤니티는 오스트리아 커뮤니티보다 15배 많은 체포자를 발생시켰다. 이민이 불안정할수록 범죄율이 높아진다. 벨기에 출신의 정착자는 프랑스에서 범죄를 저지르는 비율이 낮지만 스페인 출신 이민자는 거의 정착하며 높은 범죄율을 기록한다. 내부 이민, 특히 이동이 잦은 판매상 등도 범죄를 증가시킨다. 이처럼 St-Gaudence에서 많은 판매상이 범죄, 사기, 폭력, 상해를 저지르며 범죄율이 증가했다.

Sarthe(샤르트, 프랑스 행정구역)는 범죄율이 낮은 지역으로 알려져 있다. 그 지역에서 이민자들이 이동할 경우 범죄율이 34위 상승한다. Creuse(크뢰즈,는 프랑스 중부에 위치한 데파르트망(department) 중 하나)는 유사한 이유로 범죄율이 3위에서 18위로 증가했다. 일부 이민자는 정직하게 도착하지만 새로운 환경에서 범죄를 저지르는 경우가 많다. 대도시에서는 범죄를 저지르기 쉬운 환경이 조성된다. 작은 도시에서는 범죄의 기회를 찾아야 하지만, 대도시에서는 기회가 자연스럽게 찾아온다. 이민자는 범죄를 저지를 가능성이 높은 집단을 형성한다. 높은 수요, 낮은 감시, 수치심 감소, 범죄를 피하기 쉬운 환경 등이 그 이유이다. Abruzzese(이탈리아 아브루초) 지역 출신 이민자들은 Mancini 갱단의 주요 구성원이 되었고, Garfagnini 출신 이민자들은 Carrara(이탈리아의 가르파냐나)의 채석장에서 범죄를 저지른다.

종교적인 이유로 순례를 떠나는 이민자들도 범죄를 저질렀다. 일부는 순례를 통해 범죄를 속죄한다고 믿었으며, 이로 인해 범죄율이 증가했다. 이러한 현상은 특정 지역에서 성지 순례가 범죄의 원인이 된 사례로 기록된다. 이처럼 유명한 성지나 성소가 있는 지역은 일반적으로 범죄율이 높은 경향이 있다.

다음은 이탈리아와 프랑스의 범죄와 출생률의 차이에 대한 설명이다.

> 이탈리아와 프랑스의 범죄율 차이에 대한 한 가지 원인은 이민의 차이이다. 1880년대와 1890년대에 프랑스는 평균 11,163명의 이민자를 보유한 반면, 이탈리아는 1892년에 246,751명(124,312명이 영구 거주)으로 나타났다. 출생률과 범죄율의 관계는 이민의 영향을 많이 받는다. 이민이 많은 프랑스에서는 출생률이 낮고, 따라서 범죄율이 높아지는 경향이 있다. 파리와 같은 대도시에서는 출생률이 낮고 범죄율이 높다. 또한, 출생률이 낮은 지역에서는 외국인 이민자들이 들어와 범죄를 증가시키는 경우가 많다. 프랑스에서 출생률이 낮은 지역에서 범죄가 증가하는 경향이 있다는 점은 Corre와 Joly에 의해 관찰되었다. 출생률이 낮은 지역에서는 외국인 이민자들이 빈자리를 메우며 이들이 범죄를 증가시키는 원인으로 작용한다. 반면, 이탈리아는 이민이 적고 오히려 많은

> 이탈리아인이 해외로 이주하는 경향이 있다. 이탈리아의 범죄율 높은 지역에서는 출생률이 상대적으로 높았던 1876년부터 1888년까지 이탈리아 남부와 섬 지역에서는 1,000명당 연평균 40명의 출생이 있었고 다른 지역에서는 36명이었다.

시칠리아와 같은 범죄가 많은 지역에서는 출생률이 상대적으로 높다. 이러한 현상은 열대기후에서 경제적 제약이 덜해져 출생률이 높아지는 결과로 이어진다. 그러나 높은 출생률에도 불구하고 이탈리아 남부 지역은 높은 사망률과 이민으로 인해 인구 증가가 제한적이다.

결론적으로, 범죄율과 출생률의 관계는 이민의 영향, 경제적 조건, 지역적 특성 등에 따라 다르게 나타난다. 이민이 많은 지역에서는 출생률이 낮아 범죄율이 높아지는 경향이 있으며 이민이 적고 출생률이 높은 지역에서는 다른 요인들이 범죄율에 영향을 미친다.

유럽의 출생률과 범죄율을 살펴보면 이탈리아와 헝가리에서는 높은 출생률과 높은 살인율이 일치하지만 영국과 독일에서는 높은 출생률에도 불구하고 낮은 살인율을 보인다. 아이랜드를 제외한 출생률이 낮은 국가 중에서 살인율이 가장 낮은 것은 아이랜드이다. 이탈리아, 영국, 독일에서는 높은 출생률과 높은 도난율이 일치하지만, 헝가리와 스위스에서는 그렇지 않다.

도시와 농촌에서의 범죄율 차이는 주목할 만하다. 1843년부터 1856년까지는 농촌 지역의 피고가 도시 지역보다 많았으나 1863년 이후에는 도시 지역의 피고가 더 많았다. 도시로의 이민이 많아져 농촌의 수준을 낮추고 도시의 습관을 가져오는 경향이 있다. 범죄의 유형에 따라 다르게 나타난다. 범죄에 대한 피고는 농촌 지역에서 약 2/3 도시 지역에서는 절반으로 줄었다. 1848년에는 농촌 피고가 73%, 도시 피고가 64%였으나, 1878년에는 각각 27%와 36%로 줄어들었다. 살인 사건에서 농촌 지역의 피고는 1846-50년에는 76%로 도시 지역의 20%를 초과했으나, 1876-80년에는 각각 63%와 31%로 줄어들었다. 농촌과 도시 모두 최근에는 범죄가 줄어들었지만, 농촌에서 더 크게 줄어들었다. 성범죄와 같은 경우, 농촌 지역에서는 과거에 비해 큰 비율의 감소가 있었고 도시 지역에서는 성범죄가 증가하는 경향이 있었다. 성범죄율의 차이는 도시와 농촌 간의 인구 비율과 관련이 있다. 여기에 자살과 낙태는 도시에서 더 많이 발생하며, 특히 최근에는 더 두드러진다. 영아살해는 도시에서 상대적으로 적은 경향이 있다.

경제적 위기와 정치적 혁명은 도시와 농촌에서 범죄율에 다른 영향을 미친다. 경제적 위기는 농촌 지역에서 더 큰 영향을 미치며, 정치적 혁명은 도시 지역에서 더 즉각적으로 영향을 미친다. 도시와 농촌의 범죄는 특성이 다르다. 농촌 지역에서는 잔인한 범죄가 많고 도시 지역에서는 사소한 범죄와 성적 범죄가 더 많다. 특히, 파리와 같은 대도시에서는 살인 사건이 주변 지역보다 적고, 성범죄와 도난이 더 많이 발생한다. 빈과 같은 도시 역시 살인율이 낮지만, 도난율이 상대적으로 높다. 베를린에서는 재산 범죄가 줄어들었으나 개인 범죄는 증가했다. 런던에서는 범죄율이 지역에 따라 크게 다르며, 특히 범죄가 많은 지역에서는 범죄 발생 비율이 높다.

마지막으로, 이민의 영향을 보면, 호주의 뉴사우스웨일스에서는 이민이 증가할 때 범죄율도 증가하는 경향이 있으며, 미국에서도 이민자들이 범죄율에 큰 영향을 미친다.

5장

식량Alimentazione
(기근, 빵 가격)

1. 식생활Alimentazione

기후, 인종, 밀도 등의 영향이 복잡하게 얽혀 있는 상황에서 음식은 중요한 역할을 한다. 외팅겐(Oettingen)[12]과의 비교를 통해 프러시아에서 필수 식품의 가격과 범죄율 간의 관계를 살펴보면, 식품 가격이 범죄에 미치는 영향이 문명 수준과 같은 수준이거나 그 이상일 수 있음을 알 수 있다. 식량 가격이 낮아지면 재산 범죄는 줄어드는 반면, 개인에 대한 범죄는 늘어난다. 그예로 1862년 프러시아에서 감자와 같은 식품의 가격이 높았을 때 재산 범죄율은 44.38%, 개인 범죄율은 15.8%였다. 식품 가격이 낮아지자 재산 범죄율은 41로 줄어들고 개인 범죄율은 18로 증가했다. 1847년

*12) 독일 바이에른 주에 위치한 작은 도시로, 역사적으로 오에팅겐 가문이 통치했던 곳.

의 식량 가격 급등은 개인 범죄율을 평균 24% 증가시켰다.

슈타르케(Starke)의 1854년부터 1878년까지의 데이터를 분석하면, 곡물 가격이 범죄에 미치는 영향은 상당히 다르다. 곡물 가격이 가장 높을 때 도난 범죄가 최고치를 기록하며 곡물 가격이 낮을 때는 화재, 폭행, 살인 등이 증가하는 경향이 있다. 이는 낮은 식품 비용이 더 많은 와인 소비를 가능하게 하여 범죄율에 영향을 미친다는 것으로 해석할 수 있다. 평균 곡물 가격은 허위, 파산, 공공질서 위반 범죄의 빈도와 상관관계가 있다.

프랑스의 데이터에서는 1843년부터 1883년까지 범죄 빈도가 계속 증가하며 이는 빵 가격과 거의 평행한 경향을 보이다가 1865년 이후로는 빵 가격이 감소함에도 범죄율이 계속 증가하는 것으로 나타난다. 이는 다른 요인들이 범죄율에 영향을 미치고 있다는 것을 시사한다.

자살률도 범죄율과 유사한 패턴을 보이며, 1860년과 1879-83년에는 반대로 움직였다.

범죄율의 감소는 빵 가격과 완전히 일치하지 않으며, 특히 큰 변동성에는 영향을 받지 않는다. 1847년 이후 범죄율이 낮아지면서도 빵 가격과의 관계는 불규칙하게 나타난다.

V. Rossi[13]는 1875년부터 1883년까지 로마와 칼리아리의 범죄율을 기온과 빵 가격과 관련하여 연구한 결과를 통해 유사한 결론을 도출하였다. 재산 범죄는 겨울 기온과 식량 가

*13)
V. Rossi는 로마와 칼리아리에서 재산 범죄가 겨울 기온과 식량 가격에 의해 영향을 받는다는 결론을 도출했다. 이는 경제적 어려움과 환경적 요인이 범죄율에 큰 영향을 미칠 수 있음을 보여주었다.

격의 영향을 동시에 받으며, 예를 들어 1880년에는 높은 곡물 가격과 낮은 겨울 평균 기온으로 인해 재산 범죄가 최대 70,738건에 달했다. 1877년에는 높은 곡물 가격에도 불구하고 온화한 겨울로 인해 재산 범죄가 61,498건으로 감소했다. 1881년에는 곡물 가격이 낮아지고 겨울 기온이 상승하면서 재산 범죄가 59,815건으로 크게 감소했다. 이후 1882년과 1888년에도 곡물 가격과 겨울 기온의 변화에 따라 범죄율이 계속 감소하였다. 반면, 높은 곡물 가격과 낮은 겨울 기온이 조합된 1880년에는 도난 범죄가 가장 많았다. 이후에는 곡물 가격이 낮아지고 겨울 기온이 상승하면서 도난 범죄가 감소했다. 온도는 상해, 폭행 등 개인에 대한 범죄에는 큰 영향을 미치지 않았지만, 곡물 가격이 상승하면 이러한 범죄가 줄어들고 그 반대의 경향이 나타났다.

2. 범죄와 식품 가격의 관계

포르나자리(Fornasari di Verce 가문이 소유한 영지의 이름)의 연구는 이탈리아에서 1kg의 밀가루 또는 빵을 얻기 위해 필요한 작업 시간과 식품 가격 및 임금 변동이 범죄에 미치는 영향을 분석하고 있다.

연구 결과는 다음과 같다.

재산 범죄: 화재와 손상, 일부 강도 범죄를 제외한 대부분 재산 범죄는 노동 시간을 기준으로 한 밀가루 또는 빵의 가격과 밀접하게 연관되어 있다. 1875-77년 동안 노동 시간이 증가함에 따라 도난 범죄가 137에서 153으로 증가했으며, 1879-88년 동안 노동 시간이 줄어들면서 도난 범죄는 184에서 111로 감소했다. 이와 달리 상업 범죄나 위조 범죄 등은 가격 변동의 영향을 받지 않는다.

개인 범죄: 개인 범죄, 특히 살인 범죄는 식품 가격과 간접적으로 연관되어 있다. 식품 가격이 낮아지면 노동자는 더 많은 알콜을 소비할 수 있으며 이는 범죄율에 영향을 미친다. 단순한 살인 사건은 빵 가격이 가장 높았던 1880년에 2번째로 높은 범죄율을 보였으며, 이후 빵 가격이 계속 감소하면서 범죄율도 낮아졌다. 상해 및 폭행 범죄는 일정한 패턴 없이 변동하며, 1888년에 최대치를 기록하고 1885년에 최소치를 기록했다. 이는 주로 와인의 영향으로 해석된다.

도덕적 범죄: 도덕적 범죄는 노동 시간이 줄어들수록 증가한다. 1881-88년 동안 노동 시간이 122시간에서 92시간으로 감소하면서 도덕적 범죄가 3.11에서 5.25로 증가했다.

국가 안전 관련 범죄: 공공 행정과 공공 안보와 관련된 범죄는 식품 가격 변동의 영향을 거의 받지 않는다. 반란이나 공무원에 대한 폭력과 같은 범죄는 개인 범죄와 유사한 경향을 보인다.

영국과 아일랜드의 50년 통계에서도 유사한 관계가 나타난다.

재산 범죄(폭력 없음): 곡물 가격이 상승하면 재산 범죄가 증가하는 경향이 있으며, 예를 들어 1845-47년 동안 범죄가 19,510건에서 29,571건으로 증가했다. 그러나 1870-73년 동안은 곡물 가격이 상승했음에도 불구하고 범죄가 감소했으며, 가격이 하락하면 범죄가 감소하는 경향이 있다.

재산 범죄(폭력 포함): 곡물 가격의 상승이나 하락과 상관없이 폭력 범죄는 일정하지 않다. 예를 들어, 1842-45년과 1862-68년 동안 가격이 하락했음에도 범죄가 감소했으며, 1881-86년 동안 가격이 낮음에도 불구하고 범죄가 증가했다.

재산 범죄(의도적 파괴): 곡물 가격의 변동과 명확한 관계는 없으며, 1842-45년과 1883-84년 동안 가격 하락에도 범죄가 감소했지만, 1852-55년과 1862-63년 동안 가격이 하락한 이후에도 범죄는 증가했다.

이러한 연구 결과는 식품 가격, 임금 수준, 그리고 노동 시간과 범죄율 간의 복잡한 관계를 이해하는 데 도움을 준다.

위조와 통화 범죄는 식품 가격의 영향을 받지 않는다. 식량 가격이 감소하는 기간 동안 이러한 범죄는 증가와 감소를 모두 나타내기 때문에 식품 가격 외의 다른 요소들도 중요하며, 개인에 대한 범죄에서 살인과 폭행은 식품 가격과 일정한 연관성을 보이지 않는다. 호주 뉴 사우스 웨일스에서 식품 소비와 살인율 사이에는 명확한 상관관계가 없다. 폭행과 관련된 범죄도 식품 소비와 일관된 패턴을 보이지 않는다.

또한 성범죄인 강간은 식품 가격과 뚜렷한 관계를 보인다. 뉴 사우스 웨일스에서 1886년의 강간 최대치는 평균적인 식품 소비와 일치하며, 1887년의 최소 강간률은 식품 소비의 최고치와 일치한다. 그러나 이러한 상관관계는 일관되지는 않으며, 식품 가격이 성범죄에 미치는 영향은 복잡하다. 절도에 있어 식품 소비와 절도 범죄 간의 관계는 특히 뚜렷하다. 절도는 식품 소비의 변동을 따르는 경향이 있다. 식품 소비가 증가하는 기간 동안 절도는 감소하는 경향이 있다. 이는 식량 부족이 절도를 유발할 수 있다는 것을 반영한다. 식품이 풍부할 경우 절도 범죄는 감소할 수 있다. 전반적인 영향에 따른 모순은 식량 부족과 결핍은 절도를 증가시키고, 풍부할 때는 이러한 범죄를 줄일 수 있다. 그러나 전체 범죄율에 대한 영향은 복합적이다. 일부 범죄는 결핍 상황에서 증가하지만, 다른 범죄는 감소할 수 있다. 예를 들어, 풍부한 식량은 성적 자극을 증가시킬 수 있지만, 식량의 풍부함이 절도를 줄일 수 있다. 모순점으로 빵의 가격이 비쌀 때는 사람들이 알콜에 대한 지출이 줄어들어 살인과 폭행이 감소할 수 있지만, 일부 경우(예: 뉴 사우스 웨일스)에는 식품 가격이 오를수록 살인이 증가하는 경우도 있다. 모르비앙[14]과 반데는 임금이 소폭 상승하고 생활필수품의 가격이 두 배로 오른 반면, 알콜 남용이 적은 지역이다. 반면, 임금이 크게 상승했지만, 식품 가격이 상대적으로 덜 오른 지역에서는 알콜 남용이 증가하여 비도덕적인 행동이 많아진다.

결론적으로, 식품 가격과 범죄 간의 관계에는 일반적인 경향이 있지만 이 관계는 일정하지 않고, 사회경제적 맥락과 다양한 요인에 따라 달라진다.

3. 범죄와 식량 가격의 관계

1) 식량 부족과 범죄

식량 부족이 범죄율에 미치는 영향은 생각보다 적다. 통계에 따르면, 음식물 도난은 전체 도난 사건에서 1% 미만을 차지한다. 런던에서 43개의 도난 카테고리 중, 소시지와 닭고기 도난이 13위, 설탕, 고기, 와인이 30위, 빵 도난이 43위이다. Joly는 1860년부터 1890년까지의 프랑스 통계에서 돈과 은행권 도난이 가장 많았으며, 밀가루, 곡물, 가축 도난은 그

*14) 모르비앙(Morbihan)은 프랑스의 브르타뉴(Bretagne) 지역에 위치한 행정 구역으로 브르타뉴 남부에 위치해 있으며, 대서양과 접해 있다.

보다 적었다고 지적한다. Macé는 "배고픔이 도난을 일으키는 경우는 드물다"고 언급하며, 젊은이는 칼과 담배를 훔치고, 성인은 술과 달콤한 간식을 훔친다고 말한다.

로카텔리(Locatelli)[15]는 배고픔과 방치가 여성을 매춘으로 몰아넣는 주된 원인이었다면, 그에 따라 많은 여성들이 스스로를 시장에 내놓지 않았을 것이라고 강조한다. 식품이 특정 범죄를 촉진하는지 여부를 명확히 하기는 어렵지만, 식물 기반의 식사는 일반적으로 사람을 온화하게 하고, 육식 위주의 식사는 더 공격적으로 만들 수 있다. 롬바드(Lombard 이탈리아 북부 게르만족의 지역)농부들이 악덕한 주인들을 인내하는 방식과 Romagna(이탈리아 북동부에 위치한 도시) 사람들의 폭력적인 복수 사이에는 차이가 있을 수 있다.

2) 반란과 식량 부족

식량 부족이 반란의 주된 원인으로 과장된 경우가 많다. 파라글리아(Faraglia)의 연구에 따르면, 1182년부터 1821년까지의 나폴리에서 46회의 대규모 기근이 있었지만 그 중 6번만이 반란과 연관되었다. 1647년 Masaniello의 반란은 경제적 문제 외에도 마사니엘로(Masaniello 1647년 7월 나폴리에서 일어난 반(反)국왕 ·반에스파냐 폭동)의 정신적 문제, 더운 날씨, 스페인 지배의 잔혹함 등이 복합적으로 작용했다.

식량 부족이 심각했던 1182년과 1496-97년, 1565년,

*15) Locatelli는 이탈리아에서 흔히 볼 수 있는 성씨의 학자.

1570년, 1586년 등의 기근에는 반란이 발생하지 않았다. 반란이 일어난 경우에는 종종 높은 여름 온도와 같은 기후적 요인이 추가로 작용했다. 그 예로, 1680년 마드리드에서는 극심한 기근으로 인해 노동자들이 강도 행각을 벌였고, 이 과정에서 주인들이 살해되기도 했지만, 이는 명확한 반란으로 평가되지 않았다.

이러한 통계와 연구들은 식량 부족이 범죄를 유발하는 주요 요인 중 하나일 수 있지만, 단독으로 반란이나 범죄를 일으키는 원인이라고 보기는 어렵다는 점을 시사한다.

3) 인도와 기근의 관계

인도에서 기근의 심각한 결과가 최근 관찰 되었다. 1865-66년의 기근은 오릿사(Orissa 인도 동부에 위치한 주)에서 25%, Puri(인도 동부의 항구 도시)에서 35%의 인구를 잃게 했다. 그러나 그 해는 반란이 일어나지 않았다. 이 세기 동안 인도의 가장 유명한 기근은 넬로르(Nellore)와 같은 빈번한 가뭄과 높은 인구 밀도로 고통받는 지역에서 발생했다. 주요 기근은 다음과 같은 시기에 발생했다.

1769-70년 기근 동안 인구의 삼분의 일이 사망했으며, 1877-78년 기근에서는 1억 9700만 명 중 500만 명 이상의 사망자가 발생했다. 그러나 이러한 기근이 반란이나 폭동을 일으켰다는 기록은 없다. 1857-58년의 대인도 반란은 주로

문명에서 도입된 혁신(전신, 증기 등)에 대한 반감, 실각된 왕들의 음모, 그리고 특히 벵갈의 시파이들이 총알에 돼지기름이 발라졌다고 믿었거나 들었기 때문이라고 한다. 즉, 장기적인 기근보다는 미신이 더 큰 영향을 미쳤다.

다른 인도 반란들도 식량 가격 상승과는 관련이 없는 1751년 보일라(Bohilla 인도에서 일어난 여러 반란 중 하나로, 식량 가격 상승이나 다른 경제적 요인과 관련이 없는 반란)의 반란, 1710년 펀자브(Punjab)의 시크(Sikh 인도와 파키스탄의 펀자브 지역에 거주하는 시크교도들을 의미하며, 시크교의 발상으로 역사적 사건과 반란) 집단 반란, 1764년 시파이의 반란, 1843년 펀자브Synt의 반란, 1848년 Sikh의 반란 등이 있다. 오리사(Orissa 인도의 주 중 하나)는 가장 큰 기근 피해를 입었지만, 반란의 숫자는 가장 적었다. 이는 열대 및 극지방 기후의 연구에서도 확인되듯이 극심한 인류의 고난이 반란을 일으키기보다는 종종 반란을 억제할 수 있다는 사실과 관련이 있다. 기근이나 극심한 추위에서는 일반적으로 모든 인신범죄 특히 강간과 살인이 감소하는 경향이 있다. 알코올 중독 이전 장에서 보았듯이, 식량의 영향을 알코올의 영향과 분리할 수 없다. 알코올은 범죄의 원인으로서 중요한 역할을 하며, 이는 인류의 병리학 전반에 걸쳐 그 효과가 강하게 나타난다.

6장

알코올 중독

1. 알코올의 범죄적 효과와 역사적, 사회적 영향

1) 전통

전통적으로 에덴의 사과와 같은 많은 중세의 반전설적 전설은 초기 알코올 중독과 관련된 질병을 암시한다고 주장되어 왔다. 이러한 전설은 알코올이 주는 긍정적인 효과보다 부정적인 효과가 더 크다는 것을 나타낸다.

고대 세미트족, 노아의 전설 및 후속된 예언자들의 저주에서 보듯 그들은 아마도 기후 덕분에 알코올 음료의 유익한 효과가 부정적인 영향을 초월하는 것을 처음으로 경험했을 것이다. 이들은 원시 민족의 습관을 따르며 자연 현상 중 좋은 것과 나쁜 것을 의인화하고 형상화하였다. 예를 들어, 인도의 암리타(Amrita 산스크리트어의 불사의 물)제조 과정에서 나오는 특별한 열매의 전설에서 알 수 있듯 알코올과 관련된 전설이 남아 있다. 또한, 한 전설에 따르면 최초로 포도를 심은 것은 노아가 아니라 아담이며 악마는 이를 원숭이, 사자, 돼지의 피로 물들였다고 한다. 이는 알코올이 유발하는 부정적인 기질을 암시한다.

프랑스의 한 우화에서는 악마가 수도사를 유혹하여 술, 음탕, 살인 중 하나를 선택하게 했고, 수도사는 가장 작은 죄인 술을 선택했으나 결국에는 강간과 살인에 빠지게 된다.

2) 와인의 범죄적 효과

와인의 범죄적 효과는 오래된 전설에서도 엿볼 수 있는 젠다(Zendha)에서는 '마두발가(Madhuvalga 달콤한 사랑)'가 와인과 고통을 의미하고, Kan에서는 나무와 죄를 뜻하며, 칼데아에서는 'Setarvan'(향기로운 포도나무)과 'Sam Gafno'(최상의 생명이 깃든 것)를 함께 숭배했다. 인도에서는 'Kalkavir-Keha'(소망의 나무)를 숭배했으며, 이는 라틴어의 'malum'(사과)과 'malum'(악) 사이의 유사성으로 설명될 수 있다.

3) 와인의 피해

알코올은 극단적인 추위와 더위를 견디는 능력을 오히려

악화시키는 것으로 잘 알려져 있다. 극지방과 러시아, 인도에서 군인과 선원들이 알코올을 자주 사용함으로써 그들의 고통이 더 커졌다는 사례가 있다. 이런 이유로 러시아 캠페인에서 라틴족이 북방 민족보다 덜 고통받았을 수도 있다. 콜레라 전염병에서는 알코올 중독자들이 비중이 높은 반면 금주자들은 덜 감염되었으며, 알코올 사용이 임신 중인 여성이나 알코올 중독자의 배우자들 사이에서 유산율을 증가시켰다. 알코올 중독은 성욕을 자극하지만, 생식력에는 아무런 도움을 주지 않는다.

스웨덴 군대의 경우 알코올 소비로 인해 약화 된 군인들의 비율이 1867년에 32%에서 1868년에는 28%로 감소했으며, 프랑스의 일부 지역에서는 와인의 부족으로 인해 알코올 남용이 더 심해졌다. 알코올은 체구에 영향을 미치며, 워트약(Wotjak 우랄어족 민족명)족과 뷰(Viù 마을 명) 지역의 주민들은 알코올 사용 후 평균 이하의 체격으로 변화했다. 알코올이 생명력의 물이 아니라 죽음의 물로 여겨질 수 있다는 점은 Neison의 연구에서 명확히 드러난다. 연구에 따르면, 알코올을 섭취하는 사람들은 금주자들보다 사망률이 적어도 3.25배 높다.

4) 가난과 알코올

알코올의 영향 중 가장 뚜렷하고 치명적인 것은 가난을 유발하는 것이다. 알코올 중독자는 신체적, 정신적으로 약화되어 결국 가난해지고, 가난이 알코올 사용을 더욱 부추긴다. 특히 임금이 낮아질 때 사람들은 의복과 음식 부족을 보충하기 위해 알코올을 찾게 된다. 알코올은 점점 더 많은 의존성을 만들어내며 이로 인해 빈곤과 알코올 중독이 악순환을 일으킨 아퀴스그라에서 1850-1860년 사이에 임금이 1.25배 증가했을 때 알코올 중독이 증가했지만 1874년 미국의 경제위기로 임금이 1/3로 줄어들면서 알코올 중독이 더욱 심해졌다. 이로 인해 빈곤층이 증가하고, 주점과 매춘부의 수가 늘어났으며, 결혼이 줄어들고 범죄와 방화가 증가했다.

런던에서는 1860-1861년 기근 동안 7,900명의 금주자 중 아무도 구호를 요청하지 않았다는 사실이 있다. 휘쉬(Huisch 독일, 알코올 사용과 사회적 문제에 대한 연구자)는 100파운드의 자선금 중 30파운드가 알코올에 사용되었다고 보고했으며, Bertrand와 Lee는 알코올 사용이 증가한 지역에서 더 큰 경제적 부패가 발생한다고 지적했고, 상류 슬레지아에서는 가난이 극심해져서 알코올 중독이 사회적 문제를 악화시켰다.

독일에서는 알코올 중독이 결혼의 분열과 이혼의 원인 중 하나로 나타났으며, 이혼한 부모나 재혼 가정의 자녀들이 범죄와 매춘에 많이 연루된다.

2. 알코올과 범죄의 관계

알코올과 범죄 사이의 관계를 통계적으로 살펴보면, 사회적 측면에서 뿐만 아니라 병리학적 측면에서도 이들의 긴밀한 연관성을 쉽게 이해할 수 있다. 다음은 알코올 소비와 범죄율 증가의 통계적 증거들이다.

1) 알코올 소비와 범죄율의 상관관계

영국에서는 1790년에 비해 1866년에 알코올 소비가 급증했다. 1790년에는 5,526,890 갤런이었으나, 1866년에는 12,200,000 갤런으로 증가하였다. 알코올 중독으로 체포된 사람의 수는 1857년에 75,859명이었으나, 1875년에는 203,989명으로 증가했다.

밀라노에서는 1865년에 비해 1875년에 술집의 수가 급격히 증가했다. 1865년에는 1,120곳이었으나, 1875년에는 2,140곳으로 늘어났고, 1878년에는 2,272곳으로 증가했다.

벨기에에서는 알코올 중독이 범죄의 25%에서 27%를 차지한다고 계산되었다.

뉴욕에서는 49,423명의 피고 중 30,509명이 만성 알코올 중독자였다.

미국에서는 1890년에 100건의 살인 중 20건이 알코올 중독과 관련이 있으며, 60건은 적당히 음주를 했고, 20건은 금주자였다.

네덜란드에서는 와인이 범죄의 4/5를 유발하며, 특히 싸움과 위법 행위의 7/8, 폭력 범죄의 3/4, 재산 범죄의 1/4에 기여한다고 한다.

스웨덴에서는 범죄의 3/4가 알코올 중독과 관련이 있으며, 특히 살인과 다른 폭력 범죄는 알코올 남용과 관련이 있다고 한다.

영국에서는 29,752명의 피고 중 10,000명이 술집 자주 방문으로 인해 범죄에 연루되었고, 90,903명의 즉결 재판 피고 중 50,000명이 알코올 관련 범죄로 기소되었다.

프랑스에서는 Guillemin이 범죄자의 50%가 알코올 남용으로 인한 것이라고 했고, 독일에서는 41%라고 했다.

2) 알코올 소비와 범죄 통계의 상관관계

알코올 소비가 낮은 지역에서는 대체로 인공적인 알코올이 많이 소비되는 경향이 있다. 예를 들어, 이탈리아에서는 Marro가 관찰한 바와 같이 73%의 범죄자들이 알코올 남용자로, 일반인에서는 10%만이 정상적인 음주 습관을 가지고 있었다.

Rossi가 조사한 100인의 범죄자 중 81%가 알코올 중독자로, 그 중 23%는 어린 시절부터 알코올에 노출된 경우였다.

범죄자들 중 알코올 중독의 비율은 청소년과 성인 사이에서 10%의 차이만 있었으며, 20세 이하 청소년 중 64%가 이미 음주 습관이 있었다.

슈로터(Schroeter 독일 학자)의 연구에 따르면, 독일에서는 2,178건의 범죄 중 58%가 토요일 저녁에 발생했으며, 이때는 알코올 소비가 급증하는 시점이다. 또한 일요일과 월요일의 범죄 발생률은 각각 3%와 1%에 불과하며, 이 시점에는 음주가 줄어든다. 이 연구는 범죄가 알코올 소비와 밀접한 관계가 있음을 시사한다. 이러한 통계들은 알코올이 범죄 발생에 미치는 영향을 명확히 보여주며, 알코올 남용이 사회적 문제를 악화시키는 주요 원인 중 하나임을 입증한다.

3. 알코올의 작용

알코올이 범죄와 자살, 정신병에 미치는 영향을 이해하는 것은 여러 면에서 중요하다. 알코올은 뇌를 비정상적으로 자극하여 범죄와 자살, 심지어 정신병과도 연결될 수 있다. 다음은 알코올이 신경계와 행동에 미치는 영향에 관한 주요 내용이다.

1) 알코올의 신경계에 대한 영향

물리적 영향: 알코올은 혈액의 헤모글로빈을 변형시키고,

산소를 운반하는 능력을 1/4 감소시킨다. 이는 뇌의 피질과 막에 활발한 혈류를 유도하고, 혈관의 근육 섬유를 마비시키며 부종을 일으킨다. 결과적으로 신경 세포의 지방 변성과 같은 퇴행성(degenerative) 변화를 초래한다(Neuman, 1879).

정신적 영향: 알코올은 정신 기능을 저하시키며, 신경과 관련된 여러 가지 증상을 유발한다. Krüpelin은 알코올이 30에서 45그램의 순수 에틸 알코올을 섭취했을 때, 모든 정신 기능을 느리게 하고 마비시킨다고 설명하였다. 초기에는 정신적 자극이 일어나지만, 이는 빠르게 둔화된다. 작은 양의 알코올은 단기적으로 정신적 활발함을 유도하지만, 이후에는 상위 정신 기능을 저하시키고, 알코올의 양이 증가함에 따라 행동이 더욱 무모해진다.

지속적인 영향: 알코올은 처음에는 흥분을 유도하지만, 결국 감각과 지적 기능을 지속적으로 저하시키고, 특히 논리적 사고와 복합적인 사고 과정에 부정적인 영향을 미친다.

2) 알코올과 범죄

범죄와의 연결: 알코올은 범죄를 유발할 수 있는 여러 가지 메커니즘을 가지고 있다. 알코올 중독자들은 범죄를 통해 음주를 지속할 수 있으며 범죄를 저지른 후 알코올을 사용해 심리적 부담을 덜려고 한다. 또한, 알코올은 범죄 계획을 세우는 장소로 술집을 자주 활용하며, 범죄를 저지르는 환경을 제공한다.

범죄율 통계: 다양한 연구는 알코올 소비와 범죄율 간의 높은 상관관계를 보여준다. 예를 들어, 프랑스에서는 와인 수확철인 11월에 심각한 폭력 사건이 증가하며, 이는 와인 소비가 증가하는 시기와 관련이 있다. 미국의 세인트 존스버리(S. Johnsbury 미국 버몬트 주 위치)와 같은 지역은 알코올 금지를 통해 범죄율을 낮출 수 있었다.

알코올 중독과 재범: 범죄를 저지른 후 수감된 범죄자들이 알코올에 의존하게 되는 경우가 많다. 이들은 알코올을 통해 가정과 명예를 잃은 현실을 잊으려 하며, 이러한 습관은 범죄 경향을 지속시키고 재범을 유도한다. 런던의 1880년 통계에서는 많은 범죄자들이 음주 후 범죄를 저지르며, 노우메아의 수감자들은 알코올을 화폐로 사용해 물품을 교환하는 현상이 나타났다.

3) 알코올의 범죄에 대한 사회적 영향

음주와 범죄의 상관관계: 다양한 나라의 통계에서 알코올 소비와 범죄 간의 밀접한 연관성이 확인되었다. 알코올은 개인의 범죄 경향을 강화시키고, 사회적으로 범죄 발생률을 증가시키는 역할을 한다. 특히, 알코올 소비가 많은 지역에서는 범죄 발생 빈도가 높은 경향이 있다.

이러한 연구들은 알코올이 정신적, 신경적, 사회적 행동에 미치는 광범위한 영향을 보여주며, 범죄 예방과 치료를 위한 중요한 단서를 제공한다. 알코올의 영향을 이해함으로써, 보다 효과적인 범죄 예방과 사회적 개입이 가능해질 것이다.

알코올과 범죄 간의 관계를 연구한 결과는 다음과 같은 패턴과 상관관계가 발견되었다.

4) 범죄와의 상관관계

재산 범죄: 알코올 소비와 재산 범죄(도난 및 방화) 사이에는 명확한 상관관계가 있는 것으로 보인다. 예를 들어, 1884년과 1891년에 알코올 소비가 증가했을 때 도난과 방화 사건이 증가하거나 높은 수치를 기록했다. 이는 음주가 금전적 문제를 야기하여 범죄로 이어질 수 있음을 시사한다.

범죄와 소비의 변동: 도난 사건의 빈도는 알코올 소비가 가장 높았던 1882년에는 인구 10만 명당 737건으로 최대였으나, 소비가 감소함에 따라 감소세를 보였다. 1885년에는 583건으로 줄어들었고 이후 소비 증가와 함께 다시 1889년에는 608건으로 증가했다. 이와 같은 변동은 알코올 소비와 범죄율 사이의 복잡한 관계를 반영한다.

살인과 폭력 사건: 살인과 그 시도에 대한 통계는 알코올 소비와의 관계가 명확하지 않다. 살인 사건은 소비 증가에 따라 일관된 패턴을 보이지 않았다. 예를 들어, 1888년에는 최대 31건이 발생했지만, 소비 증가와 감소에 따라 살인 사건의 수치는 일정하지 않았다.

5) 알코올과 범죄의 상관관계 한계

알코올의 영향 한계: 알코올이 범죄에 미치는 영향은 크지만, 전체 범죄의 77%만을 설명할 수 있는 위증, 사기, 파산 등의 범죄는 알코올 소비와 큰 연관이 없다고 여겨진다.

4. 알코올과 범죄의 역설적 관계

알코올이 범죄와 관련된 다양한 연구 결과는 다음과 같은 역설적 관계를 보여준다.

1) 문명과 알코올 소비

문명 발전과 범죄: 문명이 발전하고 사회가 성숙해질수록, 알코올의 영향력은 감소하는 경향이 있는 문명화된 사회에서는 알코올 소비가 많음에도 불구하고 범죄율이 낮은 경향이 있다.

선진국의 범죄율: 선진국에서 알코올 소비가 높음에도 불구하고 범죄율이 낮은 이유는 사회적 제도와 정신적 억제가 발전했기 때문일 수 있다. 이는 알코올이 개인에게 미치는 영향이 문명화된 사회에서는 완화될 수 있음을 시사한다.

2) 미국과 범죄 통계

미국의 사례: 미국에서는 살인 사건 중 20%만이 알코올 소비와 관련이 있고, 나머지 70%는 알코올을 절제하는 경향을 보인다. 이는 알코올이 범죄에 미치는 영향이 특정 사회적, 경제적 요인과 상호작용할 수 있음을 의미한다.

3) 유럽의 알코올 소비와 범죄

유럽의 패턴: 유럽에서는 알코올 소비가 높은 나라들(예: 영국, 프랑스, 벨기에)에서도 상대적으로 낮은 범죄율을 보이는 경우가 있다. 이는 높은 알코올 소비가 항상 높은 범죄율로 이어지지 않을 수 있음을 시사한다. 알코올과 범죄 사이의 관계는 복잡하며 단순히 알코올 소비의 증감만으로 범죄율을 설명하기에는 한계가 있다. 사회적, 경제적 요인과 문명 수준이 범죄율에 미치는 영향 또한 중요하다. 따라서 알코올의 범죄 유발 메커니즘을 이해하기 위해서는 보다 포괄적이고 다각적인 접근이 필요하다.

5. 알코올과 정치적 반란

알코올은 정치적 반란과 폭동에서 강력한 역할을 해왔다. 역사적으로 많은 정치적 지도자들이 자신의 정치적 목적을 달성하기 위해 알코올의 사용을 활용하였다. 주요 사례는 다음과 같다.

1) 알코올의 정치적 활용

아르헨티나의 반란: 아르헨티나에서 Don Giovanni Manuel 같은 인물들은 알코올의 효과를 정치적 무기로 활용하였다. 부에노스 아이레스(Buenos Aires)에서는 1839년에 대량의 술이 소비되었으며, 이는 폭동을 부추기는 데 사용되었다. 이 시기의 기록에 따르면, 수천 병의 다양한 종류의 술이 소비되었다.

프랑스 혁명: 프랑스 혁명 동안 알코올은 대중의 폭력성을 자극하는 데 사용되었다. 혁명 정부의 일부 대표들은 술에 취해 폭력적인 명령을 내리기도 했으며, 이는 역사적 기록에 의해 증명되었다. 또한, 프랑스의 알코올 소비는 정치적 폭력의 배경으로 작용하였다.

2) 프랑스의 알코올 소비

프랑스의 기록: 1788년에 비해 프랑스의 알코올 생산량은 1850년과 1881년에 급증하였다. 이는 알코올 소비의 증가는 정치적 혼란과 폭력의 주요 원인 중 하나로 작용할 수 있음을 시사한다.

커먼드의 알코올 사용: 프랑스 파리 코뮌(Commune) 시기 동안 알코올은 군인들 사이에서 일상적으로 소비되었으며 이는 전투에 대한 태도와 행동에 영향을 미쳤다. 많은 군인이 알코올에 의해 자극을 받아 폭력적이고 무책임한 행동을 하였다.

3) 벨기에의 경우

벨기에의 예: 1884년에 벨기에의 알코올 소비량은 공식적으로 50만 헥토리터 이상으로 기록되었고, 이는 사회적 폭력과 정치적 불안정을 초래하였다. 알코올 소비가 높은 지역에서의 사회적 혼란과 폭력은 이러한 통계와 관련이 있을 수 있다.

6. 알코올 진화와 담배 범죄

알코올의 영향은 단순히 개인의 문제에 그치지 않고 보다 넓은 사회적, 진화적 측면에서 이해되어야 한다.

천재와 알코올의 관계: 일부 천재와 그들의 부모가 알코올 중독자로 알려져 있다. 예를 들어, 베토벤, 바이런, 아비센나 등이 그러하다. 이들은 알코올을 사용하여 창의력을 자극하려 했을 수 있지만, 이는 천재성의 원인이기보다는 부수적인 결과로 볼 수 있다.

사회적 진화: 북유럽과 같은 더 발전된 사회에서 알코올 소비가 높아지는 경향이 있으며, 이는 더 높은 정신적 자극을 요구하는 사회적 조건에서 나타날 수 있다. 이는 알코올이 더 복잡한 사회적 구조와 밀접하게 연관될 수 있음을 시사한다.

담배와 범죄 사이의 관계도 주목할 만하다.

담배와 범죄의 상관관계: 담배를 피우는 범죄자의 비율이 건강한 사람들보다 높으며 특히 폭력적인 범죄자들 사이에서 그 비율이 더 높다. 이는 범죄와 담배 사용 간의 상관관계를 나타낸다.

담배 사용과 범죄: 범죄자들은 담배 사용을 어릴 때부터 시작하는 경향이 있으며 이는 그들의 범죄 행동에 영향을 미칠 수 있다. 담배 사용이 범죄의 원인이 될 수 있는지에 대한 연구는 계속되고 있다.

여성 범죄자: 베로나와 카푸아의 여성 매춘부들은 대부분 담배를 피우며, 이는 그들의 범죄 행동과 연관될 수 있다. 이 같은 연구들은 알코올과 담배가 범죄에 미치는 다양한 영향을 이해하는데 중요한 정보를 제공하며 이를 통해 사회적 예방 전략을 개발하는 데 도움을 줄 수 있다.

1) 대마초와 범죄

Ruga-Ruga: 스탠리는 아프리카에서 대마초를 남용하는 무장 집단 Ruga-Ruga를 발견했다. 이들은 대마초를 사용하며 범죄를 저지르는 것으로 알려져 있다.

우간다의 전통: 우간다의 전통에 따르면, Kinto의 자손들이 대마초를 사용하기 시작한 후 범죄가 증가했다고 전해진다.

2) 모르핀과 범죄

모르핀 중독자: 모르핀 중독자들은 도덕 감각이 감소하고, 범죄적 충동에 휘말릴 수 있다.

범죄 사례: 모르핀 중독자는 때때로 극단적인 행동을 보이기도 한다. 예를 들어, 어떤 사람은 모르핀을 얻기 위해 자신의 신체 일부를 팔기도 하고, 또는 도덕 감각을 잃어 범죄를 저지르기도 한다.

금단 증상과 범죄: 모르핀 금단 증상에는 우울증, 자살 충동, 범죄적 행동이 포함될 수 있다. 이러한 증상으로 인해 금단 상태에서 범죄를 저지르는 경우가 종종 있다.

3) 해시시[16)]

해시시와 충동: 해시시를 사용한 사람들은 범죄적 충동을 유발할 할 수 있으며, 이는 범죄 행동으로 이어질 수 있다.

4) 부패한 옥수수와 범죄

옥수수와 폭력성: 부패한 옥수수를 섭취한 동물들이 공격적인 행동을 보이는 것으로 나타났다. 인간에게도 유사한 행

*16) Hashish는 대마초(Cannabis)에서 추출한 강력한 환각제로 대마초의 수지를 농축하여 만든 물질로이며 향정신성 효과를 가지고 있어 사용자가 환각, 이완, 기분 변화 등을 경험하게 된다. 해시시는 주로 흡연하거나 음식에 첨가하여 섭취. 효과로는 환각, 이완, 감각 강화, 기분 변화 등이 나타날 수 있으며, 고용량 사용 시에는 강한 정신적, 신체적 반응을 일으킴. 대부분의 국가에서 해시시는 불법 물질로 간주되며, 그 사용과 판매가 엄격히 규제됨.

동 변화가 나타날 수 있으며, 이는 범죄와 관련이 있을 수 있다.

펠라그라와 범죄: 펠라그라는 부패한 옥수수에 의해 발생할 수 있으며, 이는 정신적 장애와 범죄적 행동을 유발할 수 있는 펠라그라에 걸린 사람이 자녀를 학대하거나 폭력적인 행동을 할 수 있다. 이러한 연구 결과들은 다양한 물질이 범죄 행동과 어떻게 연관될 수 있는지를 이해하는 데 중요한 정보를 제공하며, 예방과 치료에 대한 통찰을 줄 수 있다.

7장 중등 교육

1. 교육 보급과 부족의 범죄성

교육과 범죄 간의 관계는 복잡하고 다면적이다. 교육이 증가한다고 해서 항상 범죄가 감소하는 것은 아니다. 주요 관찰과 데이터를 살펴보자.

1) 이탈리아의 교육과 범죄

토리노, 제노바, 밀라노의 데이터: 이들 지역은 이탈리아에서 낮은 문해율을 기록했지만, 19세기 후반에 범죄가 크게 증가했다. 범죄 수는 6,983건에서 9,884건으로 증가했다는 보고가 있다.

마로의 연구: 마로는 500명의 범죄자와 500명의 정직한 시

민을 조사한 결과, 범죄자들 사이에서 문맹이 우세하지만 많은 이들이 읽고 쓸 줄 안다고 보고했다.

모레노의 연구: 1878년 팔레르모에서는 범죄 중 상당수가 학생들과 교사들에 의해 저질러졌으며, 이는 교육이 범죄를 막는 데 충분하지 않다는 것을 시사한다.

2. 교육과 형벌

쿠르시오의 데이터: 쿠르시오는 범죄자들 사이에서 문학적 교육을 받은 사람과 문맹의 비율이 거의 같다고 관찰했다. 즉, 교육 자체가 범죄를 결정짓는 주요 요소가 아닐 수 있다. 교육 수준이 높아진 것과 범죄율 간의 차이는 미미하다.

범죄자들 중 교육 수준: 범죄자들 중 3분의 1은 초등 교육을 받았으며 범죄의 종류와 상관없이 교육을 받은 비율이 상당히 높은 편이다.

3. 프랑스와 미국 교육의 범죄

프랑스의 데이터: 프랑스에서는 문학적 교

육을 받은 범죄자와 문맹 범죄자의 수가 거의 비슷하며, 문맹률이 높은 지역에서 범죄율이 낮은 경우도 있고 교육 수준이 높은 지역에서 범죄율이 높은 경우가 있다.

교육과 범죄의 관계는 단순하지 않으며 여러 요인이 상호작용한다. 교육은 일반적으로 사회적 및 개인적 발전에 긍정적인 영향을 미치지만, 범죄를 줄이는 유일한 해결책으로 볼 수는 없다. 경제적, 사회적, 문화적 요인들이 범죄 행동을 형성하는 데 중요한 역할을 한다. 교육은 범죄 감소에 기여할 수 있지만, 다른 요소들과 함께 종합적인 접근이 필요하다.

교육과 범죄 간의 관계는 복잡하며, 교육 수준이 범죄율에 미치는 영향은 단순하지 않다.

4. 범죄와 교육의 상관관계

1) 러시아와 스코틀랜드의 교육과 범죄

러시아: 오에팅겐에 따르면, 러시아에서의 범죄자 중 25%가 읽을 수 있으며 남성 범죄자 중 29%가 문해력을 가지고 있다. 이는 러시아의 일반 인구에서 문해율이 8%인 것과 비교된다.

스코틀랜드: 스코틀랜드에서는 범죄자들 사이에서 문해율이 다른 지역보다 높은 편이다. 이는 범죄자들 중 문해력을

가진 비율이 일반 인구보다 높다는 것을 의미한다.

2) 남웨일스의 데이터

남웨일스: 포르나사리의 연구에 따르면, 1880년에 남웨일스에서 문맹인 일반인은 12%였으며, 체포된 문맹자는 5.5%, 교육을 받은 사람은 6.2%였다. 1891년에는 문맹인 일반인이 7%, 체포된 문맹자는 4.1%, 교육을 받은 사람은 4.7%로 나타났다. 교육을 받은 범죄자가 문맹보다 더 많다는 것이 드러났다.

학교와 범죄: 1881년부터 1891년까지 학생 수는 197,412명에서 252,940명으로 증가했고, 체포된 인원은 39,758명에서 44,851명으로 증가했다. 학교가 새로 열릴 때마다 체포된 인원이 증가하는 경향이 있었다.

3) 교육과 범죄의 상관관계

교육의 이점: 교육이 확산되면 범죄자 중 고등 교육을 받은 사람의 비율은 증가하지만, 문맹 범죄자도 증가한다. 이는 중간 교육을 받은 계층에서 범죄율이 감소함을 의미한다. 뉴욕에서는 1870년에 문맹 비율이 6.08%였으나, 범죄자들 중 문맹 비율은 31%였다.

미국과 범죄: 북미에서는 범죄자들 중 33%가 완전히 문맹이었으며, 64%는 읽고 쓸 줄 알았고, 3%만이 고등 교육을 받

았다고 보고되었다. 일반 인구에서는 문맹 비율이 10%에 불과하다.

오스트리아: 오스트리아에서는 범죄자 중 문맹 비율이 16%에서 20%로 증가했으며 문해율이 높은 계층의 범죄자도 증가하는 경향이 있었다.

4) 프랑스와 오스트리아의 통계

프랑스: 1827-28년, 군인의 문맹 비율은 56%였으나 범죄자 중 문맹 비율은 62%였다. 시간이 지남에 따라 군인의 문맹 비율은 감소했지만 범죄자 중 문맹 비율은 여전히 높은 편이었다. 1876-77년에는 군인의 문맹 비율이 16%였고, 범죄자들 중 문맹 비율은 31%였다.

오스트리아: 1856년부터 1859년까지 범죄자 중 문맹 비율은 54.90%에서 61.43%로 증가했다. 이는 문해 교육의 확산에도 불구하고 범죄자들 사이에서 문맹 비율이 증가했다는 것을 의미한다. 교육과 범죄 간의 관계는 복잡하며, 단순히 교육 수준의 증가가 범죄율에 미치는 영향을 설명하기 어렵다. 교육의 확산은 범죄율에 긍정적인 영향을 미칠 수 있지만 교육을 받은 범죄자와 문맹 범죄자의 비율이 모두 증가하는 현상이 관찰된다. 이로 인해 범죄를 줄이기 위해서는 교육 외에도 사회적, 경제적 요인들이 함께 고려되어야 한다.

• **유럽의 교육과 범죄 통계**

러시아와 스위스: 레바수어의 연구에 따르면, 러시아에서는 범죄율이 교육 수준과 상관없이 높은 편이다. 스위스는 많은 교육을 받고 있지만 범죄율도 높다.

영국, 벨기에, 프로이센: 이들 지역에서는 교육을 받은 사람이 많을수록 도난 사건이 증가하는 경향이 있다.

스페인: 교육을 받는 인구가 적은 반면, 도난 사건이 적다.

프랑스: 중간 정도의 교육이 범죄를 증가시키고 높은 수준의 교육은 범죄를 줄인다.

스웨덴: 1852년 이후로 큰 범죄가 40% 감소했다.

남미의 멘도사: 1인당 교육받는 비율이 높아지면 범죄가 감소하는 경향이 있다.

• **이탈리아의 범죄와 교육**

이탈리아의 범죄 통계: 교육 수준과 범죄율 사이에 복잡한 관계가 있는 이탈리아 사르디니아의 카글리아리는 높은 문맹률에도 불구하고 낮은 범죄율을 보이고 있으며, 토리노는 높은 교육 수준에도 불구하고 높은 범죄율을 기록하고 있다.

사기와 도난: 교육 수준이 높아질수록 사기와 도난 사건은 증가하며 문맹률이 낮을수록 범죄율이 감소한다.

• **범죄 유형에 따른 교육의 영향**

문맹자: 문맹자는 주로 영아살해, 출산 후 살해, 도난, 폭력, 방화 등의 범죄를 저지른다.

읽고 쓰기 가능한 사람: 이들은 주로 사기, 협박, 강요, 재산 손상, 상해 등의 범죄를 저지른다.

고등 교육을 받은 사람: 이들은 공문서 위조, 공직자의 자금 횡령, 위조 문서, 정치적 범죄 등을 저지른다.

• **교육과 범죄의 구체적인 관계**

범죄의 특성: 교육 수준이 낮은 범죄자는 폭력적이고 잔인한 범죄를 저지르는 반면, 교육을 받은 범죄자는 보다 교활하고 정교한 범죄를 저지른다.

프랑스와 오스트리아의 통계: 프랑스와 오스트리아에서는 문맹자와 교육을 받은 범죄자 간의 범죄 유형 차이가 뚜렷하다. 문맹자는 폭력 범죄를 많이 저지르는 반면, 교육을 받은 범죄자는 사기와 위조 범죄를 많이 저지른다.

• **정치적 범죄와 교육**

정치적 범죄: 높은 교육 수준을 가진 지역에서 정치적 범죄가 증가하는 경향이 있다. 역사적으로도 교육 수준이 높은 도시에서 혁명과 정치적 혼란이 발생한 사례가 많다.

이러한 데이터를 통해 교육과 범죄 간의 관계를 이해할

수 있으며 교육이 범죄의 성격과 유형에 미치는 영향을 파악할 수 있다.

• 교육 수준과 범죄율

교육 수준이 높은 지역에서의 범죄율: 교육 수준이 높은 지역에서는 주로 정치적 범죄, 성범죄, 사기와 같은 범죄가 증가하는 경향이 있다. 반면, 문맹층에서는 폭력적 범죄와 같은 범죄가 많다.

문맹자와 범죄 유형: 문맹자는 주로 잔인한 범죄를 저지르는 경향이 있으며 문해력이 있는 사람들은 좀 더 교묘한 범죄를 저지르는 경향이 있다.

• 역사적 통계

러시아: 정치적 범죄에서 교육 수준이 높은 사람들이 많으며 문맹자보다 교육을 받은 사람들의 범죄 비율이 높다.

프랑스: 1825년과 1881년 사이에 중범죄가 감소했지만 성범죄, 도난, 사기와 같은 범죄는 증가했다. 이는 교육 수준이 범죄의 성격을 변화시키는 것을 보여준다.

영국: 1868년부터 1892년까지 범죄율이 전반적으로 감소했지만 일부 범죄는 증가했다. 특히 교육 수준이 높아지면서 범죄율이 감소하는 경향이 있으며, 범죄의 성격도 변화했다.

• **교육과 범죄의 복합적 관계**

교육의 영향: 교육이 모든 범죄를 감소시키는 것은 아니며, 때로는 범죄를 증가시키기도 한다. 교육이 전반적으로 확산되면 범죄율이 감소하고 범죄의 성격이 덜 폭력적으로 변한다.

교도소에서의 교육: 교도소에서는 기본 교육이 오히려 범죄를 부추길 수 있다. 따라서 교도소에서는 교육을 제공하되, 범죄를 방지할 수 있는 특수한 교육이 필요하다. 또한, 교도소 내에서 특정 기술 교육(예: 금속 공예, 판화 등)이 범죄를 조장할 수 있기 때문에 이러한 교육은 신중하게 접근해야 한다.

이 자료는 교육과 범죄 간의 관계를 명확히 보여준다. 교육이 범죄를 감소시키는 경향이 있지만, 그 영향을 받는 범죄의 유형과 범죄자의 교육 수준에 따라 다르게 나타날 수 있음을 알 수 있다. 교육이 모든 범죄를 해결하는 만능 열쇠는 아니며, 특정 환경에서는 오히려 부정적인 영향을 미칠 수 있음을 인식할 필요가 있다.

5. 교육과 범죄 재발의 요인

1) 교육과 범죄의 관계

교육의 양면성: 교육이 범죄에 미치는 영향은 양면적이다. 교육이 기본적으로 범죄를 감소시킬 수 있지만, 특정 상황에서는 범죄를 증가시키는 요인이 될 수 있다. 특히 교도소에서의 교육이 범죄 재발에 영향을 미치는 경우가 있다.

2) 교도소 교육의 영향

프랑스, 작센, 스웨덴의 경우: 교도소에서 제공되는 기본 교육이 범죄자들에게 문서화된 범죄를 저지르는 데 필요한 기술을 습득하게 한다. 이는 범죄자의 정신을 자극하고 재범을 유도할 수 있다. 교육이 범죄를 예방하기보다는 재발을 조장할 수 있다는 점이 지적된다.

범죄의 유형: 교도소 교육을 받은 재범자들은 재산에 대한 범죄를 저지를 가능성이 높으며, 폭력적 범죄를 저지를 가능성은 상대적으로 낮다.

3) 교육과 범죄의 도구화

범죄의 도구화: 교육은 범죄자들이 더 정교한 범죄를 저지르는 데 사용될 수 있다. 교육을 통해 범죄자들은 새로운 범죄 기법을 배우고 법의 눈을 피할 수 있는 기술을 익힌다. 예

를 들어, 철도, 석유, 다이너마이트, 암호 통신 등을 이용한 범죄가 여기에 해당한다.

문헌과 범죄: 문헌은 범죄자들에게 범죄의 방법을 가르쳐 줄 수 있으며, 이로 인해 범죄의 수단과 방법이 발전할 수 있다. 범죄자들이 범죄 관련 서적을 읽고 범죄를 저지르는 방법을 배우는 경우도 많다.

이 자료는 교육이 범죄에 미치는 영향이 단순히 범죄 예방이 아니라 범죄자의 범죄 능력을 높일 수 있음을 보여준다. 교육의 제공이 범죄 예방이 아닌 범죄의 도구화로 이어질 수 있음을 이해하는 것이 중요하다.

6. 교육의 비판적 접근

1) 교육과 도덕성

학교의 역할: 교육 기관이 도덕성을 보장하는 것은 아니며, Joly는 학교와 가족이 상호 보완적으로 작동해야 한다고 강조한다. 그러나 종종 두 시스템 모두 결핍이 있다. 학교는 도덕 교육의 빈틈을 메우지 못하고, 가족도 학교의 결핍을 보충하지 못하는 경우가 많다.

2) 고등 교육의 한계

전통적인 교육의 문제: 고등 교육은 과거의 전통과 사상에 집착하여 현대 사회의 요구에 부합하지 않을 수 있다. 특히, 고전 언어와 사상에 집중하는 교육은 현대의 실제 문제와의 연결이 부족하다. 학생들은 오래된 지식을 배우는 동안 현대 사회의 실질적인 문제와 도구를 간과할 수 있다.

전문성과 실용성의 부족: 현대의 지식은 매우 빠르게 변화하고 있으며, 오랜 시간 동안 구식의 지식에 집중하는 것이 현대 사회에 적합하지 않을 수 있다. 교육이 학생들에게 실제적으로 유용한 지식을 제공하기보다는 낡은 이론과 관념에 집착하는 경향이 있다.

3) 교육과 사회적 변화

세대의 지식 차이: 젊은 세대는 과거의 지식을 배우면서 현재와 미래의 문제를 이해하는 데 어려움을 겪을 수 있다. 교육이 지나치게 과거 지식에 의존하게 되면 현대 사회의 빠르게 변화하는 요구를 충족시키기 어렵다.

사회적 변화를 반영하지 못함: 교육이 과거의 지식과 방법에 집착함으로써 현대 사회의 변화와 필요를 충분히 반영하지 못한다. 이는 교육을 받는 개인들이 현대 사회에서 효과적으로 적응하고 기여하는 데 어려움을 겪게 만든다.

4) 고전 교육의 비판

고전 교육의 영향: 고전 교육은 때로는 폭력적 역사적 사건과 인물들을 미화하거나 과대평가할 수 있다. Ferrero는 고전 교육이 폭력의 미화를 포함하고 있다고 지적한다.

역사적 맥락의 왜곡: 고전 역사 교육이 폭력적인 행위를 정당화하거나 미화하는 경향이 있으며 이는 학생들에게 역사적 사건에 대한 왜곡된 이해를 제공할 수 있다.

5) 교육의 사회적 결과

교육과 사회적 불만: 전통적인 교육이 현대 사회의 요구를 충족시키지 못할 때 학생들은 사회의 혁신적인 변화나 개혁에 대한 강한 욕구를 느낄 수 있다. 이는 사회적 불만이나 혁명적 태도로 이어질 수 있다.

폭력의 찬미: 전통적인 교육이 폭력적인 행위나 혁명적인 변화를 긍정적으로 묘사하는 경우, 학생들은 폭력에 대한 긍정적인 태도를 형성할 수 있다. 이는 사회적 불안이나 혁명적 활동으로 이어질 수 있다. 이 글은 교육이 단순히 지식 전달의 역할을 넘어서 도덕적, 사회적, 정치적 영향을 미칠 수 있음을 강조한다. 현대 사회에서 교육의 역할을 재고하고 과거의 지식을 현대의 요구와 결합시키는 방안을 모색하는 것이 중요하다.

8장 경제적 영향

1. 경제적 풍요

경제적 요인이 범죄에 미치는 영향은 복잡하고 논란의 여지가 많다. 경제적 자료와 통계는 종종 불완전하고 이를 통해 정확한 부유함과 범죄의 관계를 파악하는 것은 어렵다. 다음은 경제적 요인과 범죄 간의 관계에 대한 몇 가지 주요 요점이다.

재산과 세금: 이탈리아의 재산에 관한 통계는 불완전하며 이는 범죄율과 재산 간의 관계를 명확히 분석하는 것을 어렵게 만든다. 세금과 소비세를 포함한 데이터는 범죄율과 관련이 있지만, 이는 정확한 상관관계를 나타내지 않는다.

범죄의 유형별 분석: 재산이 증가함에 따라 사기와 신뢰를

위반하는 범죄가 증가하는 경향이 있다. 이는 재산이 많은 지역에서 사기와 신뢰를 위반하는 범죄가 많이 발생하는 것을 의미한다. 그러나 빈곤 지역에서도 범죄 발생률이 적지 않으며 이는 범죄의 발생 빈도와 재산 간의 복잡한 관계를 보여준다.

범죄의 지역적 변동: 특정 지역에서는 재산이 적더라도 범죄율이 높은 경우가 있는 이탈리아의 손드리오(Sondrio), 레지오-카라브리아(Reggio Calabria), 라퀼라(L'Aquila)와 같은 지역은 낮은 재산 수준에도 불구하고 높은 범죄율을 보인다. 이러한 지역적 차이는 범죄의 원인과 경제적 요인의 관계를 이해하는 데 어려움을 더한다.

경제와 범죄: 경제적 요인이 범죄에 미치는 영향은 복잡하며 재산의 증가가 항상 범죄율 증가로 이어지지 않는다. 범죄의 유형과 지역적 변동성에 따라 경제적 요인과 범죄 간의 관계는 다르게 나타날 수 있다. 정확한 분석을 위해서는 보다 정교한 통계와 지역적 특성에 대한 이해가 필요하다. 이러한 분석은 교육과 경제적 요인이 범죄에 미치는 영향을 이해하는 데 도움이 된다. 교육의 질과 경제적 상태가 범죄율에 미치는 영향을 종합적으로 고려해야 하며 이를 통해 보다 효과적인 범죄 예방 전략을 개발할 수 있다.

1) 인종과 기후의 범죄에 미치는 영향

분석 결과, 인종과 기후가 경제적 요인보다 범죄율에 더 큰 영향을 미칠 수 있음을 보여준다. 주요 내용은 다음과 같다.

범죄와 부유함: 이탈리아 남부와 섬 지역인 포텐차, 코센자, 레지오 칼라브리아와 같은 지역에서는 범죄율이 북부 지역인 벨루노와 손드리오보다 높다. 이는 두 지역의 부유함이 비슷하지만, 인종과 기후와 같은 다른 요인이 범죄율에 더 큰 영향을 미친다는 것을 시사한다.

인종과 범죄: 켈트족 또는 슬라브족이 주로 사는 지역인 벨루노와 손드리오는 범죄율이 상대적으로 낮다. 반면, 남부 지역은 다른 인종 구성으로 인해 범죄율이 더 높다.

기후와 범죄: 남부와 섬 지역의 따뜻한 기후에서는 성범죄와 살인 범죄율이 더 높다. 반대로, 시원한 기후를 가진 북부 지역인 벨루노와 손드리오에서는 범죄율이 낮다.

예외와 불일치: 베네치아와 토리노와 같은 지역은 부유하지 않지만 범죄율이 높다. 반면, 리보르노, 로마, 나폴리는 부유함에도 불구하고 높은 범죄율을 보인다. 이는 범죄율을 설명할 때 기후와 인종과 같은 추가적인 요인이 필요하다는 것을 보여준다.

2) 세금과 범죄의 분석

세금과 세입에 대한 분석은 경제적 요인이 범죄에 미치는 영향을 추가로 설명해준다.

직접세와 범죄: 높은 세금을 부과받는 지역이 항상 높은 범

죄율을 보이지 않는다. 리보르노는 높은 세금과 높은 범죄율을 보이는 반면, 벨루노와 손드리오는 낮은 세금과 낮은 범죄율을 보인다. 이는 세금이 범죄율의 정확한 지표가 아닐 수 있음을 시사한다.

농지세: 농지세가 높은 지역인 크레모나는 범죄율이 높지 않다. 반면, 리보르노는 농지세가 높아도 범죄율이 높은 지역이다. 이는 지역 간의 큰 차이를 보여주며, 경제적 지표만으로 범죄를 설명하기 어렵다는 것을 나타낸다.

소비세: 소비세 또한 범죄율과 명확한 관계를 보이지 않는다. 리보르노와 주요 도시는 높은 소비세와 높은 범죄율을 보이며, 벨루노와 손드리오는 낮은 소비세와 낮은 범죄율을 보인다.

3) 상속세와 범죄의 관계

드 포빌은 상속세 신고를 통해 국민의 재산을 추정할 수 있다고 생각했다. 그러나 파탄레오니의 지역 통계를 살펴보면, 범죄와 재산 간의 관계를 명확히 파악하기 어렵다는 결론을 내릴 수 있다.

범죄율과 재산: 이탈리아의 부유한 지역인 피에몬테-리구리아, 롬바르디아, 토스카나는 재산 범죄율이 평균보다 낮다. 반면, 가난한 지역인 사르데냐, 시칠리아, 나폴리 지역은 범죄율이 높다. 그러나 마르케-움브리아와 같은 가난한 지역은

상대적으로 낮은 범죄율을 보인다.

재산과 범죄의 불일치: 가장 부유한 지역인 라치오와 가장 가난한 지역인 사르데냐는 가장 높은 절도율을 보인다. 이와 같이 재산과 범죄율 간의 직접적인 관계는 명확하지 않다. 라치오에서는 수도인 로마의 영향으로 범죄율이 높을 수 있다. 또한, 상속세는 자본이 다른 지역에 집중되어 있어 정확한 재산을 반영하지 않는다.

범죄의 분포: 재산이 많은 지역인 롬바르디아, 토스카나, 피에몬테-리구리아에서는 살인 범죄가 적고, 마르케-움브리아는 평균에 가까운 범죄율을 보인다. 반면, 사르데냐와 나폴리는 높은 살인율을 기록하며, 라치오와 시칠리아는 가장 높은 범죄율을 보인다.

4) 경제 위기와 범죄의 관계

경제 위기를 범죄율과 연관지어 분석하는 것은 복잡하다. 포르나사리는 경제적, 상업적, 산업적 위기와 범죄의 관계를 연구했지만, 명확한 결과를 얻기는 어려웠다.

산업 발전과 범죄: 산업 발전이 진행되면 재산 범죄가 감소하지만 위기가 발생하면 재산 범죄는 일정하게 유지되거나 증가할 수 있다. 1885년의 심각한 위기 후에는 강도와 절도 등 재산 범죄가 증가했다. 하지만 위기와 상업 범죄의 관계는 명확하지 않으며 사기와 상업적 범죄는 경제적 위기와 관계

가 없는 것으로 보인다.

상업적 위기와 범죄: 상업적 위기는 상업적 범죄에만 영향을 미치며, 파산 등의 범죄는 경제 상황과 무관하게 발생할 수 있다. 1875년부터 1889년까지의 상업적 어려움과 절도 범죄 간에는 일관된 패턴이 없으며, 범죄율의 변화는 위기와 직접적인 관계가 없다.

위기와 범죄의 변동: 위기 다음 해에는 범죄율이 감소하는 경향이 있지만, 변화폭은 미미한 1880년에는 살인범죄율이 감소하고, 1887년에는 다시 감소하는 경향을 보인다. 그러나 이러한 변화는 범죄율의 전반적인 패턴을 설명하기에는 부족하다.

결론적으로, 상속세와 경제 위기는 범죄율에 미치는 영향을 명확히 설명하기 어렵고, 추가적인 요인과 복잡한 관계를 고려해야 한다.

5) 결론 및 성찰

이 분석은 인종과 기후가 범죄에 미치는 영향이 부유함보다 클 수 있음을 시사한다. 세금에 대한 데이터와 범죄 통계 간의 불일치는 범죄를 경제적 지표만으로 설명하기 어려움을 보여준다. 범죄의 원인을 완전히 이해하고 효과적인 예방 및 통제 전략을 개발하기 위해서는 문화적, 기후적, 인구 통계적 요인도 함께 고려해야 한다.

2. 범죄와 경제적 요인의 관계

1) 범죄의 종류와 경제적 위기

상해와 폭행: 상해와 폭행 범죄는 위기와 별다른 관계가 없으며, 1884년과 1885년에 각각 167과 145로 기록된 범죄율은 서로 연관성이 없다.

도덕적 범죄: 도덕적 범죄는 경제적 위기에 따라 증가하며, 1884년에서 1886년까지는 3.66에서 4.56으로 증가하고, 1888년과 1889년에는 4.41에서 5.62로 증가했다. 이는 위기와 범죄율의 최대치가 일치함을 나타낸다.

국가 안전에 대한 범죄: 국가 안전을 위협하는 범죄는 위기 기간 동안 감소하며, 1884년부터 1886년까지는 0.66에서 0.42로 감소하고, 1888년과 1889년에는 0.49에서 0.26으로 감소했다. 이 또한 위기와 범죄율의 역관계를 보여준다.

2) 파산과 범죄

범죄와의 연관성: 파산은 절도, 사기, 살인 및 국가 안전에 대한 범죄와 직접적인 상관관계가 없다. 그러나 파산은 상해와 폭행 범죄에 영향을 미치며 1888년에 192로 최고치를 기록하고 1880년에 147로 최저치를 기록한다. 이는 파산과 상해나 폭행범죄 사이의 연관성을 나타낸다.

상업적 범죄: 상업적 범죄는 파산과 정확히 일치하는 곡선

을 따라 변화하며, 이는 상업적 범죄와 파산 간의 밀접한 연관성을 보여준다.

3) 농업 위기와 범죄

절도 및 살인: 농업 위기는 절도나 살인 범죄에 큰 영향을 미치지 않으며 1885년과 1888-1889의 농업 위기 동안 범죄율의 변화가 두드러지지 않는다. 절도는 감소하다가 다시 증가하고, 살인 범죄는 농업 위기와 관계없이 감소하거나 증가한다.

사기 및 국가 안전: 농업 위기는 사기 범죄와 국가 안전에 대한 범죄에 약간의 영향을 미치지만 위기와 범죄율 간의 일치성은 부족하다.

4) 영국과 아일랜드의 범죄와 경제적 위기

재산 범죄: 영국과 웨일스에서는 재산 범죄가 경제적 위기의 영향을 적게 받으며, 특히 파괴적인 범죄는 1873년과 1847년의 위기 동안 최소치를 기록한다.

사기 및 화폐 범죄: 사기 및 화폐 관련 범죄는 경제적 위기에 영향을 받지 않으며, 위기 동안 증가하거나 감소하는 패턴이 불규칙하다.

살인 범죄: 살인 범죄는 경제적 위기와 무관하게 증가하거나 감소로 위기와의 상관관계가 없다.

기타 범죄: 기타 범죄는 대부분 위기 동안 감소는 위기와 범죄율의 관계가 불확실하다. 범죄 및 법규 위반:범죄와 법규 위반은 경제적 위기에 따라 증가하며, 위기와 직접적인 관계가 있다.

5) 실업과 범죄

실업의 영향: 실업이 범죄에 미치는 영향은 크지 않다. 웨일스에서는 실업이 범죄에 미치는 영향이 미미하며 미국에서는 범죄를 저지른 사람의 82%가 취업 상태였고, 18%만이 실업 상태였다. 실업 상태의 범죄율은 지역에 따라 다르며, 북부에서는 20%, 남부에서는 11%, 서부에서는 41%로 나타난다. 이는 실업과 범죄 사이의 연관성이 지역적으로 다르다는 것을 보여준다.

범죄의 원인으로서 실업:실업이 혈액 범죄의 주요 원인으로 보이지는 않지만, 범죄자 대부분이 안정적인 직업을 가지지 않는 것은 사실이다. 그들은 직업을 가졌던 적이 없거나 가지기를 원하지 않으며, 반면 실업자는 직업을 가졌다가 잃은 경우가 많다. 롸이트(Wright)는 산업 불황 시 모든 범죄가 증가한다고 주장하지만 이를 증명하지는 못했다. 그는 매사추세츠의 220명의 유죄 판결을 받은 범죄자 중 147명이 정규직이 아니고 68%가 직업이 없었다고 언급하며 범죄자들이 꾸준한 노동을 싫어한다는 점을 강조하고 있다.

임금 일수: 아마도 임금 일수, 즉 개인의 연간 식비에 해당하는 임금 일수가 범죄를 평가하는 더 나은 기준일 것이다. 이는 이미 식량 소비에 관한 연구와 유사한 접근을 요구한다.

살인: 일하는 날 수가 증가하면 즉 더 많은 영양 부족과 과중 노동이 발생하면 살인율이 증가하는 경향이 있다. 스코틀랜드, 잉글랜드, 아일랜드는 적은 일수를 기록하며 낮은 살인율을 보이고 스페인과 이탈리아는 높은 일수를 기록하며 높은 살인율을 보인다.

상해 및 폭행: 상해와 폭행에 대해서도 유사한 경향이 보인다. 영국, 아일랜드, 스코틀랜드는 적은 임금 일수를 기록하며 낮은 폭행률을 보이고, 오스트리아와 이탈리아는 많은 임금 일수를 기록하며 높은 폭행률을 보인다. 그러나 스페인은 많은 일수에도 낮은 폭행률을 보이며 벨기에는 적은 일수에도 높은 폭행률을 보인다.

도덕적 범죄: 도덕적 범죄는 일수와 역의 관계를 보인다. 스페인은 많은 일수에도 낮은 도덕적 범죄율을 보이고, 벨기에는 적은 일수에도 높은 범죄율을 보인다. 그러나 영국은 적은 일수에도 낮은 도덕적 범죄율을 보인다.

절도: 절도 범죄에 대한 영향은 명확하지 않다. 다양한 국가가 최대 및 최소 일수를 기록하며 절도 범죄율의 변화가 혼재되어 있다.

저축 은행: 저축 은행의 예금자 수는 진정한 부의 척도를

제공할 수 있으며 이는 절제와 절약을 나타낸다. 프랑스에서는 저축 은행의 수가 낮은 출생률과 직결되며 이는 더 많은 절제와 금욕을 의미한다. 유럽의 데이터는 살인과 저축 통장의 수가 반비례한다고 보여주며, 반대로 절도는 저축 통장 수와 비례한다. 이탈리아의 경우 저축 통장 수가 많을수록 살인과 절도율이 낮아지는 경향이 있다. 이 통계는 각 지역의 저축 통장 수와 범죄율 간의 관계를 분석하며, 저축과 범죄 사이의 상관관계를 보여준다.

3. 이탈리아의 각 지방과 저축 통장 및 범죄율 관계

1) 저축 통장과 범죄율

저축 통장의 수와 범죄율 사이의 상관관계를 분석한 결과는 다음과 같다.

저축 통장 수가 많은 20개 지방(1명당 3-6개의 통장 보유): 이들 지방의 범죄율은 상대적으로 낮다.

저축 통장 수가 적은 20개 지방(1명당 15-24개의 통장 보유): 이들 지방의 범죄율은 상대적으로 높다.

중간 저축 통장 보유 20개 지방(1명당 8-13개의 통장 보유): 이들 지방의 범죄율은 중간 수준이다.

2) 범죄 유형에 따른 분석

살인: 저축 통장 수가 적은 지방에서 살인율이 높은 경향이 있다. 저축 통장 수가 많은 지방에서는 살인율이 낮다.

절도와 폭행: 저축 통장 수가 적은 지방에서 절도와 폭행의 빈도가 높은 경향이 있다.

도덕적 범죄(예: 강간): 저축 통장 수가 적은 지방에서 도덕적 범죄가 더 자주 발생하는 경향이 있다. 이와 반대로 저축 통장 수가 많은 지방에서는 도덕적 범죄의 빈도가 낮다.

3) 이탈리아의 저축 은행 현황(저축 은행 데이터, 1891년 12월 31일 기준)

저축 은행 통장 수: 일부 지방은 저축 은행이 없거나 실질적으로 저축 통장이 존재하지 않으며 이러한 지방에서는 범죄율과의 직접적인 연관성을 찾기 어렵다.

저축 은행 신용: 신용이 높지 않은 지역에서는 저축 통장 수와 범죄율의 연관성이 뚜렷하며, 신용이 낮은 지역에서 범죄율이 높다는 경향이 있다.

4) 특정 지방의 사례

카글리아리와 카타니아: 이들 지역은 파산한 저축 은행의 신용이 포함되어 있어, 데이터가 부정확할 수 있다.

그로세토: 저축 은행이 없어 신뢰할 수 있는 데이터 제공이 어렵다.

스페인과 이탈리아: 높은 저축 통장 수와 높은 범죄율 사이의 연관성이 확인되었다.

5) 저축 통장과 범죄율의 결론

이탈리아의 저축 통장 수와 범죄율 간의 관계를 통해, 다음과 같은 결론을 도출할 수 있다.

저축과 범죄의 상관관계: 저축 통장 수가 적은 지방에서 범죄율이 높고, 저축 통장 수가 많은 지방에서 범죄율이 낮다는 경향이 나타난다.

부유한 지역과 범죄: 부유한 지역에서는 범죄율이 낮고, 저축과 재정적 안정성이 범죄에 미치는 영향을 나타낸다. 이 데이터는 범죄율과 저축 사이의 관계를 이해하는 데 도움이 되며, 더 많은 저축과 재정적 안정이 범죄율을 줄일 수 있는 가능성을 제시한다.

4. 이탈리아와 프랑스의 범죄율과 저축 간의 관계

1) 이탈리아의 범죄와 저축

부유한 지역의 예외: 부유한 지역에서도 범죄율이 높은 사례가 있다. 예를 들어, 팔레르모는 42건, 로마는 27건, 나폴

리는 26건, 리보르노는 21건의 살인이 보고되었다. 이러한 예외는 지리적 위치(팔레르모와 나폴리), 인종적 요인(리보르노), 알코올 남용 및 정치적 상황(로마)에 의해 설명될 수 있다.

가난한 지역의 예외: 가장 가난한 지역에서도 살인율이 낮은 사례가 있는 바리(14건), 레체(16건), 트레비소(11건), 우디네(7건) 등이 있다. 이러한 예외는 인종적 요인과 기후에 의해 설명될 수 있으며, 그리스 인종의 영향이 있을 수 있다.

성범죄: 부유한 지역에서는 리보르노(26건)와 로마(22건)처럼 성범죄가 높은 반면, 가난한 지역에서는 레조 에밀리아와 비첸차가 각각 4건, 벨루노와 로비고가 각각 5건, 우디네가 7건으로 성범죄가 낮다. 이는 인종적 및 지리적 요인에 의해 설명될 수 있다.

절도: 부유한 지역 중에서도 볼로냐(216건), 페라라(367건), 로마(329건)에서는 절도가 많다. 이는 인종적 요인, 알코올 남용, 정치적 집단화 등으로 설명될 수 있다. 그러나, 부유한 지방인 베네치아(207건), 마체라타(273건) 그리고 가난한 지방인 쿠네오(87건)에서는 설명이 어렵다.

공공 신뢰에 대한 범죄: 부유한 지역에서는 코모(21건), 루카(22건), 시에나(25건), 손드리오(31건)에서 공공 신뢰를 위협하는 범죄가 적다. 반면, 사싸리(102건), 파도바(100건), 키에티(76건)에서는 상대적으로 많다.

프랑스의 범죄와 저축: 저축과 범죄율은 프랑스에서 저축 통장 수가 많은 지역에서 범죄율이 증가하는 경향이 있다. 특히, 경제적 부유가 범죄율 증가에 영향을 미친다. 이는 산업 활동이 활발한 지역에서 범죄율이 높아지는 경향과 관련이 있다.

이민자와 경제적 요인: 이민자들은 출생률의 감소와 잦은 파업으로 인해 일자리를 찾을 가능성이 높아져 이탈리아와 프랑스로 이주한다. 이는 고온의 기후와 인종의 영향도 있어, 이탈리아 남부에서 모든 범죄가 증가하는 경향이 있다. 그러나 저축이 적은 지역에서는 경제적 요인과 기후적, 인종적 요인 모두가 혼합되어 범죄율에 영향을 미친다.

2) 이탈리아와 프랑스의 범죄율 비교

이탈리아와 프랑스는 유사한 인종과 기후를 가지고 있지만 두 나라의 범죄율은 다르다. 피에몬트와 롬바르디아는 프랑스와 유사한 조건에서도 범죄율이 낮다. 이는 프랑스에서 부유함이 범죄를 유발하는 반면, 이탈리아는 상대적으로 부유함이 범죄를 억제하는 경향을 보인다는 것을 의미한다. 프랑스는 이탈리아보다 부유하고, 이 부유함이 많은 경우 급격한 소비와 쾌락주의로 이어진다. 반면 이탈리아는 상대적으로 더 많은 빈곤과 열악한 생활 조건이 범죄에 영향을 미친다. 1885년 조사에 따르면 이탈리아에는 물이 좋지 않은 지역이 999곳, 하수도가 없는 지역이 6,804곳, 지하 거주지가 24,158곳이 있다. 또한, 1,178개 지역에서는 드물게만 밀가루 빵을 먹으며 4,974곳에서는 육류를 드물게 소비한다. 2,037곳은 의사가 부족하거나 없으며 274곳은 공동 묘지가 없고, 194개 지역은 말라리아에 감염되어 있다.

3) 저축과 범죄

이탈리아에서의 저축은 실제로는 경제적 부를 반영하기보다는 경제적 자제와 절약을 의미하며, 프랑스의 경우 저축이 풍부하면 범죄가 증가할 수 있다. 이는 프랑스의 과도한 부유함이 범죄를 자극하는 반면, 이탈리아에서는 저축이 범죄를 억제하는 효과를 가지기 때문이다.

4) 산업화와 범죄율

프랑스에서는 농업 지역과 산업 지역으로 나누었을 때 산업 지역에서 범죄율이 더 높다. 농업 지역의 범죄율이 상대적으로 낮으며 산업화가 진행됨에 따라 범죄율이 증가하는 경향을 보인다. 특히, 농업 지역에서 42개 지역 중 11개 지역이 범죄율이 평균 이상이며 농업-산업 지역에서는 26개 지역 중 10개 지역이 평균 이상 순수 산업 지역에서는 17개 지역 중 7개 지역이 평균 이상의 범죄율을 보인다.

5) 범죄율과 저축의 상관관계

프랑스에서의 높은 저축은 급격한 부유와 연관되어 있으며 이는 범죄를 자극할 수 있다. 반면 이탈리아에서는 저축이 범죄를 억제하는 역할을 한다. 이는 각국의 경제적 환경과 사회적 조건의 차이를 반영하는 결과이다.

5. 부유함과 범죄의 상관관계에 대한 분석

1) 경제적 급등과 범죄

프랑스의 에로(Herault) 지역의 경우, 1874년 이후 와인 생산이 급증하면서 경제적 부유함이 증가했다. 이로 인해 부패와 범죄가 발생했고 지역의 범죄율은 급격히 증가하였다. 이 지역의 농민들은 빈곤에서 벗어나면서 탐욕을 느끼기 시작했으며 이로 인해 범죄가 증가하였다. Joly는 Hérault 지역의 사례를 통해 경제적 급등이 범죄를 유발할 수 있음을 설명한다.

2) 부유함의 역설

부유함이 항상 범죄를 초래하는 것은 아니다. 그러나 급격한 부유함은 윤리적 기반이나 넓은 사회적 이상이 결여된 경우 범죄를 자극할 수 있다. 스펜서(Spencer)는 과도한 부유함이 부패와 범죄를 일으킬 수 있다고 언급한 바 있다. 이는 부유함이 때때로 범죄를 억제하기보다는 자극하는 역할을 할 수 있음을 시사한다.

3) 북미에서의 사례

북미에서의 범죄율은 지역별로 부유함과 상관없이 다르게 나타난다. 로드아일랜드(Rhode Island)는 높은 부유함에도 불구하고 낮은 범죄율을 보인다. 반면, 매사추세츠(Massachusetts)는 비슷한 수준의 부유함을 가지고 있지만 더 높은 범죄율을 기록한다. 이러한 사례는 부유함이 범죄에 미치는 영향을 단순히 경제적 요인만으로 설명하기 어렵다는 것을 보여준다.

4) 이탈리아에서의 사례

이탈리아에서는 산업화가 진행되면서 범죄율이 증가하는 경향을 보인다. 이탈리아 중부 아르테나(Artena)와 같은 지역에서는 경제적 빈곤이 없지만 높은 범죄율을 보인다. 이는 경제적 발전이 범죄율에 미치는 영향이 복잡함을 보여준다. Joly는 Hérault 지역의 사례를 통해 부유함이 범죄를 증가시키는 메커니즘을 설명하고 있으며 이와 유사한 현상이 다른 지역에서도 발생할 수 있음을 지적한다.

결론은 부유함과 범죄의 관계는 단순하지 않다. 부유함이 범죄를 억제할 수도 있지만, 때로는 부유함이 범죄를 자극하는 요인이 될 수도 있다. 급격한 부유함이 윤리적 기준이나 사회적 이상과 결여된 경우 범죄를 초래할 수 있으며 이는 경제적 발전과 사회적 변화를 고려하여 범죄의 원인을 다각도로 분석해야 함을 시사한다. 마르세유와 같은 부유한 도시들도 높은 범죄율을 기록하고 있다. 앙주와 프레슬의 계곡에서는 부유함이 증가하면서 범죄율도 증가했으며, 파 드 칼레와 노르에서도 마찬가지다. 극단적인 야만성과 야만적인 환경이 있는 코르시카에서는 인명에 대한 범죄가 증가하고 극단적인 가난이 있는 지역에서는 단순한 절도 범죄가 증가하는 경향이 있다. 그러나 전반적으로 부유함은 가난만큼 혹은 그보다 더 많은 범죄를 초래한다. 이러한 현상의 원인은 매우 명확하다. 가난과 필수적인 자원의 부족은 사람들을 자신의 필요를 충족시키기 위해 범죄를 저지르게 한다. 이것이 재산 범죄와 관련된 첫 번째 연관이다. 더불어, 가난은 사람을 충동적으로 만들어 알코올 중독과 영양 부족으로 인한 자극으로 인해 범죄를 저지르게 한다. 필요가 더욱 강하게 느껴질 때 그리고 퇴화된 바탕에서 범죄가 더욱 쉽게 발생하게 된다. 이러한 배경에서 살인을 비롯한 여러 형태의 폭력 범죄가 자주 발생한다. 반면, 부유한 사람들은 신체적, 정신적으로 충분히 강한 상태에서 살아가기 때문에 더 강한 자극이 있어도 저항할 수 있는 능력이 있다. 그러나 부유함은 다른 형태의 퇴화(예: 매독, 방탕 등)를 초래하고 자아도취, 타인을 초월하려는 욕망 그리고 사회적 지위의 높은 위치에 따라 범죄를 유발할 수 있다. 부유한 지역에서는 재산이 극소수의 사람들에게 집중되어, 상대적으로 큰 가난과 그에 따른 불만을 초래하며 이것이 범죄를 촉진한다. 부유한 지역에서는 범죄 기회가 더 많고 범죄를 실행할 수 있는 수단도 더 다양하다. 또 자산과 지위가 높은 위치에서 발생할 수 있는 범죄도 있다. 부유한 사람들은 자극을 찾아 새로운 형태의 범죄를 저지르기 쉽다. 예를 들어, 성적 범죄나 과도한 음주, 마약 남용 등이 이에 해당한다. 자산이 많은 사람들은 새로운 자극을 찾기 위해 범죄를 저지르는 경향이 있다. 부유한 지역에서는 빈곤보다 더 많은 범죄 기회가 존재하며 이러한 범죄는 단순히 빈곤과는 다른 방식으로 나타난다. 이러한 설명들은 부유함과 범죄 간의 복잡한 관계를 이해하는 데 도움이 된다. 빈곤이 범죄를 초래하는 경우도 있지만 부유함이 범죄를 유발할 수 있다는 점도 중요한 이해가 필요하다.

9장

종교

1. 종교와 문명

종교의 영향은 문명과 부만큼이나 복잡하다. 우리는 종교적으로 열심인 범죄자들(특히 시골과 문명이 부족한 지역에서)과 비종교적이고 무신론적인 범죄자들을 모두 보았다. 교회를 자주 찾는 범죄자와 정직한 사람들은 거의 균형을 이루며 때로는 범죄자가 더 많은 경우도 있었다.

Ferri가 조사한 700명 중 단 한 명만이 무신론자였고 한 명은 무관심하며 7명은 신앙심이 깊어 그들의 범죄에 종교적 감정을 변명으로 사용하였다. 어떤 이들은 "하느님이 우리에게 도둑질하는 본능을 주셨다"고 말하거나, "범죄는 죄가 아니다. 사제들도 범죄를 저지르기 때문이다"라고 말하며 또는

"죄를 지었지만 사제가 고백을 통해 용서해준다"고 했다. 대부분은 미래의 형벌에 대한 예측이 부족했으며 인간의 형벌도 마찬가지로 무시했다. 한 살인자는 Ferri가 신의 형벌을 두려워하지 않는지 물었을 때 "하느님이 아직 나를 벌하지 않았다"고 답했다. 또 다른 사람은 "우리는 죽은 후에 벌을 받을지 볼 것이다"고 했다.

르클뤼(Reclus)는 트레녜에(Tregnier 브르타뉴)에 미워하는 사람의 죽음을 기원하는 성당이 있다고 썼다. 일부 통계에 따르면, 무신론자들이 많은 곳에서 범죄율이 적지만 이는 그들이 더 교육받은 경우일 수 있다. 무신론자는 유럽에서 주로 교육받은 시민들 사이에서만 나타난다.

프러시아에서(Friedr. Arch. f. Strafsrech., 1884) 다음과 같은 결과가 나왔다. 가톨릭 범죄자 0.87%, 유대인 범죄자 0.65%, 무신론자 범죄자 0.37%, 종교의 균일한 영향을 결론짓기 어려운 이유는 알포루스Alfourus와 산탈라Santala와 같은 거의 원시적인 민족은 종교가 없거나 최소한 정령을 숭배하지만 3000년 동안의 유일신 신앙을 가진 유대인들이 종종 범죄에 연루되었거나 의심스러운 직업과 고리대금업에 종사했기 때문이다. 이는 신앙이 없이도 정직함이 존재할 수 있음을 보여준다. 한편, 바이에른과 프러시아에서는 가톨릭 신자들이 개신교 신자들보다 더 많은 범죄를 저지르는 반면, 안호버, 스위스, 네덜란드에서는 적은 숫자를 보인다. 같은 프러시아 내에서도 최근 5년 동안 차이가 줄어들었다.

Joly는 종교의 외적 실천이 도덕화를 촉진한다고 주장하며 종교적 존중이 널리 퍼져 있지만 범죄율이 높은 노르망디와 남부 로제르(Lozere) 주민들의 속담을 인용했다. 아르데슈Ardèche에서의 사건을 소개하며 두 그룹이 시장에서 치열하게 싸우다가 '안젤루스Angelus' 종소리로 싸움을 멈추고 기도를 한 후 다시 싸움을 시작한 사례를 들었다. 그리고 프랑스에서는 여성들에게 종교 교육이 더 많이 주어지지만 청소년 범죄의 수는 줄어들지 않았고 오히려 남성들 사이에서만 약간 감소했다.

시칠리아에 대해 로카텔리Locatelli는 다음과 같이 썼다. "가난한 계층에 많은 수의 부유한 종교인들이 존재했을 때 그들이 퍼뜨린 부도덕성은 상상할 수 없다. 그들은 유혹, 간통, 심지어 근친상간을 용서받을 수 있었다. 살인자가 자신의 범죄를 고백하고 피해를 주장하며 변명하면 단지 용서받을 뿐만 아니라 인류의 정의에서 면제되기도 했다. 증인이 진실을 숨기면 신과 화해할 수 있었다. 부유한 사람이 자신들의 여성들을 계속 감금하고 민중의 딸에게 해를 입혔다면 동정받았다. 마지막으로, 사기와 횡령을 저질러도 교회에 일정 금액을 지불하면 양심의 죄를 벗을 수 있었다. 몇 세기 전, 대주교들은 가장 중요한 도시에서 한 해 동안 간통을 저지를 수 있는 허가를 내주었고 다른 곳에서는 평생동안 음란행위를 저질러도 면죄부를 받을 수 있었다. 팔레르모Palermo에서는 1868년까지 공적으로 죄를 용서받을 수 있는 선언문이 있었으며, 이는 왕국의 제정에 의해 폐지되었다. 또한, 뒤팽 드 생탕드레Dupin de St. André는 1879년에 교황 요한 XII와 레오 X가 설정한 범죄에 대한 벌금을 다시 제정했으며 평신도가 사제를 죽이면 7그로시를 지불하고 다른 평신도를 죽이면 5그로시를 지불하는 등의 규정을 포함하고 있다. 성직자가 수녀와 간통을 하거나 조카, 사촌, 자녀와의 성관계를 가질 경우 67리라와 11 솔디와 6데나리의 벌금으로 면죄를 받을 수 있었다. 자연에 반하는 범죄의 경우 219리라와 14솔디를 지불해야 했다.", "수녀가 여러 남성과 간통을 했을 경우, 수도원 내외를 막론하고 131리라, 14솔디와 6데나리였다.", "간통한 여인은 87리라와 3솔디로 용서받는다. 평신도가 간통을 저질렀다면 4리라, 그러나 간통과 근친상간을 저질렀다면 10리라였다.", "교황 요한 XII 하에서 자매와 어머니와의 근친상간은 40솔디였다." 과거의 예수회 교리인 Lacroix(1775년)에서는 "자연법이 거짓말과 살인을 금하더라도 특정 상황에서는 허용될 수 있다"고 했고, Buzenbraun에서는 "극도로 가난한 사람은 필요한 것을 취할 수 있다. 가난한 사람은 필요를 충족하기 위해 방해하는 사람을 죽일 수도 있다"고 하며 Maiorca는 왕을 암살하는 것을 허용했다.

Longuet 신부는 "살해하거나 상해를 입히기 위해 돈을 받았을 때 정의에 반하지 않으며 돈을 돌려줄 의무가 없다"고 주장했다. 그러나 나는 두 가지 사실이 확실하다고 생각한다. 첫째는 문명이 발전함에 따라 종교의 모든 영향을 제거하고 정화하는 과정이 있으며 종교가 새롭고 초기 상태일수록 도덕적 영향을 미친다는 것이다. 초기 종교는 문자를 넘어서 영혼에 영향을 미치며 새로운 아이디어에 대한 열정이 감정과 범죄를 방지하기 때문이다. 종교의 초기 형태는 상징과 형식에서 자유로워 활동이 더 활발하다.

2. 종교와 살인

미국의 몰몬들은 활동적이고 성실하기로 유명하다. 새로운 종교 집단들이 비록 미쳤거나 광신적일지라도 그들은 가장 사악한 본능에서 억제되는 단일한 사상에 의해 규제된다.

"종교가 형식에서 벗어나 도덕성에 집중할 때 가장 긍정적인 영향을 미친다." 이렇듯 종교의 범죄에 대한 영향이 때로는 크고 때로는 미미한 이유는 종교가 도덕과 진정으로 융합되고, 의례의 숭배를 버릴 때 유용하다는 결론에 이른다. 종교가 새로운 형태로 나타날 때는 본래 도덕적이며 시간이 지나면서 점차 의례적 요소가 도덕적 핵심을 흐리게 한다. 이로 인해, 도덕적 감각이 중요시되는 곳에서는 범죄 경향이 줄어들 수 있다. 이는 특히 고도로 교육받은 사람들 사이에서도 나타나며, 교육 수준이 높은 사람들은 사회적 동조와 본능적 충동에 저항할 수 있는 지적 에너지를 가진다. 비슷한 종교적 열정이 강한 개신교 국가인 제네바와 런던에서 문명과 인구 밀도가 증가했음에도 불구하고 범죄율이 감소하는 경향이 있다. 이는 범죄를 억제하는 것이 아니라, 종교적 열정이 악습을 정복하고 부도덕한 경향과 싸우기 때문이라고 할 수 있다.

영국에서는 많은 사람이 열정적으로 자신의 종교적 신념을 실천하며 교회와 행사, 자선 활동을 조직한다. 반면, 라틴 국가에서는 가톨릭교회가 지배적이기 때문에 종교가 범죄를 억제하는 데 큰 역할을 하지 못한다. 이는 교회의 조직적 성격이 종교적 열정을 억누르기 때문이다. 가톨릭교회는 큰 제도적 기구로 각 개인이 특정한 위치와 규칙을 따라야 하는 체계이다. 반면, 개신교의 자유로운 교회들은 더 많은 자율성을 제공하여 종교적 열정을 발휘할 수 있다.

또 독일과 영국에서 볼 수 있는 필란트로피, 즉 사회적 문제를 해결하기 위한 자선 활동은 라틴 국가에서는 거의 나타나지 않는다. 자선 활동은 대부분 정부나 교회에 의해 관리되며 개인이 직접 개입하는 경우는 드물다. 이는 전통적인 자선 관리가 깊게 뿌리내려 있기 때문이다.

이처럼 오래된 종교가 도덕적 요소를 잃고 의례적 요소만

남게 되는 이유는 도덕적 감각이 시간에 따라 약해지기 때문이다. 따라서 종교가 새로운 형태로 나타나 도덕적 핵심이 강조될 때 범죄율을 줄이는 데 더 효과적이다. 결론적으로, 범죄를 방지할 수 있는 종교는 열정적이고 도덕적인 것이거나 새로 생겨난 것이며, 기존의 종교는 무신론만큼이나 도움이 되지 않을 수 있다.

10장

교육 • 사생아 • 고아

1. 사생아

범죄에 대한 교육의 영향은 범죄를 저지르는 사생아의 비율이 점점 더 증가하는 현상으로 간접적으로 증명된다.

프러시아에서는 1858년 사생아 범죄자는 전체 범죄자의 3%를 차지했으나 이는 6%로 증가했고 여성은 5%에서 8%로 늘어났다. 프랑스에서는 1864년 체포된 8,006명의 미성년자 중 60%가 사생아와 고아였으며 38%는 매춘부나 범죄자의 자녀였다. 오스트리아에서는 1873년 사생아 범죄자가 남성의 10%와 여성의 21%를 차지했다. 함부르크에서는 30%의 매춘부가 사생아에서 나왔으며, 파리에서는 도시 여성의 5분의 1, 농촌 여성의 8분의 1이 사생아였다. 뉴욕에서는 한 해에 534명의 사생아와 222명의 유기아가 체포되었다.

뉘른베르크에서는 1884-85년 사생아가 14.3%, 1885-86년 16.7%, 1886-87년 15.3%를 차지했으며, 일반 시민에서는 8.76%였다. 지하르트(Sichart 독일어권 성씨)는 3181명의 범죄자를 조사한 결과 사생아가 27%로 거의 두 배였으며 반복 범죄자의 경우 30.6%가 사생아였고, 우발적인 범죄자는 17.5%였다. 나폴리의 카모리스트 대부분이 '에스포지토(Esposito 이탈리아 성씨)'라는 성을 가지며, 롬바르디와 볼로냐의 강도들도 'Colombo(이탈리아 성씨)'라는 별명을 가진 것을 보면, 'trovatelli'(유기아)라는 별명이 사용된다. 이탈리아의 범죄 통계에 따르면 사생아는 남자 미성년자의 3-5%, 여자 미성년자의 7-9%를 차지한다. 또한, 이탈리아의 재범자 중 36%가 사생아와 유기아에 의해 발생했다. 이 통계의 중요성을 이해하기 위해서는 많은 사생아가 출생 후 첫 몇 개월 또는 18세전에 사망한다는 점을 기억해야 한다. 이들은 60%에서 종종 89%가 사망하며, 마르보(Marbeau, 프랑스 성씨)는 4명의 유기아 중 3명이 12세 전에 사망하고 나머지 1명이 범죄에 연루된다고 표현했다. 3,787명의 성인 정신 병원 환자와 1,059명의 Pavia 병원 환자를 조사한 결과 사생아 비율이 각각 1.5%와 2.7%였다. Pavia의 사생아 사망률은 다른 나라들보다 동등한 나이와 조건에서 더 높았고, 사생아는 정신병 환자보다

20배 더 범죄를 저질렀다. 따라서, 대부분의 유기아가 사망을 면한 후 범죄에 빠지게 된다는 것을 확실히 할 수 있다. 이는 유전적 영향과 생계유지의 어려움, 그리고 유기 때문일 수 있다. 이름이 없어 도덕적 제약이 없고 애정과 희생으로 양육되지 않는 유기아들은 쉽게 범죄의 길로 빠질 수 있다. 또한, 악의적인 경향이 없는 경우에도 모방에 의해 범죄에 연루될 수 있으며, 고아원이나 유아원에서의 접촉이 많아지면서 범죄율이 증가할 수 있다.

2. 고아

버림받은 것과 교육의 결핍이 큰 영향을 미친다는 점은 많은 통계에서 고아와 이복 자녀가 교도소에 많이 수감되어 있다는 사실로 입증된다. 이탈리아에서는 1871-72년 사이에 8%에서 13%의 사생아가 범죄자로 분류되었다. Barce는 뉴욕에서 1,542명의 고아와 504명의 이복 자녀가 체포되었으며, 교도소 수감자 중 55%가 부모가 없는 고아였고, 60%는 부모 중 한 명을 잃거나 이별한 아이들이었다고 보고했다. Marbeau에 따르면 100명의 미성년자 수감자 중 15명이 어머니에게 버림받았다고 한다. 하지만 통계학자들이 이 사실의 범위를 과장하는 경향이 있다. 그들은 정직한 인구와의 비교를 생략하거나 평균 연령이 32세를 넘지 않기 때문에 성인 범죄자 중에서는 양 부모가 살아있는 경우가 드물다는 점을 고려하지 않는다.

이탈리아에서는 10년 동안 범죄자 중 33%에서 35%가 고아였지만 내 연구에서는 580명의 정신질환자 중 47%가 고아였고, 1,059명의 Pavia 병원 환자 중 78%가 고아였다. 따라서, 범죄자로서의 고아 비율은 일반적으로 볼 때 낮을 수 있다. 더 중요한 것은 미성년자 중 8%에서 12%가 고아라는 점이다. 이는 자유 인구에서 고아의 비율이 훨씬 낮기 때문일 것이다. 미성년자 범죄자 중 23%에서 30%가 부모를 잃거나 이별한 경우였다. 확실하게 알 수 있는 것은 고아와 유기아 중 여성 범죄자가 남성보다 많다는 점이다. 특히 유기아 중에서 그러하다. 이는 매춘과 같은 범죄 외에도 마찬가지이다. 외팅겐(Oettingen 독일 바이에른 주의 지역)은 흥미롭게도 5명의 범죄자 중 1명의 여성이 범죄자이고 3명의 유기아 범죄자 중 1명의 남성이 범죄자라고 계산했다.

3. 교육

여성은 남성보다 약하고 정서적으로 더 민감하기 때문에 가족의 지원과 억제의 도움이 더 필요하다. 여성은 항상 개방적이고 유혹적인 매춘의 길로 쉽게 벗어날 수 있다. 여기에 유전적 영향이 크게 작용하며, 성적 일탈을 겪은 부모의 자녀는 더 쉽게 범죄에 연루될 가능성이 있다. 범죄자 중 유기아의 빈도가 높다는 것은 도시 지역에서 미성년자 범죄자가 많은 이유를 설명해준다. 이는 유기와 교육 부족의 영향을 측정해준다. 악덕 친척으로부터 버림받는 것보다 악성 교육이 더 큰 영향을 미치는 것은 자연스럽다. 지하르트(Sichart 독일어권 성씨)는 36%, Marro는 90%가 병적인 유전성을 가지고 있으며 6.7%가 간질환자, 4.3%가 자살자, 16%가 알콜 중독자 6.7%가 정신병자라고 보고했다. 가장 심각한 범죄자들의 친척들 중에서는 27%가 알콜 중독자, 41%가 알콜 중독자, 27%가 범죄자나 악덕자, 45%가 범죄자나 악덕자라고 보고되었다. 불행한 소년이 악을 방어할 수 있을까, 그 악이 장밋빛 색깔로 표현되거나 더 나쁘게는 권위와 본보기를 통해 가족이나 교육자에게 강요된다면? V(약칭)는 도둑의 여동생이었고 남자처럼 교육받아 남자처럼 행동하며 칼을 힘차게 다루었으며 도로에서 망토를 훔쳐 체포된 후 자신의 친척을 범죄에 연루시켰다. 코르누(Cornu 프랑스어권 성씨) 가족은 살인과 도둑질로 가득한 가족이었으며, 가장 어린 동생만이 범죄에 대한 강한 반감을 보였으나 그녀도 결국 범죄의 길로 빠졌다. Crocco는 3살 때부터 동료들에게 돌을 던지고 새를 잡았으며, 아버지는 그를 숲속에서 거의 혼자 방치했다. 프레지에

(Fregier 프랑스어권 성씨)는 3살 때 자물쇠의 밀랍 인상을 찍는 기술을 가진 아이가 아버지 도둑의 자랑이 되었다고 한다. 비독(Vidocq 프랑스어권 성씨)는 살인자의 아내들이 남편보다 더 위험하며 범죄를 저지른 아이들에게 상을 주며 범죄를 부추긴다고 썼다. 우리는 다음 장에서 범죄자의 부모와 가정의 도덕적 결핍에 대해 대략적인 비율을 살펴보게 될 것이다. 유전적인 요인과 교육의 영향은 떼려야 뗄 수 없는 관계이다. 여기서도 버림받은 경우와 마찬가지로 여성들이 이러한 영향을 더 많이 받는 경향이 보인다. 이는 여성들이 매춘과 같은 범죄에 더 쉽게 연루되며 범죄에 대한 집착이 더 강하기 때문이다.

교육의 영향력이 미미하다고 여길 수도 있지만, 위에서 언급한 유기아 비율을 고려해야 한다. 많은 범죄가 자발적으로 발생하며 불행한 사람들은 가족의 노력에도 불구하고 범죄적인 성향을 유지한다. 1871-72년의 미성년 범죄자들 중 84%의 남성과 60%의 여성은 도덕적인 가족에서 자랐다. 이러한 모순은 도덕적인 부모들이 자녀에게 권위를 행사하려 할 때 그들이 힘을 잃는 경우에서 기인한다. 공식 보고서에 따르면, 부유한 가정의 20%에서 자녀를 개조 기관에 보내지만 효과가 미비하다는 사례가 있다. 이와 관련하여 아동 단체의 부정적인 영향을 살펴볼 것이다.

유전

1. 질병과 유전

공식적인 조사 방법이 부족하고, 범죄자들의 주장에 의존해야 했기에 최악의 상황에서 조사했다. 비르질리오(Virgilio 라틴어)는 보다 유리한 조건에서 범죄자의 친척 중 26.80%가 범죄적 경향을 보였다고 발견했다. 특히 알코올 중독은 21.77%로 가장 두드러졌으며 주로 아버지 쪽에서 나타났다. 이 통계는 6%의 친척도 포함된다.

Penta는 산 스테파노(S. Stefano 이탈리아의 지역)의 184명의 범죄자 중에서, 단 4~5%의 부모만이 완전히 건강했다고 보고했다. 이후, 447명의 사례를 두 개의 시리즈로 나누어 유전적 질환에 대한 새로운 통계를 제공했다. Marro는 230명의 범죄자의 부모와 100명의 일반인의 사망 원인을 비교하였다. 알코올 중독, 자살, 정신 질환, 뇌 질환 등으로 인한 사망률을 합산했을 때 범죄자의 부모는 32.1%로 일반인 부모의 16.1%에 비해 약 두 배 높은 비율을 보였다.

범죄자의 형제자매 중 범죄에 연루된 경우도 많은데 Marro는 500명의 범죄자 중 68명이 범죄를 저지른 형제자매를 가지고 있었다고 보고했다. 이들 중 41%는 아버지가 알코올 중독자였고, 5%는 어머니가 알코올 중독자였다. 일반인에 비해 범죄자의 부모 중 알코올 중독자는 16%로 상대적으로 많았다.

Sichart는 뷔르템베르크(Wurtemberg)[17]의 교도소에서 3,881명의 절도와 사기 범죄자를 조사하여 유전적 영향을 분석하였다. 알코올 중독, 정신 질환, 간질, 자살 등으로 인한 유전적 영향이 범죄자의 경우 71%에 달하는 것으로 나타났으며 절도범은 55%, 성욕 범죄자는 43%, 사기범은 37%였다.

Marro와 Sichart는 3,000명의 범죄자의 비열한 친척 비율을 비교했으며 절도범과 사기범에게 가장 높은 비율을 보였다. 프랑스 메테레이(Mettray)의 3,580명의 미성년 범죄자 중 707명이 범죄자 부모의 자녀였고, 308명이 동거 상태에서 태어난 자녀였다.

미국 중남부에 위치한 도시(Elmira)의 교도소에서는 13.7%의 범죄자가 정신병적이거나 간질이 있는 친척을 가지고 있

*17) 이는 독일의 역사적인 지역이자 공국(후에 왕국)으로, 현재의 독일 바덴-뷔르템베르크 주의 일부를 형성한다. Wurtemberg는 역사적으로 중요한 지역으로, 독일 남서부에 위치해 있다.

었고 38.7%는 알코올 중독자인 친척이 있었다. 1871-72년의 통계에 따르면, 2,800명의 미성년 범죄자 중 3%의 부모가 감옥에 있었으며 아버지의 범죄 영향이 더 컸다.

Thompson은 109명의 범죄자 중 50명이 범죄자 가족과 관련이 있었고 8명은 같은 가족의 여러 명이 재범을 저지른 경우였다. Mayhew는 175명의 범죄자 중 10명이 아버지가, 6명이 어머니가 범죄자였으며, 53명이 형제자매가 범죄자였다고 보고했다.

Parent-D.는 5,583명의 매춘부 중 252명이 자매, 16명이 모녀, 22명이 사촌, 4명이 이모와 조카 사이였다고 밝혔다.

Pavia에서는 한 범죄자의 경우 12세에 살인을 저지르고 6회 절도로 감옥에 갇힌 사람의 가족이 범죄와 관련이 있었으며 2명의 형제는 절도범, 어머니는 유지비를 받는 여성, 2명의 자매는 매춘부였다.

Harvis는 Hudson에서 범죄자들 중 많은 수가 동일한 성씨를 가지고 있다는 점을 발견하였고,기록을 조사한 결과, 900명의 후손 중 200명이 범죄자였고 200명이 정신병자 또는 방랑자였다고 밝혔다.

Despine은 Lemaire와 Chretien의 가계를 연구하여 범죄의 유전성을 그래픽으로 요약하였으며, Fieschi 가족도 범죄가 유전되는 사례로 언급되었다.

Straham은 한 범죄 가족의 역사를 조사하여 834명의 후손 중 709명이 비교적 정확한 역사 기록이 있었고 이 중 106명이 불법 자녀, 164명이 매춘부, 17명이 포주, 142명이 구걸꾼, 64명이 만성 질환으로 입원한 환자였으며 76명이 범죄를 저지르고 총 166년의 징역형을 선고받았다. Aubry는 범죄 가족에 대한 흥미로운 연구를 제공하였다.

2. Juke 가문의 유전적 소질

범죄의 유전성과 정신 질환 및 매춘과의 관계에 대한 가장 중요한 증거는 미국에서 범죄의 상징이 된 Juke 가문[18]에 관한 특이한 연구에서 제공된다. 이 불행한 가문의 조상들은 1740년에 태어난 도둑이자 술꾼인 아다 얄크스와 1720년경에 태어난 사냥꾼이자 낚시꾼, 술꾼인 맥스 주크이다. 주크는 늙어서 시각 장애인이 되었고, 합법적 자손 540명과 불법 자손 169명을 남겼다. 이 모든 파생 관계는 현재까지 추적되지 않았으나 7세대 동안 다음과 같은 요약된 정보를 제공한다. 이는 매춘, 범죄, 질병 간의 독특한 연결을 확인할 수 있다. 유전적 원인으로 인해 범죄자는 2세대에서 29명, 4세대에서 60명, 5세대에서 80명으로 증가하며, 매춘부는 14명에서 35명, 80명으로 증가하고, 방랑자는 11명에서 56명, 74명으로 증가한다. 6세대와 7세대에서도 감소하지

*18)
"Juke 가문"은 유전학과 범죄학 연구에서 자주 언급되는 가문으로, 19세기 말 미국에서 범죄 성향이 유전된다는 가설을 뒷받침하기 위해 연구된 사례다.

앓았다. 3세대는 9명에서 5세대의 22명으로 증가, 마지막에는 300명의 조기 사망 아동으로 이어진다.

3. 유전적 범죄와 정신 질환의 영향

범죄의 유전적 영향은 인류 역사에 흔적을 남겼다. 세자르 가문의 역사가 이를 입증한다. 동양 역사에서는 유아 살해가 아버지 살해 직후에 일어나며 손자가 조부의 살해를 복수하는 경우가 있다. 코스루와 마스탄프저는 아버지 살해자이며 자녀들에게 살해당했고, 하산 II는 아들 모하메드에 의해 살해되었고, 모하메드는 다시 아들에 의해 독살되었다. 교황 요한 XI와 XII, 베네딕토 IX는 궁녀의 자식으로서 성체의 성직, 강간, 살인을 가져왔다. 방탕한 포페아는 더 방탕한 어머니의 딸이며, 메살리나의 어머니는 형과 근친상간을 했다는 혐의를 받았다.

정신 질환의 유전적 연관성에는 범죄자의 친척 중 상당수는 정신 질환에 시달리고 있다. 314명의 범죄자 중 7명은 아버지가 정신질환을 앓았고 2명은 간질을 앓았으며, 3명은 형제, 4명은 어머니, 4명은 삼촌이 정신 질환을 앓았다. 또 1명은 사촌이 있었고 2명의 아버지와 2명의 삼촌은 정신지체를 가지며, 1명은 형제와 아버지가 발작을 경험했고 2명은 음주 문제를 가지고 있었다. 다른 100명의 범죄자 중 5명은 어머니가, 3명은 아버지가, 6명은 형제가 정신 질환을 앓았으며 4명은 형제가 간질을 앓았다. 파비아에서 치료한 한 가족의 유전적 계보는 세대마다 정신 질환자와 범죄자, 매춘부가 번갈아 나타나는 것을 보여주었다.

모에리는 67명의 정신 질환을 가진 도둑의 친척 중 41명에게서 정신 질환과 간질을 발견했으며 15%는 자살과 범죄, 21%는 형제에서 정신 질환, 23%는 친척에서 정신 질환과 간질을 보였다. 코크는 불확실한 사례를 제외하고 자신의 범죄자 중 46%가 병적 유전적 영향을 받았다고 발견했다.

의사 버질리오는 266명의 수형자 중 10명이 정신질환을 앓고 13명이 간질을 앓았으며 부모 중 12%에서 정신 질환을 발견했다. 여기서 아버지의 비율이 8.8%로 우세했으며 간질의 비율은 14.1%로 더 높았다.

펜타 박사는 범죄자 중 16%에서 정신 질환을 발견했다. 엘미라에서는 1886년부터 1890년까지 6,800명의 범죄자 중 부모가 정신 질환자와 간질환자가 13명에서 127명까지 있었다.

정신 질환의 유전적 영향을 다룬 결과, 정신 질환자들은 거의 범죄자와 비슷한 조건에 있으며 특히 남성에서는 아버지에게서 더 빈번히 발견되지만, 이는 상대적으로 낮은 비율로 나타난다. 따라서 법의학적으로는 부모의 정신 질환은 범죄자들에서 훨씬 덜 발견된다. 비율을 보면, 버질리오의 연구에서는 12%가 넘지 않았으며 3,115명의 정신 질환자 중 티게스는 28%, 스튜어트는 49%, 골지는 53%였다. 질만은 결핵이 유행하는 지역에서는 종종 무직, 논쟁, 잔인한 범죄가 발생하며, 여성에서 남성보다 5배 더 많이 발생한다고 발견했다. 간질과 다른 신경증의 유전적 영향을 고려하면, 골지박사(Golgi, Camillo)는 78%에 도달한다고 결론지었다.

1) 발작병과 친척

크네히트는 400명의 범죄자의 친척 중 60명이 발작 병을 앓고 있음을 발견했다. 브랑칼레오네 리바우도는 559명의 병역 범죄자 중 10.1%의 부모에게 발작병이 있었음을 발견했다. 펜타는 184명의 출생 범죄자 중 9.2%에서 발작병을 발견했다. 클락은 발작병을 앓는 범죄자의 46%의 친척에서 발작병을 확인할 수 있었고 발작병을 앓지 않는 범죄자들의 경우는 21%였음을 확인했다. 드제리네는 발작병을 앓는 범죄자들의 74.6%에서 친척의 발작병을 확인할 수 있었으며 발작병을 앓지 않는 범죄자들의 경우는 34.6%에서 확인할 수 있었고 정신병은 16.5%에서 발견되었다.

2) 알코올 중독의 유전

펜타는 주요 범죄자들의 부모에서 27%와 33%의 알코올 중독을 발견했으며 나는 20%를 발견했다. 엘미라에서는 6,500명의 범죄자 중 부모의 알코올 중독 비율이 37.5%에서 38.4%에 이르렀다. 레그랭은 50개의 알코올 중독 가정과 157명의 후손을 분석한 결과다.

레그랭은 유전적인 알코올 중독에서 첫 번째 특성으로 조기 발병을 관찰했으며 4세 아동의 알코올 중독자도 발견되었다. 또 다른 특성은 알코올에 대한 특별한 취약성으로 7년 동안 음주를 해도 문제를 일으키지 않는 아버지에 비해 아들은 이틀 만에 정신병을 경험할 수 있음을 보았다. 알코올 중독자는 점점 더 강한 음료를 필요로 하는 경향이 있으며 이러한 경향은 범죄자들에서 자주 발견된다. 마로는 범죄자들의 친척 나이에 대해 연구했다. 그의 조사에 따르면 범죄자의 부모는 일반적으로 장수하는 경향을 보이며 이는 볼이 일반 마비 환자와 음주병 환자의 부모에서 발견한 것과 유사하다. 이로 인해 범죄자의 부모는 정상적인 수명 이상으로 장수할 가능성이 높다고 생각된다. 또한 부모의 나이에 대한 연구에서 부모의 나이와 범죄자의 경향에 관한 결과는 더욱 의미가 있었다. 그는 재산 범죄를 저지른 자들의 경우 대부분 부모가 젊은 자식들에서 나오는 반면, 사기범의 경우 젊은 아버지의 자식은 드물다는 것을 발견했다. 사기는 신체적 힘, 민첩성, 능숙함, 폭력보다는 기만과 이중성을 요구하기 때문이다. 따라서 이러한 특성은 주로 노인의 특성으로 간주된다. 그러나 사기범의 경우 노년의 부모 비율이 37%에 그쳤고 폭력 범죄를 저지른 자들의 노년 부모 비율이 더 높았다. 살인자들의 경우 부모가 노인일 확률이 52.9%로 다른 모든 범죄 범주보다 현저히 높았다. 이 비율은 아버지와 어머니 모두에서 높았으며 정상인에서는 17%에 불과했다. 젊은 아버지의 자식은 비율이 3% 이하로 낮았다. 폭력 범죄를 저지른 자들 중에서도 노년의 아버지 비율은 40%로 상당히 높았다. 그러나 젊은 부모의 자식 비율도 13.5%로 정상인보다 높았다. 이는 간단한 폭력이나 반란이 감정 부족이나 지나치게 활발한 성격에 영향을 받을 수 있음을 시사한다. 강간범의 경우 노년의 아버지 비율이 30%로 낮았으나, 노년의 어머니 비율은 상대적으로 높았다. 특히 마로는 어머니의 나이도 연구하였다. 남성과 같은 기준을 적용하여 미성숙을 21세 이하 노쇠를 37세 이상으로 설정하였고 다음과 같은 결과를 얻었다. 정상인, 범죄자나 정신병자들의 어머니의 나이 분포는 각기 다른 시기에 따라 다르게 나타났다.

법칙은 아버지와 어머니 모두에서 관찰되었으며 특히 살인범과 강간범에서 노년의 어머니 비율이 두드러졌다. 이는 이러한 범죄에서 노년의 아버지 비율이 두드러지지 않는 것과 일부 일치한다. 도둑과 폭력범의 경우 젊은 어머니 비율이 상대적으로 높았으며 강도 범죄자들에서도 젊은 아버지 비율이 강세를 보였다.

3) 학교에서의 행동

마로는 부모의 나이와 학교에서의 행동을 비교하였다. 917명의 학생을 조사한 결과 아버지가 26세 이하로 젊을 때 학생들의 나쁜 행동 비율이 가장 높고 좋은 행동 비율이 가장 낮았다.

어머니의 나이에 따른 학교에서의 행동 결과는 다음과 같았다.

젊은 어머니에게서 태어난 자식들은 가장 좋은 행동을 보였으며, 어머니의 나이가 많아질수록 좋은 행동 비율이 감소했다. 나쁜 행동 비율에서는 어머니의 나이에 따라 큰 차이가 없었지만, 도덕적으로 부정적인 행동이 많았던 학생들은 다음과 같은 비율로 나누어졌다. 젊은 어머니에게서 태어난 자식은 4.4%, 중년 어머니에게서 태어난 자식은 6.4%, 노쇠기 어머니에게서 태어난 자식은 9.1%. 이러한 유전에 따라 부모의 나이와 범죄자의 특성을 보면 부모가 모두 같은 발달 단계에 있는 경우를 고려하는 것도 중요하다. 마로는 학교에서의 행동과 지능 수준을 연구하였으며 부모가 모두 미성숙, 완전 발달 또는 노쇠의 상태에 있을 때의 결과를 다음과 같이 제시하였다. 여기에는 미성숙 단계: 부모가 모두 미성숙일 때 학교에서의 나쁜 행동 비율이 가장 높고 좋은 행동 비율은 가장 낮다. 또 완전 발달 단계: 부모가 모두 완전 발달 상태일 때 좋은 행동 비율이 가장 높고 나쁜 행동 비율이 가장 낮다. 노

쇠 단계: 부모가 모두 노쇠일 때 좋은 행동 비율은 이전 단계보다 낮고 좋은 지능 비율도 낮다.

4) 범죄자와 정상인의 비교

범죄자와 정상인을 비교했을 때 부모의 나이가 같은 결혼 비율은 범죄자에서는 63%에 불과했으며 학교에서의 행동 연구에서는 70%에 달했다. 이로 인해, 범죄자에서는 같은 발달 단계에 있는 부모의 비율이 상대적으로 낮았다. 범죄자 중에서 살인자, 강간범, 방화범의 경우 두 부모가 모두 미성숙 상태인 경우는 전혀 발견되지 않았으며 이 범주에서는 노쇠한 부모가 가장 많이 나타났다. 반면, 도둑과 게으른 사람들은 부모가 미성숙하거나 완전 발달한 경우가 많았다. 여기에는 부모의 나이와 지능에 따라 부모가 모두 젊을 때는 지능적인 행동이 적고 나쁜 행동이 많았다. 반면, 부모가 모두 성숙했을 때는 지능적인 행동이 많고 나쁜 행동이 적었다. 부모가 모두 노쇠할 때는 지능적인 행동이 적고 나쁜 행동이 많았다.

마로와 시카르트의 유전 연구 결과에 따르면 부모의 간질은 도둑들에게 자살 경향은 방화범들에게, 알콜 중독은 성욕과 도둑들에게 정신병은 방화범들에게 주로 나타났다. 그러나 시카르트는 중범죄인 살인범을 고려하지 않았으며 사기범, 위조범, 거짓말쟁이들은 신경병 유전의 영향을 적게 받았다. 부모의 유전적 영향을 비교했을 때 아버지의 유전적 영향이 어머니보다 더 크다는 것이 관찰되었다. 특히 범죄에서는 아버지의 유전적 영향이 더 두드러졌다.

결론은 오르찬스키는 유전이 부모의 기능에 따라 결정된다고 설명하였다. 유전적 특성은 부모의 에너지 상태와 일반적인 발달 단계에 따라 결정되며 자식들은 부모가 성숙할 때 더 많은 영향을 받는다. 일반적으로 남자 아이들은 아버지를, 여자 아이들은 어머니를 더 닮는 경향이 있다. 또한, 남자들은 구조적으로 더 변동성이 크고, 여자들은 뼈 구조에 더 안정적이다.

유전적 질병과 성적 특징을 보면 결핵이나 매독, 알코올 중독, 정신 질환 또는 다른 신경증에 걸린 가족에 대한 연구를 확장하였다. 그 연구 결과, 병에 걸린 부모, 특히 아버지가 자녀에게 병을 유전할 가능성이 더 높았으며 자녀가 병에 걸린 경우가 많았다. 특히 신경증 환자 부모의 경우 이 경향이 두드러졌다. 그러나 결핵 환자 부모는 반대의 경향을 보였다. 알코올 중독 부모에 대해서는 확실한 결론을 내리기 어려웠다. 신경증 환자를 유기적 질환자와 기능적 질환자로 나누어 연구한 결과 신경증을 가진 아버지로부터 태어난 자녀는 기능적 신경증만을 보였다. 따라서 유전적 질병은 아버지에서는 진행적이고 어머니에서는 퇴행적이다. 아버지의 질병 상태는 자녀, 특히 딸들에게서 강화되는 경향이 있으며 어머니의 경우는 약화된다.

가족 내에서의 유사성은 일반적으로 아버지를 따르는 경향이 있으며 특히 건강한 아들들에서 두드러진다. 반면, 질병에 걸린 자녀는 유전된 경향을 더 충실히 따른다.

5) 유전적 질병의 요인

유전적 질병은 두 가지 주요 요인, 즉 병에 걸린 부모의 성별과 질병의 강도에 따라 달라진다. 남성은 양부모에게서 유전적 질병을 더 많이 물려받으며 기능적 유전적 질병을 유기적 질병으로 변화시키는 경향이 있다. 반면, 여성은 그 반대의 경향을 보인다. 자녀가 질병 상태를 흡수하는 정도, 즉 유전적 유산의 수동적 역할은 성별과 관련이 있으며, 각 성별에 따라 특성이 다르다. 유전의 발현에 따른 유기체의 발달 유형은 유전적으로 정해져 있으며 성적 특성도 여기에 포함된다. 자녀는 유전적 특성을 수용하는 데 중요한 역할을 하며 유전적 특성이 특정 시점에서 일시에 발현되지 않고 발달 과정 전반에 걸쳐 점진적으로 나타난다. 유전되는 특성, 성별, 체질 등은 유전의 일반 법칙을 따르며 특정 기관의 발현은 해당 기관의 발달 과정에 따라 최적의 발달 단계에서 최대치를 이룬다. 내부 조건과 외부 요인은 유전 발현에 영향을 미치는 내부 조건 중 하나는 유기체의 기능이다. 외부 요인은 모든 내부 요인으로 축소될 가능성이 있다. 아버지의 영향은 변동성과 개성을 촉진하는 반면, 어머니의 영향은 평균형을 보존하려고 한다. 성별 분포에서 주기성이 나타나며 이는 성의 균형을 맞추려는 경향을 보인다. 유전적 질병에서도 어머니는 항상 질병을 완화시키며 아버지의 질병을 줄이고자 한다. 자녀는 유전적 역할을 성별에 따라 구별하여 수행한다. 이는 범죄와 퇴행에 따른 모든 신경증 중에서 범죄적 신경증이 가장 퇴행적이며, 퇴행적 특성을 가장 잘 나타낸다. Juke 가족의 특성에서 볼 수 있듯이 높은 출산율과 높은 유아 사망률, 그리고 완전한 불임이 특징이다. 이는 괴물의 후손이나 서로 맞지 않는 종 간의 교배에서 관찰되는 것과 유사하다. 펜타(Penta) 박사는 대부분의 주요 신체적 이상을 관찰하며 불필요한 출산율을 지적하였다.

12장

연령

1. 조숙함

범죄에 대한 나이의 영향은 구체적인 차이를 제공하는 몇 안 되는 요소 중 하나로 정신병자, 범죄자, 건강한 사람들 각각의 인구수가 거의 동일하게 나타나며 범죄자 수는 20세에서 30세 사이가 가장 많고 이 시기에 자유인과 정신병자는 상대적으로 적다. 정신병자는 40세 이후에 상당한 비율을 차지하는 반면 범죄자는 40세 이후에는 비율이 낮아지며, 50세 이하에서는 절반 이하로 줄어든다. 더 자세히 살펴보면 범죄의 최대치는 15세에서 25세 사이에 나타난다. 영국에서는 12세에서 21세 사이의 범죄자가 감소하고 있으며 이 시기 범죄자의 비율은 22대 45로 나타난다. 50세 이

하에서는 23.5대 24.8로 차이가 있다.

오스트리아에서는 범죄자의 1/6이 14세에서 20세 사이에 있으며 4/6은 21세에서 40세 사이에 있다. 반면, 정직한 인구의 경우 이 연령대에 거의 도달하지 못한다.

프랑스에서 1,477명의 사형수 중 이탈리아의 범죄자들은 2세에서 10세 사이에 35%가 음주를 했고 그중 8세 이전에 5명이 있었으며 25%는 독주를 했다. 21명 중 6명은 6세 이전에 자위행위를 했고, 14세 이전에 21명 중 13명이 성행위를 했다는 것은 그들의 조기 악습을 보여준다. Marro는 462명의 범죄자 중 86명이 15세에 이미 범죄를 저질렀고, 11세 이전에 범죄를 저지른 사람도 9명 있었다고 하였다. 따라서 전체의 18.6%가 16세 이전에 범죄를 저질렀고 교도소에 수감된 인원은 21.7%였다. 이러한 조기 범죄는 정신병보다 훨씬 더 두드러지며 이는 범죄가 정신병보다 유전적 원인에 의해 발생한다는 또 다른 증거이다. 또 조기 범죄는 원시인의 특성 중 하나라는 점에서 범죄의 원시적 기원을 보여준다.

Vanica에서는 성년이 된 젊은이들이 벌거벗고 숲속에서 남을 죽일 때까지 나오지 않는다고 하였다. 이와 유사하게 최근 나폴리에서는 많은 젊은이 15세부터 불량한 삶을 살고 권총과 막대기를 들고 부모와 경찰을 대하고 범죄를 자랑하는 어린이 범죄 집단이 형성되었다. 이러한 범죄 집단의 자랑은 누군가를 다치게 하거나 죽이는 것이다. 이러한 현상은 "오메르타(omertà 침묵의 규율)"라는 시칠리아어에서 나타난다. 이 단어는 동시에 남성성과 범죄성을 의미한다.

2. 청소년기와 범죄 성향

청소년기의 끝자락에는 범죄에 대한 본능적인 경향이 존재하며 이는 미성숙한 마음에서는 성년의 증거로 여겨진다. 이는 마젤로가 그의 소설에서 잘 표현한 바 있다. "제르바소는 범죄와 관련된 일을 하면서 자신이 다른 사람들처럼 성숙한 사람이 되었다고 생각했다."

Marra는 정직한 사람들을 대상으로 청소년기의 원시적 충동이 재발하는 현상을 연구하였다. 6세에서 10세 사이의 917명의 학생을 조사한 결과, 좋은 행동은 48.3%, 평균적인 행동은 33.3%, 나쁜 행동은 18.2%로 나타났다. 11세에서 18세 사이의 3012명을 조사한 결과, 좋은 행동은 64%, 평균적인 행동은 46%, 나쁜 행동은 9.2%로 나타났다.

연령별로 구분하면 다음과 같은 결과를 얻었다.

> 11세에서 13세 사이에는 첫 번째 악화가 있으며 이 시기에 도덕적 미친 행동의 비율이 증가하고, 16세에서 17세 사이에는 두 번째 악화가 나타나며 나쁜 행동의 비율이

두 번째로 높고 좋은 행동의 비율이 두 번째로 낮아진다. 총범죄자의 10%는 12세 이전에 범죄를 저지르게 된 이유를 동료들로부터의 유도와 교육 때문이라고 솔직히 고백했다.

3. 범죄의 단계적 진화

한 사례에서는 범죄의 진화가 실제로 있었음을 확인할 수 있었다. 한 소년이 처음에는 4전으로 팽이를 사던 것에서 시작하여 점차 8전, 1프랑, 3프랑으로 증가시켰다. 그러나 일반적으로 범죄의 단계적 진화는 허구적이며 범죄자들은 살인과 강간과 같은 극단적인 범죄로 범죄를 시작한다. 극악무도한 범죄는 종종 가장 조기에 발생한다. 밀라노에서는 82개의 상처를 입은 노인이 발견되었는데 그가 끔찍한 복수의 희생자로 여겨졌으나 조사 결과 15세에서 19세 사이의 5명의 젊은이가 그를 죽이기 위해 협력한 것으로 밝혀졌다. 그들은 노인을 약탈하고 그 돈으로 유흥을 즐기려 했다. 대형 범죄자들은 대부분 청소년기에 범죄를 저지르기 시작하며 특히 사춘기 발달 시기에 이러한 경향이 두드러진다.

부세니(Bousegni)는 18세, Boulot은 17세에 범죄를 저지르기 시작했으며, 라 브랑빌리에(La Brinvilliers)[19]는 18세, 돔비

*19) 그녀는 17세기 프랑스의 귀족이자 악명 높은 독살범으로, 가족 구성원들을 독살한 혐의로 재판을 받고 1676년에 처형되었다. 그녀의 사건은 당시 프랑스에서 큰 스캔들을 일으켰으며, 파리에서 독살에 대한 공포와 관심을 불러일으켰다.

Dombey는 7세 반에 도둑질을 했고 12세에는 도둑질과 신성 모독을 했다. 살바토레 비(Salvatore B)는 9세에 도둑질과 강간을 시도했다고 고백했다. 카르미네 크로코(Carmine Crocco, 19세기 이탈리아의 유명한 산적 두목)는 3세에 새를 잡았고, 라자냐(Lasagna)는 11세에 소의 혀를 잘라서 나무에 못을 박았다. 베르제니(Verzeni 19세기 이탈리아 여니쇄 살인범)는 17세에 살인과 강간을 했으며 Cartouche는 11세에 동급생들을 강탈했다. 르메르(Lemaire)는 19세에 범죄를 계획하고 실행하는 데 있어서 아비안(Avinain)보다 더 뛰어난 능력을 보였다. 라파르그(Lafargue)는 10세에 닭을 목졸랐다. 포이어바흐(Feuerbach)는 어린 시절에 닭을 눈멀게 하는 것을 즐겼던 살인자를 묘사했다.

로카텔리(Locatelli)는 도둑질의 경향이 가장 어린 나이에서 나타나며 집에서의 작은 도둑질로 시작하여 점점 확대된다고 설명했다. 반면 살인자는 갑자기 범죄를 저지르며 매우 어린 나이에도 그렇다. 따라서 사춘기 이전의 살인자를 발견하기는 쉽지만, 신참 도둑을 발견하기는 어렵다.

파리의 교도소에는 16세에서 21세 사이의 2,000명 이상의 미성년자가 수감되어 있으며 그 중 996명이 살인과 도둑질로 수감되었고 그중 절반은 16세 이하이다. 이러한 젊은 범죄자들은 끔찍한 잔혹함으로 범죄를 저지르고 있으며 Maillot과 Gille은 후원자를 죽이고 손가락을 물어내어 반지를 훔쳤다. 이 단체의 가장 어린 구성원은 15세, 가장 나이가 많은 구성원은 18세였으며 이들 중 하나는 막 성년이 된 소녀가 있었다.

빈센트(Vincent)는 22세까지 매우 정직했으나 22세에 동료의 시계를 보고 그를 유인하여 살해한 후 다시 주사위 게임으로 돌아갔다. Pipino, Bagnis, Quarteri, Verzeni, Moro, Prevost는 살인으로 범죄를 시작했으며, Prevost는 21년 동안 완벽한 경비원으로 근무했다. Martin은 자신의 아내를 살해했지만, 항상 정직했다. Carlo IX는 어린 시절부터 잔인한 왕이었다.

4. 범죄와 연령, 성별

범죄는 연령대에 따라 특정한 경향을 보인다. Quetelet, Guerry, Messedaglia는 각(살인자들) 연령대가 가진 범죄적 특성을 잘 보여주었다. 젊은 시기와 노년기에는 범죄가 두드러진다. 예를 들어 오스트리아에서는 젊은이와 노인에서 범죄율이 가장 높으며 33%에 달한다고 한다. Guerry는 16세에서 25세, 그리고 65세에서 70세 사이에서 범죄율이 가장 높다고 보고했다. 영국에서는 50세에서 60세 사이에 비정상적인 범죄가 가장 많다. 이는 노년기에는 치매와 같은 정신적 장애가 발생할 수 있고 이로 인해 범죄와 착

각될 수 있기 때문이다.

청소년기의 또 다른 경향으로는 방화가 있다. 오스트리아에서는 30.8%의 방화 범죄율을 보였다. 청소년들은 방화와 같은 충동적인 범죄를 자주 저지르며 도둑질도 마찬가지로 관찰된다. Quetelet은 도둑질이 가장 먼저 나타나는 범죄이지만 모든 연령대에서 공통적으로 발생한다고 설명했다.

성년기에는 살인, 유아 살해, 낙태, 도난 등과 같은 범죄가 두드러지며 이는 78%에서 82%에 해당한다. (오스트리아) 성숙기에는 명예 훼손, 사기, 불성실, 강탈, 범죄자에게 도움을 주는 범죄가 증가한다. 노년기에는 성적 욕망과 함께 범죄자가 되는 경향과 불성실, 사기, 방화 및 수탁물 절도가 나타난다.

프랑스에서 1826년부터 1840년까지의 통계는 연령에 따른 범죄의 분포를 잘 보여준다.

이탈리아의 통계에서 Marro는 500명의 범죄자가 범죄를 시작한 연령대를 분석했다. 이 연구에 따르면, 재산에 대한 적대적인 경향은 주로 도둑질의 형태로 나타나며 이는 삶의 거의 전반에 걸쳐 지속된다. 그러나 나이가 들면서 이러한 경향은 사기의 형태로 변화한다. 사람에 대한 적대적인 경향은 처음에는 강도와 같은 형태로 나타나며 점차 상해, 반란, 살인으로 발전하고 노년에 들어서는 아동에 대한 성범죄로 나타날 수 있다.

범죄의 최고 조기 발생은 도둑질에서 나타나며, 이어서 강도, 상해, 살인, 사기 순으로 진행된다. 성적 범죄는 가장 늦게 나타나며 노인성 치매와 관련이 있다.

13장

성별

1. 매춘

성별에 따라 범죄의 발생 빈도는 크게 다르다. 통계에 따르면 여성의 범죄율은 남성에 비해 매우 낮으며 특히 심각한 범죄에서는 더욱 그러하다. 오스트리아에서는 여성 범죄자가 전체의 14%에 불과하며, 스페인에서는 11%, 이탈리아에서는 8.2%이다.

이탈리아의 1885년부터 1889년까지의 통계에 따르면 남성 범죄자는 연평균 286,825명, 여성 범죄자는 54,837명이다. 특히, 사소한 범죄는 가정 법원에서 판결되며 중간 정도의 범죄는 지방 법원에서, 심각한 범죄는 대법원에서 판결되었다.

여성 범죄자는 남성보다 범죄를 시작하는 시기가 늦으며 외팅겐(Oettingen. 독일 바이에른 주에 위치한 작은 역사적인 도시)은 여성의 범죄율이 25세에서 27세 사이에 최고에 달한다고 하였고, 케틀레(Quetelet 벨기에의 수학자이자 통계학자, 사회학자로 BMI 체질량 지수를 처음으로 제안한 인물)는 30세에 최고가 된다고 했다. 그러나 남성은 24세가 최고라고 보고하였다. 이탈리아의 통계에 따르면, 1885년부터 1889년까지의 여성 범죄자는 연령에 따라 범죄율이 다음과 같다. 50세 이상의 여성 범죄자는 전체 남성 범죄자 100명 중 11.1%, 21세에서 50세 사이의 여성 범죄자는 전체 남성 범죄자 100명 중 5.5% 또한, 여성 범죄자는 어린 나이에 범죄를 저지르는 경향이 있으며 이는 성적 특성이 아직 완전히 발달하지 않은 시기에 나타난다. 그러나 심각한 범죄에서는 어린 나이의 여성 범죄자는 거의 없으며 남성 범죄자 10백만 명 중 4650명이 14세 이하인 반면, 여성 범죄자는 대법원에서 처벌받은 적이 없다.

독일에서는 60세 이상의 남성 범죄자가 전체의 2.6%를 차지하는 반면, 여성은 3.8%를 차지한다. 남성 범죄자 100명당 60세 이상의 여성 범죄자는 25.4명, 20세에서 40세 사이의 여성 범죄자는 19.61명이다. 또한 12세에서 21세 사이의 범죄자 100명 중 19.63명이 남성, 21세에서 40세 사이의 범죄자 100명 중 19.61명이 여성으로 나타나며 이는 여성의 범죄율도 비교적 높은 것을 보여준다.

프랑스에서는 1876년부터 1880년까지의 통계에서, 16세 이하의 남성 범죄자 100명당 16.3명의 여성 범죄자가 있으며 21세 이상의 남성 범죄자 100명당 여성 범죄자는 17.7명이다. 이와 같은 통계는 어린 나이의 범죄와 성매매에서 여성 범죄자도 상당히 높은 비율을 차지하고 있음을 보여준다.

2. 범죄와 성별의 차이

여성의 범죄는 남성과는 다소 다른 경향을 보인다. 다양한 연구와 통계에 따르면, 여성의 범죄는 다음과 같은 특성을 지닌다. 오스트리아에서는 여성들이 주로 낙태, 중혼, 명예 훼손, 범죄자에게 도움을 주는 범죄, 방화, 도둑질 등을 저지른다. 살인과 위조는 상대적으로 드물다. 프랑스에서는 유아 살해, 낙태, 독살, 친족 살해 및 아동 학대, 가정에서의 도둑질, 방화 등이 두드러진다. 영국에서는 가짜 화폐 사용, 거짓 증언, 명예훼손이 증가하며 살인도 약간 늘어나는 경향이 있다.

이탈리아의 연구에 따르면, 여성 범죄자들은 다음과 같은 범죄에서 남성보다 더 높은 비율을 보인다.

낙태: 여성 범죄자의 대부분이 이 범죄를 저지른다.

독살: 91%가 여성에 의해 이루어진다.

가정에서의 도둑질: 여성 범죄자가 60%를 차지한다.

유아 살해: 여성 범죄자가 남성보다 훨씬 높은 비율을 보인다. 여성 범죄자들이 폭력적인 범죄를 저지르는 빈도가 낮은 이유는 여성의 신체적, 지적 능력 때문이라는 주장이 있다. 폭력적인 범죄는 종종 신체적 힘과 복잡한 지적 계획이 필요하기 때문에 남성에 비해 여성의 범죄율이 낮다는 것이다. 여성은 신체적, 정신적으로 이러한 범죄를 저지르는 데 필요한 조건을 갖추지 못한 경우가 많다. 그러나 여성은 사기, 낙태, 독살과 같은 범죄를 더 자주 저지른다.

3. 성매매와 범죄

성매매는 범죄와 밀접하게 연관되어 있으며 이는 종종 공적인 범죄 통계에 포함되지 않는다. 성매매 여성은 법적으로는 범죄자와 동일시되지 않지만 사회적 시각에서는 범죄 집단으로 여겨질 수 있다. 영국과 독일에서 성매매 여성의 비율이 높으며 런던에서는 7명 중 1명, 함부르크에서는 9명 중 1명이 성매매 여성이라고 한다. 이탈리아에서는 약 9,000명의 성매매 여성이 있으며 대도시에서는 인구의 18%에서 33%가 성매매와 관련이 있다. 베를린에서는 1845년에 비해 1863년에는 성매매 여성이 급격히 증가하였다.

Corné는 "성매매는 여성에게 있어 범죄와 같다"고 말하며 Dugdale의 Juke가족 연구에서 성매매와 범죄 사이의 유사성을 확인했다. 성매매는 빈곤, 무기력, 알코올 중독, 유전적 성향 등 다양한 원인에 의해 발생하며, 이로 인해 성매매 여성과 범죄자의 특성이 유사하다고 볼 수 있다. Locatelli는 성매매가 주로 여성의 본능적인 성향에서 비롯된다고 주장하며 빈곤이나 사회적 결핍보다 성향 자체가 문제의 근본 원인이라고 본다. 성매매 여성은 무감각하고 무관심한 경향이 있으며 이는 범죄자와 유사한 특성이라고 할 수 있다.

문명 수준이 낮은 지역에서는 범죄율이 높아지는 경향이 있다. 이탈리아에서는 문명이 낮을수록 살인, 상해, 강도, 독살 등 중대한 범죄가 증가하는 것으로 나타났다. 이러한 범죄는 문명이 발달할수록 줄어드는 경향이 있으며 이는 범죄의 패턴과 문명 수준 간의 관계를 보여준다.

종합적으로 볼 때 여성 범죄는 남성 범죄와는 다른 패턴을 보이며 범죄의 종류와 발생 빈도가 성별과 연령대에 따라 달라진다. 성매매와 같은 범죄는 공식적인 통계에는 나타나지 않지만, 사회적 문제로서 중요하게 다뤄져야 한다. 문명 수준의 차이는 범죄 발생에 큰 영향을 미치며, 문명이 발달할수록 범죄율이 낮아지는 경향이 있다.

범죄와 문명, 성별, 그리고 도시화의 관계에서 이탈리아의 경우 범죄와 문명 수준 사이에는 명확한 관계가 있다. 문명의 발달 정도가 낮을수록 낙태와 유아 살해는 상대적으로 흔하게 발생하며 문명이 발달할수록 이러한 범죄는 보통 더 젊은 나이에 발생하는 경향이 있다. 이는 문명 수준이 높은 지역에서는 사회적 낙인에 대한 감수성이 높아져 여성이 더 빨리 이러한 범죄를 저지르는 것으로 보인다. 반면, 문명이 낮은 지역에서는 사회적 낙인에 대한 인식이 부족하여 범죄가 나이 든 여성들에 의해 저지르는 경우가 많다. 문명과 교육의 발전은 남성 범죄율을 더 빠르게 증가시키는 경향이 있으며, 여성 범죄율이 상대적으로 더 낮거나 일정하게 유지되는 경향이 있는 프랑스의 경우 1831년부터 1880년까지 남성의 범죄율은 2.8배 증가한 반면 여성의 범죄율은 2.1배 증가했다. 이로 인해 여성의 범죄율은 문명 수준의 향상에 따라 남성보다는 낮게 유지되는 경향이 있다.

4. 국가별 범죄 경향

프랑스: 1831-1835년 동안 남성 52,514명, 여성 11,941명이 범죄를 저질렀고 1876-1880년 동안 남성 146,210명, 여성 25,035명이 범죄를 저질렀다. 이 데이터는 교육 수준이 높은 사람들에서 범죄율이 낮다는 점을 보여준다. 남성의 경우 높은 교육을 받은 비율이 1%, 초등 교육을

받은 비율이 9%였으며 여성의 경우 높은 교육을 받은 비율은 0%, 초등 교육을 받은 비율은 5%였다.

독일: 1854년에는 100건의 범죄 중 77건이 남성, 23건이 여성에 의해 저질러졌고, 1875년에는 83건이 남성, 16건이 여성에 의해 저질러졌다. 이는 여성의 범죄율이 남성에 비해 상대적으로 낮아졌다는 것을 보여준다.

영국과 호주: 여성의 범죄율이 남성의 범죄율에 가까워지는 경향이 있지만, 이는 경미한 범죄(음주, 빈둥거림 등)에 대한 영향이 크다. 심각한 범죄(살인, 사기 등)에서는 여성의 범죄율이 여전히 남성보다 낮다.

발칸 지역: 불가리아에서는 여성의 범죄율이 매우 낮으며, 이는 범죄 기회가 적어지는 데 기인한다고 볼 수 있다.

도시화와 범죄: 대도시에서는 범죄율이 상대적으로 높으며, 특히 상해, 강도, 도둑질 등의 범죄가 더 많이 발생한 베를린에서는 여성의 범죄율이 100명 중 26.6명이지만, 독일 전체에서는 100명 중 19.7명이다.

영국의 경우 1859년부터 1864년까지 범죄를 조사한 결과, 런던에서는 경찰에 의해 체포된 여성 비율이 남성보다 높았다. 이는 대도시에서 범죄가 더 자주 발생한다는 점을 반영한다.

결혼한 여성과 남성은 미혼자들보다 범죄를 저지르는 비율이 낮다. 하지만 30세 이상에서는 결혼한 여성이 미혼 여성보다 더 많이 범죄를 저지르는 경향이 있으며 이는 개인의 범죄 성향과 사회적 요인에 따라 달라질 수 있다. 반면, 남성의 경우 70세 이상에서 범죄율이 증가하는 경향이 있다. 이와 같은 분석은 범죄의 성격과 빈도가 문명 수준, 도시화, 교육 수준, 결혼 상태 등에 따라 어떻게 달라지는지를 잘 보여준다. 문명 수준이 높고 교육이 발달할수록 범죄율이 상대적으로 낮아지는 경향이 있지만, 대도시의 범죄율은 여전히 높은 편이다.

프랑스에서는 남성이 여성보다 재범률이 훨씬 높으며 문명 수준이 높아질수록 재범률이 증가하는 경향이 있다. 이는 재범자들이 지금보다 예전보다 더 잘 인식되기 때문에 발생할 수 있는 오류를 제외하더라도 여전히 유효한 경향이다. 프랑스와 독일의 연구 결과에 따르면

프랑스: 재범률은 남성이 여성보다 훨씬 높으며 문명화가 진행될수록 남성의 재범률은 더욱 증가한다.

독일: 1869년에는 여성의 재범률이 남성보다 낮았으나, 시간이 지남에 따라 여성의 재범률이 증가하여 남성과 비슷한 수준에 도달했던 프러시아에서는 처음 범죄를 저지른 여성의 비율이 16%였지만 재범률이 증가하면서 여섯 번째 재범은 24%, 일곱 번째 또는 그 이상의 재범은 30%로 나타났다. 또 작센에서는 여성의 재범률이 남성보다 더 높아지며 매년 증가하고 있다.

오스트리아와 프러시아: 오스트리아에서는 재범률이 여성보다 남성에서 더 빈번하게 나타나며 프러시아에서는 여성의 재범률이 남성과 비슷하게 나타난다.

범죄율의 성별 및 연령별 분포에서 나타난 범죄의 성별 차이: 전체 범죄에서 여성의 범죄율은 남성의 범죄율보다 4-5배 낮으며 중대한 범죄는 여성의 경우 남성보다 16배 적게 발생한다.

연령별 범죄율: 여성의 범죄율은 남성과 비교했을 때 높은 비율을 보이는 나이는 주로 고령층과 유소년층이며 중년층에서는 범죄율이 낮다. 또한, 여성의 경우 연령이 증가함에 따라 범죄의 중대성이 증가하는 경향이 있다.

범죄 유형과 성별: 여성의 범죄율은 신체적 힘이나 높은 지적 능력을 요구하지 않는 범죄에서 남성에 비해 상대적으로 낮다. 젊은 나이에는 충동적인 범죄가 많고 나이가 많을수록 계획적인 범죄가 증가한다.

범죄의 안정성: 범죄율은 일반적으로 연도별로 큰 변동이 없으며 이탈리아에서는 남성의 경우 심각한 범죄가 감소하고 가벼운 범죄가 증가하는 경향이 보인다. 반면 여성의 범죄율은 중대한 범죄가 증가하는 경향을 보인다.

도시화와 범죄: 대도시에서는 여성의 범죄율이 높아지며 특히 상해, 강도, 도둑질 등의 범죄에서 두드러진다.

성매매와 범죄: 여성의 범죄율이 남성에 비해 낮은 이유 중

하나는 성매매가 여성의 범죄를 대체하는 경향이 있다는 점이다.

14장

혼인 상태 • 전문직 • 게으름

1. 혼인

미혼과 기혼의 범죄율: 미혼 남성과 여성의 범죄율이 기혼자들보다 높으며, 이탈리아의 경우 미혼 남성 77명당 1명이 범죄를 저지르고, 기혼 남성은 256명당 1명이 범죄를 저지르는 경향이 있다.

정신 질환과 결혼 상태: 정신 질환자 중 미혼자의 비율이 기혼자보다 높으며, 이는 정신 질환이 발생하는 나이가 늦기 때문에 기혼자들이 정신 병원에 들어가는 시기가 미혼자들보다 늦기 때문으로 설명된다.

자녀 유무와 범죄: 자녀가 없는 기혼자나 미혼자는 자녀가 있는 사람들보다 범죄를 저지를 가능성이 높으며 이는 자녀

를 돌보는 스트레스와 관련이 있을 수 있다.

결론적으로, 범죄율의 성별과 연령, 결혼 상태에 따른 차이는 사회적, 심리적 요인에 크게 영향을 받으며 이러한 패턴을 이해하는 것이 범죄 예방과 사회적 정책 수립에 중요한 정보를 제공한다.

2. 전문인과 범죄율의 관계

전문과 범죄율 사이의 관계는 복잡하며 직업의 분포와 명명법에 따라 크게 달라진다. 가용한 통계들은 직업의 특정 조건이 범죄율에 미치는 영향을 보여주며 다음과 같은 경향이 있다.

범죄율이 높은 직업에 있어 구두수선공의 범죄율이 높다. 이는 노동 조건과 도시 중심지에의 근접성 경제적 어려움과 관련이 있을 수 있다. 또 주점 직원 및 요리사 직업은 높은 범죄율을 보이며 이는 알코올 소비와 스트레스가 많은 환경에서 일하기 때문이다. 한편, 하인이나 웨이터 같은 다양한 사회적 배경을 가진 사람과의 빈번한 접촉이 범죄율을 높일 수 있고, 건축 노동자나 대장장이의 신체적 노동이 많은 직업으로 불규칙한 근무 시간과 높은 범죄율 및 재범률을 보인다. 반대로 범죄율이 낮은 직업인 농부 및 배수공 농업 관련 직업이나 스트레스가 적은 직업은 낮은 범죄율을 보인다. 이는 안정적인 환경과 사회적 위험 요소가 적기 때문이다.

자유 직업인 및 예술가의 자유 직업인은 범죄율이 낮다. 이는 직업 환경과 요구 사항이 범죄를 억제할 수 있기 때문이다.

특정 연구 결과에서 이탈리아에서는 구두수선공, 주점 직원, 하인이 범죄율이 높다. 이는 이들 직업의 노동 조건과 관련이 있다.

건축 노동자 및 제빵사는 범죄율이 높다. 이는 일일 임금 지급과 불안정한 노동 조건이 범죄에 영향을 미칠 수 있음을 보여준다.

3. Marro 연구 결과

토리노에서는 사냥꾼, 우산 제조업자, 성직자, 학생의 범죄율이 낮고, 특정 직종의 노동자로 인쇄공, 정원사 등은 범죄율이 낮고, 중개인, 이발사 등은 상대적으로 범죄율이 높다. 영향 요인으로는 작업 환경은 알코올 소비, 스트레스, 사회적 갈등이 많은 직업은 범죄율이 높다. 경제적 조건은 경제적 불안정성과 재산과의 빈번한 접촉이 범죄율 및 재범률에 영향을 미친다. 도시화는 인구 밀도가 높은 도시에서의 직업이 범죄율 증가에 영향을 미친다.

범죄율과 직업의 연관성은 전문 직업 외에도 프랑스에서는 구두 수선공들이 아동에 대한 성적 범죄에 가장 많이 연루되었다. 이는 알코올 중독과 성적 자극을 유발하는 직업적 특성 때문일 수 있다. 구두 수선공들은 또한 성병에 걸릴 확률이 높다. 이러한 경향은 다른 많은 나라에서도 유사하게 나타난다. 전문과 범죄율의 분석에 따른 결과는 직업 자체보다 작업 환경과 사회적 조건이 범죄에 더 큰 영향을 미친다는 것을 보여준다. 스트레스가 많고 불안정한 경제적 조건, 사회적 갈등이 많은 직업은 범죄율이 높다. 반면, 안정적이고 스트레스가 적은 직업은 범죄율이 낮다.

4. 범죄와 직업의 연관성

1) 전문 직업과 범죄

조리(Joly)는 법에 대한 지식, 특권, 교육, 복지가 전문 직업인들에게 최소의 범죄를 보장해야 한다고 지적하지만, 실제로는 성공이나 기생적인 업무로 인해 부패할 수 있다고 했다. 프랑스의 공증인들은 다음과 같은 범죄 통계를 보인다.

공증인과 사무원들은 연령과 성별에 따른 모든 비율에서 범죄율이 높은데 살인, 강간, 친족 살해 등의 범죄에서 높은 비율을 보인다. 이러한 통계는 교육과 처벌의 효과가 부족함을 시사하며, 법의 위협이 범죄자에게 큰 영향을 미치지 않는다는 점을 증명한다.

프러시아에서는 전문 직업인들이 전체 인구의 2.2%를 차지하지만 범죄자 중 4.0%를 차지한다. 반면, 서비스 종사자들은 전체 인구의 3%를 차지하지만 범죄자 중 12%를 차지한다. 이는 전문 직업인들이 다른 유럽 국가에 비해 혈연 범죄에 더 많이 연루된 것으로 나타나며 이는 정치적 박해와 종교적 광신이 원인일 수 있다.

2) 여성 범죄와 직업

여성의 범죄율에서 가사 노동자들은 남성의 3배, 예술 직종에 종사하는 여성들도 남성의 3배에 해당한다. 반면, 농촌 여성들은 남성의 절반 수준이다. 그러나 이러한 통계는 부족한 데이터로 인해 확정적 결론을 내리기 어렵다. 많은 농촌 여성들이 도시로 이주하면서 가사 노동과 성매매를 통해 범죄에 연루되는 경향이 있다. 파리의 매춘 여성 중 절반이 재봉사와 다림질을 하는 여성들이며 나머지 3분의 1은 상점 직원, 모자 판매원, 헤어 디자이너 그리고 소수는 세탁소 직원이다.

3) 군인과 범죄

군인들은 민간인보다 범죄율이 25배 높다고 보고되었지만 이는 노인, 어린이, 여성 등 민간인 범죄자도 포함된 결과일 수 있다. 이탈리아의 통계를 보면 1872년 군인들은 전체 인구의 1/112이 범죄를 저지른 것으로 나타나며 이는 동년대 청년들과 비교했을 때 범죄율이 더 높지만 극단적이지는 않다. 군인들이 범죄를 저지르는 이유로는 범죄 도구의 용이한 접근과 범죄에 대한 높은 취약성, 미혼, 여가 시간, 밀접한 사회적 접촉, 전쟁 중 폭력에 대한 익숙함 등이 있다.

4) 전쟁과 범죄

전쟁은 본질적으로 큰 범죄이며, 전쟁에 참여하는 사람들은 일반적으로 다른 이들보다 범죄에 더 취약하다. 루카누스(Lucano)가 말했듯이 "군대를 따르는 자들에게는 신뢰와 의무가 없다"는 말은 군대의 범죄 성향을 암시한다. 많은 군사 직책이 과거에는 범죄와 동의어로 사용되었으며 원래 군사와 범죄를 의미를 갖은 '라트로네스(latrones)'는 왕의 측근으로 활동했지만 범죄와 연관되어 '도둑'이라는 의미로 변했다. 'pirati(해적)', 'masnada(산적)', 'brigante(약탈자)' 등도 마찬가지다. 군인들 사이에서 특히 잔인함이 두드러지는 것은 고대 전쟁 계급의 지배와 면책 특권에서 비롯된 것으로 보인다. 독일과 러시아에서는 많은 잔인한 사건들이 일어났으며, 이는 대개 거의 처벌받지 않았다. 코블렌츠(Coblenz)에서는 한 소위가 상인을 죽이고 1년 형을 선고받았으며 후에 가석방되었다.

피해자의 어머니가 항의하자 그녀는 벌금을 물게 되었다. 또한 베를린(Berlin)에서는 병사 라에르케(Laerke)가 두 명의 노동자를 심각하게 다치게 했으나 그의 상관들은 그를 칭찬하고 승진을 시켰으며, 볼로냐(Bologna), 몬텔레오네(Monteleone), 아퀼라(Aquila)에서는 군인들이 평화로운 시민들을 무장 공격하였다.

군대에서의 '기사도 정신'이라는 것 또한 사실과는 다르며, 중세의 낭만적인 상상에 불과하다. 위대한 관찰자인 오이다(Ouida)는 군대가 알코올 중독과 매독의 발원지였으며 군대에 의해 젊은 농민들이 타락하게 된다고 지적했다. 군복무를 통해 특유의 복종과 비인격화가 이루어지며 이는 노동력을 필요한 지역 사회에 부정적인 영향을 미친다. 군대 범죄율의 비율이 낮은 것은 자랑할 만한 일이다. 군대에서의 범죄는 군사훈련과 규율이 범죄를 드러내고 처벌하기 쉬운 환경을 제공하기 때문에 일반적으로 더 높다.

결론적으로 전문 직업과 군인, 여성 등 다양한 집단에서 범죄율이 다르게 나타나는 것은 직업적, 사회적, 경제적 요소들이 복합적으로 작용하기 때문이다. 이러한 데이터는 범죄 예방과 사회적 개입의 필요성을 잘 보여준다.

5) 정신 질환과 직업

정신 질환과 범죄의 연관성은 복잡하며 직업별 통계가 부족해 명확한 결론을 내리기 어렵다. 최근의 프랑스 연구에 따르면 도시 지역에서 정신 질환이 농촌보다 세 배 더 자주 발생하며, 남성이 여성보다 더 많이 영향을 받는다. 농업 종사자들은 최소한의 정신 질환 비율을 보이며 전문 직업인들은 상대적으로 높은 비율을 보인다. 도시에서 정신 질환 비율이 농촌보다 세 배 더 높으며, 전문 직업인들은 예술가와 법조인들은 다른 직업군보다 높은 정신 질환 비율을 보인다. 군인 또한 정신 질환 비율이 높은 편이며 이들은 전체 정신 질환자의 4-8%를 차지한다. 자산가, 상인들 사이에서도 높은 정신 질환 비율이 발견된다.

직업적 요인도 정신 질환에 영향을 미칠 수 있어 피를 자주 접하거나 치명적인 도구를 다루는 직업, 사회적 고립이 심한 직업 등은 정신 질환을 유발할 수 있다. 이와 관련된 직업으로는 정육점, 군대, 목회자, 농민, 성직자 등이 있다. 또한, 독성 물질을 다루는 직업군에서 중독에 의한 범죄가 자주 발생할 수 있다. 이와 같은 분석은 직업과 범죄 사이의 복잡한 관계를 보여주며 각 직업군의 특성과 사회적 환경이 범죄와 정신 질환에 미치는 영향을 이해하는 데 도움이 된다.

6) 노동에 대한 혐오

범죄자들의 직업은 종종 명목상의 직업에 불과하며 실제로는 게으름이 진정한 직업일 때가 많다. 토리노에서는 범죄자들이 실제로는 일하지 않으면서도 목수나 대장장이 등으로 위장한 가짜 작업장을 열어 당국에 자신의 활동을 증명하는 경우가 있었다. 이는 단순히 이탈을 피하기 위한 기만적인 방법이었다.

시하르트(Sichart)의 연구에 따르면 3181명의 수감자 중 1347명, 즉 42.3%가 노동에 대한 혐오를 보였다. 우발적 범죄자 170명(19.2%), 습관적 범죄자 1177명(51.7%) 이 통계는 범죄자 중에서 '태생적 범죄자'가 훨씬 더 높은 비율로 노동을 싫어한다는 것을 보여준다.

미국 통계에 따르면, 매사추세츠에서 4,340명의 범죄자 중 2,991명, 즉 68%는 직업이 없었으며, 펜실베이니아에서는 거의 88%의 범죄자가 직업을 가지고 있지 않았다. 또한, 1890년의 연구에서는 6,958명의 살인범 중 5,175명, 즉 74%가 직업이나 기술이 없었다.

범죄자들이 채택하는 직업 유형에서도 노동에 대한 혐오가 드러난다. 마로(Marro)는 건물 철거 현장에서 범죄자들이 가장 많이 발견되었다고 보고했으며 이는 일부 범죄자들이 임시로 작업하는 직업을 선택한다고 설명한다. 이는 정기적인 일자리를 갖지 않고 자신의 기호에 따라 직업을 바꾸는 경향을 보여준다.

엘미라 교도소의 보고서에 따르면, 6,635명의 수감자 중 상당수는 직업이 있었으나 실제로는 규칙적인 일이나 신뢰할 수 있는 작업을 하지 않았다. 이들은 직업에 적합하지 않아 교도소에 들어오게 되었으며 34%는 도덕적 자극에도 불구하고 일을 하지 않았다. Z. R. 브록웨이(General Superintendent Z. R. Brockway)는 이러한 범죄자들이 원시적인 상태와 유사하다고 보았으며 강제적인 신체 처벌이 필요하다고 주장했다. 이는 범죄자들이 물리적 폭력이 없으면 일을 하지 않으려는 경향이 있음을 시사한다.

직업의 변동성과 일일 임금을 선호하는 경향은 범죄자들이 일에 대한 혐오감을 가지고 있음을 나타낸다. 이는 범죄자들이 정기적이고 체계적인 일에 대해 거부감을 느끼는 반면, 자유롭고 유연한 일을 선호함을 의미한다. 범죄자들은 정규직의 규칙적이고 반복적인 일에 적응하지 못하고, 대신 순간적인 기회와 자유를 제공하는 일에 더 끌린다. 범죄자들이 정규적인 일에 대해 가지는 혐오는 단순히 모든 종류의 활동에 대한 무능력에서 비롯된 것이 아니라, 규칙적이고 지루한 일에 대한 거부감에서 기인한다. 범죄자들은 훔치기나 사기와 같은 불법 활동을 위해 필요할 때는 높은 집중력과 노력을 기울일 수 있지만 매일 같은 시간에 같은 작업을 반복해야 하는 일에 대해서는 회피하려 한다.

페레로와 다른 연구자들은 이러한 성향이 반복 또는 가우초의 행동과 유사하다고 지적했다. 이들은 필요한 때에만 극도의 노력을 기울이며 일상적인 노동에는 적응하지 못한다.

이러한 성향은 정규적이고 체계적인 사회 구조와 충돌한다.

범죄자들이 정규적인 일에 대해 가진 혐오는 그들의 발언에서도 나타난다. 그 예는 "일을 하지 않는다, 왜냐하면 일은 수명을 단축시킨다.", "일할 의욕이 적다.", "일하기에는 나 자신이 부족하다.", "돈을 어디서 가져와야 하는지 도둑질 말고는 다른 방법이 없다."

마로는 지속적인 노동 능력이 문명사회의 특징이라고 강조했다. 문명화는 개인의 신체적 및 지적 능력을 개발하여 사회와 개인에게 유익하게 만들고자 한다.

퇴화의 원인은 여러 가지 단계로 나눌 수 있다.

비생산적인 일: 방랑, 구걸, 도박과 같은 활동은 사회에 긍정적으로 기여하지 않으며 퇴화의 초기 단계로 간주된다.

범죄: 개인에게는 유익하지만 사회에 해로운 일을 포함하며 사회에 대한 피해의 정도에 따라 범죄의 심각성이 증가한다.

극단적인 퇴화: 노동 능력이 전혀 없는 상태, 즉 백치나 정신지체의 경우는 퇴화의 마지막 단계로 간주된다. 이러한 관찰은 세르지와 다른 연구자들이 제시한 퇴화와 사회에서 노동의 역할에 대한 이론과 일치한다.

15장

교도소

1. 교도소의 다른 원인들

교도소는 범죄의 주요 원인 중 하나이다. 우리가 교도소를 통해 사회를 복수하고 보호한다고 생각할 때 실제로는 범죄자들에게 서로 알게 하고, 교육받게 하며 악에 연루되도록 만드는 도구를 제공하는 것이다. 게다가, 교도소 자체가 범죄의 직접적인 원인이 될 수 있다. 교도소가 편리한 피난처가 되면서 일부는 교도소에 들어가기 위해 범죄를 저지르기도 한다. 예를 들어, 팔레르모의 한 죄수는 교도소가 처벌하는 것이 아니라 오히려 도둑질의 비법을 가르쳐준다고 노래했다. 이 현상은 통계에서 범죄자들이 교도소에 50번 또는 60번 들어가는 경우를 보여주는 이유를 설명해준다. 브르통이 이야기한 도둑이 교도소에 들어가기 위해 범죄를 저지르는 경우와 유사하다. 1878년 밀라노에서는 20년을 교도소에서 보낸 한 남성은 하루에 1리라로 생활할 수 없어 교도소에 다시 들어가기로 결심했다. 1879년 로마에서는 80세의 남성이 47년을 교도소에서 보냈으며 교도소에서 잘 지냈기 때문에 다시 교도소에 들어가고 싶어했다고 한다.

교도소의 지나친 관대함은 탈락과 드올리브크로나의 연구에서도 관찰되었다. 탈락은 범죄자들이 교도소를 장점이 있는 곳으로 간주하며 이는 식사나 숙소 및 의복에 대한 비용을 면제받기 때문이라고 지적했다. 드올리브크로나는 교도소 수감자들이 농촌 노동자보다 더 많은 음식을 소비한다고 관찰했으며 일부 수감자는 교도소에서 받은 빵을 집으로 돌아가 가족과 나누기 위해 아껴두기도 했다. 이탈리아의 교도소는 구조가 부적절하여 탈출이 용이하고, 수감자 수에 비해 공간이 부족하며 불균형이 있다. 교도소에 대한 법은 형식적으로만 존재하며 실제로는 수감자의 수에 비해 감방이 부족하다.

결핍증과 같은 드문 의학적 상태, 그리고 결핍증, 피부병과 같은 상태는 범죄 성향에 영향을 미칠 수 있다. 이러한 원인들은 입법자에게는 너무 드물거나 우연의 일치로 보일 수 있지만 범죄 경향에 미치는 영향을 이해하기 위해 인류학자에 의해 연구될 가치가 있다.

2. 나쁜 정부와 범죄 단체의 부패한 발전

과거의 범죄 단체와 폭력: 베네토 지역에서는 나폴레옹 시대까지 '부리'라는 범죄 집단이 활동했다. 이들은 단순히 공포를 통해 다른 이들의 의지를 지배했다. 몇 년 전 멕시코에서는 귀족 가문의 자녀들이 길거리 강도가 되면서도 이를 부끄럽게 여기지 않았고 15세기 파리와 17세기 베네토에서도 비슷한 상황이 있었다. 클레멘트 14세 교황 재임 말기에는 12,000건의 살인이 발생했으며 그 중 4,000건이 수도 로마에서 일어났다.

베네치아 공화국의 부패: 베네치아 공화국은 명성이 있었지만, 악행이 빈번히 일어났다. 특히, 공화국의 유명 인사들이 공공연히 추방되었던 모로시니, 코르너, 팔리에르, 모체니고 등이 있었다. 같은 시기에 가스티글리오네, 메돌레, 솔페리노의 공동체가 페르디난도 2세 곤자가에 대한 불만을 제기하며 곤자가의 암살자들이 가난한 농민을 처형하고 집을 방화하고 재산을 약탈한 사실을 증명하였다.

베네치아 공화국 내 범죄와 법 집행: 베네치아에서 귀족이 범죄를 저질러도, 법은 그들을 처벌하는 데 한계가 있었다. 대중은 범죄자를 보호했으며 귀족 범죄자는 자신의 성에서 법의 처벌을 피했다. 법원과 집행관들은 공허한 법령과 판결을 남발했으나 실질적으로는 법의 권위가 약화되었고 일부 계층에게 면책과 특권이 부여되었던 베네치아 공화국의 밀라노 주재 대사는 법을 무시하고 총격을 가하기도 했다.

파리의 범죄 단체: 몇 세기 전, 파리의 카르투슈 시기에 범죄자들은 경찰 내부에까지 영향을 미쳤다. 이들은 자신만의 스파이와 수하를 두었으며 다양한 직업군과 연결되어 있었다. 16세기 프랑스에서는 방랑병, 보르도니아, 집시들이 범죄 집단을 형성했지만, 사회가 정제되면서 이러한 집단은 숲속으로 숨어들었다.

범죄 단체의 지속성과 소멸: 역사적으로 범죄 단체는 다양한 지역에서 존재했지만 일부 지역(예: 나폴리)에서만 계속해서 존재하게 된 이유는 해당 지역의 낮은 문명 수준과 범죄를 조장하는 정부의 부패에 있다. 이런 사회적 조건이 범죄 단체의 형성과 지속을 가능하게 했으며, 이는 바르바리즘의 원천이 되었다.

정부의 부패와 범죄 단체의 발전 상관관계: 다제글리오가 말했듯이 "정부가 범죄 조직에 맞춰질 때, 범죄 조직도 정부에 맞춰진다." 정부가 부패하고 정직한 애국자들을 체포하는 동안 범죄자는 경찰과 거래를 하며, 감옥 내에서 자신을 보호하거나 훔친 물건을 되찾는 데 도움을 줄 수 있었다. 이러한 상황에서, 범죄 조직은 국민의 불행한 상태에 자연스럽게 적응한 것이었다.

브리간디와 원주율: 브리간디는 종종 억압자들에 대한 야

만적인 정의의 일환으로 여겨졌다. 예를 들어, 러시아의 농민들은 지속적인 고통에 의해 무감각해져서 살인으로 복수할 준비가 되어 있었다. 경제적 불황과 탐욕은 이탈리아 남부의 부유한 사람들을 착취와 악행으로 몰아넣었으며 이러한 상황에서 많은 사람이 범죄에 가담하게 되었다.

부패한 지방 관리: 지방 관리들은 종종 공공의 안전보다 개인적인 이익을 우선시했다. 예를 들어, 아만테 시장의 압제나 기타 관리들의 부패는 사람들을 브리간디로 몰아넣었다. 이탈리아 남부의 많은 지역에서, 지배계층과 하층민 간의 갈등, 부당한 재산 분배 등이 브리간디의 주요 원인이었다.

중세와 현대의 갈등: 이탈리아 남부의 작은 마을에서는 여전히 중세의 분위기가 지배적이었다. 특히, 상류층의 세습된 복수와 폭력이 빈번했다. 이러한 환경에서는 법과 질서보다는 개인적인 복수와 원한이 지배적이었다.

법과 질서의 부재: 시칠리아에서는 농민들이 법 위에 있는 것처럼 행동하고 법을 비효율적이라고 여기는 대다수의 사람들이 스스로 정의를 실현하는 것을 당연하게 여겼다. 공직자들은 자주 부패하고, 법을 지키는 사람들은 공격과 반대에 직면했다.

봉건제도(feudalism)와 정부의 변화: 봉건제도가 폐지된 후 권력은 대대로 이어졌던 권력자들에게서 정부 관리와 사법당국으로 이전되었다. 그러나 이들은 여전히 부패와 부정행위에 연루되어 있었으며, 폭력과 속임수는 여전히 범죄를 저지르는 도구로 사용되었다. 이로 인해, 전통적인 폭력은 부분적으로는 능력과 교활함으로 대체되었지만 여전히 폭력적인 요소는 남아 있었다.

범죄 단체의 지속성: 이러한 환경에서는 범죄 조직이 계속해서 존재할 수밖에 없었다. 고대의 무장한 세력과 범죄자들은 자신들의 일을 독립적으로 수행하며, 필요에 따라 협상과 거래를 통해 자신들의 위치를 유지했다.

3. 무기, 오락, 그리고 사회적 요인

무기와 폭력: 로마 시대의 글라디에이터들은 가장 위험한 범죄자들이었고 이들은 자신의 무리들을 대군으로 변화시켰다. 이탈리아 남부에서 칼은 단순한 무기가 아니라, 거의 모든 국민의 '검'으로 사용되었다. 특히 시칠리아에서는 칼이 자주 사용되었으며 이는 대개 도발적인 상황에서 사용되었고 비밀스러운 공격에는 면도기와 총기가 사용되었다.

오락과 빈곤의 영향: 오락과 빈곤은 많은 범죄의 원인으로 작용했다. 특히 시칠리아에서 수도원들은 무료 급식을 제공하여 빈곤과 게으름을 부추겼고 급식이 중단된 후 많은 사람

이 범죄에 연루되었다. 오락은 종종 범죄 조직의 배경이 되었으며 노동의 부족과 자본의 유통 부족이 범죄를 부추겼다.

종교의 역할: 18세기 나폴리에서는 인구의 상당수가 성직자였으며, 이들은 종종 구걸을 직업으로 삼았다. 성직자들 사이에서 사용된 '순종'이라는 용어는 범죄 조직의 은어와 유사했다. 성직자들이 빈곤층을 착취하거나, 범죄 조직의 구성원이 되는 경우가 많았다.

범죄와 사회적 환경: 나폴리와 팔레르모에서는 기후가 범죄의 원인 중 하나로 여겨졌다. 따뜻한 기후는 사람들이 일에 대한 필요성을 느끼지 못하게 했으며 저렴한 가격에 음식을 구할 수 있어 일에 대한 의욕을 줄였다. 이런 환경에서 범죄와 범죄 조직이 빈번하게 발생하였다.

사회적 가치와 물질주의: 이탈리아의 남부 지역에서는 물질적 욕망이 지배적이었다. 이러한 지역에서는 철학적 이상이나 이상적인 목표보다 작은 물질적 이익과 지위에 더 큰 관심을 기울였다. 이는 부패와 무력감을 초래하며, 자주 작은 이익을 위해 부정행위를 하게 만들었다.

정신적 태도와 사회적 구조: 이탈리아의 사회적 태도는 물질적이고 실용적인 목표에 치중되어 있었으며 이는 문화적 및 정치적 무기력을 초래했다. 인문학적 이상이 결여되고 물질적 안락과 작은 이익에 대한 집착이 사회 전반에 퍼져 있었다. 이는 범죄와 부패의 온상이 되었다.

4. 무기, 빈곤, 사회적 혼합, 그리고 정치적 혼란

무기와 폭력: 로마 시대의 글라디에이터들은 강력한 범죄 집단을 형성했으며, 이들은 대군을 조직하여 강력한 폭력을 행사했다. 이탈리아 남부에서는 칼이 널리 사용되었고 특히 시칠리아에서는 칼이 자주 사용되었으며 비밀스러운 공격에는 면도기와 총기가 사용되었다.

빈곤의 영향: 빈곤은 범죄를 일으키는 주요 원인 중 하나로 지적된다. 시칠리아에서는 농민들이 심각한 빈곤에 시달리며, 채무와 착취에 시달리고 있다. 농민들은 극심한 빈곤 속에서 생존을 위해 범죄에 연루되는 경우가 많다. 그러나 빈곤이 범죄의 유일한 원인은 아니며 상대적으로 부유한 지역에서도 범죄가 발생하는 경우가 있다.

사회적 혼합과 영향: 부족한 문명과 과도한 문명이 혼합된 지역에서는 범죄가 더욱 심각해진다. 이탈리아와 많은 아메리카 지역에서는 문명이 부족하거나 과도한 상태에서 범죄가 발생하기 쉬우며 이는 사회적 혼합과 불균형에서 기인한다. 문명이 부족한 지역에서는 범죄가 빈번하며, 문명이 과도한 지역에서는 범죄가 방치되거나 심각해진다.

정치적 혼란과 전쟁: 정치적 혼란, 전쟁, 폭동은 범죄와 범죄 조직의 성장을 촉진한다. 전쟁과 혼란 속에서는 범죄자들

이 조직을 확장하고, 무기와 자원을 쉽게 얻을 수 있다. 이러한 상황은 폭력 사건과 범죄를 더욱 빈번하게 만든다. 역사적으로도 전쟁과 정치적 혼란 속에서 범죄가 증가해 왔다.

사회적 혼합의 부정적 영향: 사회적 혼합은 범죄와 부패를 부추기는 주요 원인 중 하나로 지적된다. 문명과 부족한 문명, 부유와 빈곤이 혼합된 지역에서는 범죄가 증가하며 이는 사회적 혼합이 범죄에 미치는 부정적인 영향을 보여준다.

정치적 폭력과 범죄: 전쟁과 정치적 혼란 속에서는 범죄가 정치적 사건으로 변질될 수 있다. 역사적으로 전쟁과 정치적 폭란은 범죄의 심각성을 높이고 범죄자들이 정치적 영향을 미치거나 사회적 지위를 얻는 경향이 있었다. 이러한 사건들은 종종 사회적 혼란을 일으키며 범죄를 더욱 심각하게 만든다.

5. 중세와 전쟁, 그리고 범죄

중세의 범죄와 권력: 중세에는 봉건 제도의 압박으로 인해 강도와 범죄가 사회적 기관으로 인식되었다. 봉건 영주들은 착취를 통해 자신의 권력을 유지했고 범죄는 그들의 지배에 대한 보복의 수단으로 사용되었다. 이 시기의 강도는 단순한 범죄 행위가 아니라 사회적 저항의 일환으로 나타났다.

전쟁과 범죄: 로마 시절, 전쟁과 혼란은 강도와 해적의 황금기를 가져왔다. 1793년 파리에서는 무료 빵 배급 중에 범죄자들이 거리를 장악하였고 나폴레옹 전쟁 동안에는 가짜 군인들이 전투 지역을 약탈했다. 이러한 현상은 역사적으로 전쟁과 혼란이 범죄를 부추기는 경향이 있음을 보여준다.

전쟁의 도덕적 영향: 전쟁이 도덕성을 강화한다는 믿음은 잘못된 것으로 보인다. 스펜서의 연구에 따르면 전쟁을 경험한 민족들은 종종 더 비도덕적이다. 전쟁과 싸움은 폭력을 정당화하고, 전쟁을 통해 얻는 이익이 도덕적 가치보다 우선시될 수 있다.

전쟁과 인간성: 전쟁은 인간성을 파괴하는 경향이 있다. 전쟁을 경험한 민족들은 종종 냉혹하고 비도덕적이며, 자신의 이익을 위해 폭력을 사용한 아프리디와 같은 전쟁 민족은 도덕적 감각이 결여되어 있으며 범죄와 폭력을 일상적으로 받아들인다.

평화로운 민족과 도덕: 평화로운 민족들은 일반적으로 더 친절하고 관대하다. 예를 들어, 아나미트와 같은 평화로운 민족은 손님에게 큰 환대를 베풀고 그들의 문화에서는 관대함이 일반적인 특성이다. 이러한 차이는 전쟁과 평화 상태의 민족 간 도덕적 차이를 보여준다

법과 정의: 전쟁 민족들은 법과 정의에 대한 개념이 부족하다. 전쟁 민족은 종종 힘의 원칙에 따라 정의를 내리며 전투

나 복수에 의존한다. 반면, 평화로운 민족들은 법과 정의를 존중하며, 공동체 내에서의 평화로운 관계를 유지하려고 노력한다.

문화와 범죄: 전쟁 민족의 문화는 종종 범죄와 비도덕성을 정당화하며 이는 사회적 혼란과 갈등을 심화시킨다. 반면, 평화로운 민족들은 문화적으로 더 윤리적이며 공동체 내의 조화와 협력을 중시한다.

16장

전쟁과 이민범죄

1. 전쟁의 영향 그리고 내전

전쟁과 도덕성: 전쟁은 인류 역사에서 도덕성과 윤리에 치명적인 영향을 미쳤다. 에라스무스는 전쟁을 인류의 가장 큰 재앙으로 보았으며 벤자민 프랭클린은 전쟁이 도적질, 강간, 파괴와 같은 범죄를 조장한다고 지적했다. 역사적으로 전쟁은 단순히 물리적인 피해를 넘어서 도덕적 타락과 범죄를 동반해 왔다.

전쟁과 범죄: 전쟁이 범죄를 부추기는 주된 원인으로 작용해 왔다. 고대 트로이 전쟁부터 시작하여 역사적으로 전쟁은 훔치기와 파괴의 원동력이 되었으며 전쟁 중에 범죄와 폭력의 범위가 확대되는 경향이 있다. 전쟁의 비극적 성격은 범죄

의 증가와 관련이 있다.

전쟁과 인간 본성: 전쟁에서 드러나는 인간 본성은 공격성과 탐욕, 야만성에 기초한다. 전쟁에서의 폭력과 범죄는 인간 본성의 가장 부정적인 면을 드러낸다. 전쟁은 오히려 인간을 더 비도덕적이고 폭력적으로 만드는 경향이 있으며 평화로운 공동체에서의 윤리와 도덕성을 해친다.

사회적 군대와 제도: 자연계에서 흰개미 부대는 군대 제도의 부작용을 보여준다. 그들은 노동자를 보호하지만 일정 수가 넘으면 불필요한 군대를 제거하기 위해 다른 개미를 죽인다. 이는 군대 제도가 사람들의 도덕성을 해치는 방식으로 작용할 수 있음을 시사한다.

내전과 정치적 분열: 내전과 정치적 갈등은 사회의 범죄와 부패를 부추기는 경향이 있다. 정치적, 사회적 분열은 범죄 조직과 비도덕적 행동을 강화시키며, 역사적으로 이러한 내전과 갈등이 범죄의 증가에 기여했던 이탈리아의 카모라와 시칠리아의 마피아는 정치적 갈등의 결과로 강력해졌다.

내전의 영향: 내전 동안, 정치적 및 사회적 갈등은 범죄 조직의 성장과 권력 강화로 이어질 수 있다. 이들은 법과 질서의 공백을 이용해 권력을 확대하며 이러한 상황은 정치적 불안정성과 갈등을 악화시킨다. 시칠리아의 마피아는 역사적으로 정치적 갈등과 혁명적 시기에 더욱 강화되었다.

혁명과 범죄: 혁명과 사회적 격변은 범죄와 폭력을 증가시

키는 경향이 있다. 혁명 중에는 종종 법과 질서가 무너지고, 범죄자들이 자유롭게 활동할 수 있는 환경이 조성된다. 이러한 혼란 속에서 범죄 조직은 더욱 강력해지며 사회의 안전과 안정을 위협한다.

전쟁과 정치적 갈등이 인류와 사회에 미치는 영향은 역사적으로 반복되어 왔으며 이들은 범죄와 비도덕성을 증가시키는 주요 원인으로 작용해 왔다.

2. 카모라, 이민과 범죄의 생태

카모라의 역할과 변화: 1860년, 카모리스트들은 나폴리를 보호하며 초기에는 경찰처럼 범죄를 억제하는 역할을 했으나 점차 범죄 조직으로 변모했다. 그들은 불법 밀매를 조직하고, 세금 징수관들에게 뇌물을 주어 조세를 회피했으며 그로 인해 세수는 극단적으로 감소했다. 그들이 권력을 잃고 스파벤타에 의해 축출된 후 카모리스트들은 반란을 일으키고 폭력적인 활동에 참여했다.

이민과 범죄: 이민은 범죄와 밀접한 연관이 있다. 이민자들은 종종 더 높은 범죄율을 가진 집단으로 구성되며 이민 생활의 어려움과 낮은 감시나 사회적 낙인으로 인해 범죄에 쉽게 연루될 수 있다. 뉴욕에서는 이민자들이 범죄의 주요 원인이

되며 이탈리아 출신 이민자들도 여기에 포함된다. 이민자들이 범죄에 연루되는 이유로는 경제적 어려움과 낮은 사회적 제재가 있다.

종교적 순례와 범죄: 종교적 순례자들이 범죄와 관련이 있다는 주장도 있다. 순례자들이 신의 이름으로 범죄를 저지르며 순례를 통해 죄를 속죄하려는 경향이 있다. 역사적으로도 순례자들이 범죄를 저지르고 이를 종교적 의도로 정당화하려 했다는 증거가 있다. 프랑스의 18세기 법령은 이러한 순례자들의 범죄를 차단하기 위해 제정되었다.

범죄의 지휘와 지능형 범죄자: 범죄 조직은 종종 지능형 범죄자에 의해 조직된다. 범죄의 리더들은 대개 뛰어난 지능과 전략적 사고를 가지고 있으며 이러한 능력은 범죄 조직의 지속성과 영향력에 큰 역할을 했다. 라카네르, 롬바르도, 스트랫마터 등의 범죄자들은 그들의 지능과 용기로 인해 오랫동안 무사히 범죄를 저질렀다.

감옥과 범죄: 감옥은 범죄의 온상으로 작용할 수 있다. 감옥에서 범죄자들은 서로 연결되고, 범죄 기술을 습득하며 나중에 사회로 복귀했을 때 더 조직적이고 숙련된 범죄자로 변모할 수 있다. 카모라와 마피아는 감옥에서 그들의 조직을 형성하고 감옥에서의 경험을 바탕으로 범죄를 계속해 나갔다.

범죄의 전파와 범죄 조직의 기원: 감옥은 범죄 조직의 발상지로 기능한다. 감옥에서 형성된 범죄 문화와 네트워크는 사회로 확산되며 감옥에서 배운 범죄 기술은 사회에서도 그대로 이어진다. 예를 들어, 카모라는 처음에는 감옥에서 활동했으나 나중에 사회로 나가 범죄를 저질렀다.

감옥의 영향: 감옥에서의 경험은 범죄자들에게 범죄를 조직하고 실행하는 능력을 부여한다. 감옥에서 얻은 경험과 지식은 그들이 사회로 나가 범죄를 계속하는 데 큰 영향을 미친다. 감옥에서의 범죄 교육은 사회에서의 범죄 행위로 이어질 수 있으며 이는 범죄 예방에 있어 중요한 문제로 작용한다. 전반적으로 범죄의 발생과 확산은 다양한 사회적, 경제적, 정치적 요인에 의해 영향을 받으며 감옥과 이민은 이러한 범죄 생태계의 중요한 부분을 차지한다. 범죄의 예방과 대처를 위해서는 이러한 복잡한 요인들을 이해하고 해결책을 마련하는 것이 필요하다.

3. 범죄와 인종, 유산, 그리고 사회적 요인

인종과 범죄: 범죄와 인종 간의 관계는 주목할 만하다. 특정 인종이나 민족 그룹이 범죄에 더 쉽게 연루된다는 주장은 여러 사회적 역사적 배경을 고려해야 한다. 집시와 베두인 그리고 특정 인종 그룹인 아프리카계 미국인, 알바니아인, 그리스인 등은 범죄와 연관될 가능성이 높다고 지

적되었다. 이는 특정 사회적 환경과 역사적 배경에서 형성된 범죄 문화와 관련이 있을 수 있다.

유산과 범죄: 범죄는 유산에 의해 크게 영향을 받을 수 있다. 범죄 가족의 구성원들이 범죄에 연루되는 경우가 많으며 이는 가족 간의 유대와 범죄 기술의 전수가 주요 원인이다. 예를 들어 여러 세대에 걸쳐 범죄를 저지른 가족들이 있으며 그들 간의 관계는 범죄를 조직화하고 지속시키는 데 도움을 준다. 이와 같은 유산 범죄의 예로는 카모라의 가족들, 프랑스의 치레티안, 레메르, 탄레의 후손들이 있다.

범죄 가족의 지속성: 범죄는 가족 단위로 조직될 때 더 오랫동안 지속될 수 있다. 범죄 가족은 그들끼리의 신뢰와 협력 덕분에 범죄 활동을 계속할 수 있으며 이들은 자녀와 손자에게 범죄 기술과 문화를 전수한다. 이로 인해 특정 지역에서는 범죄가 계속해서 발생할 수 있으며 이는 범죄의 세습적 성격을 보여준다.

사회적 요인: 범죄자들이 범죄를 저지르는 동기는 단순히 개인적 욕망이나 필요만이 아니다. 그들은 종종 사회적 압박, 범죄의 수익성, 그리고 범죄를 저지르는 동료들의 영향을 받는다. 범죄 조직은 사회적, 경제적 필요에 의해 형성될 수 있으며, 이러한 조직은 종종 서로 다른 특성을 가진 인물들을 모아 일하는데 레카네르와 같은 범죄자들은 다른 범죄자들과 협력하여 범죄를 계획하고 실행했다.

우연한 사건과 범죄 조직: 범죄 조직은 종종 우연한 사건에서 시작된다. 간단한 사고나 우연한 만남이 범죄 조직의 형성으로 이어질 수 있다. 테파스는 술에 취한 사람을 털다가 파우리에와 만난 것이 범죄 조직의 시작이 되었다. 또한, 런던의 빈민가에서 우연히 만난 사람들이 범죄 조직을 형성하기도 했다.

사회적 모임과 범죄: 특정 지역에서의 사회적 모임은 범죄의 형성과 확산에 기여할 수 있다. 밀라노의 특정 광장이나 장소에서 모이는 청소년들이 범죄를 저지르는 경우가 많았다. 이러한 모임은 범죄 활동을 촉진하고 경찰의 감시를 피해 범죄를 지속하는 데 도움이 될 수 있다.

범죄의 사회적 맥락: 범죄의 형성과 지속성은 단지 개인의 문제에 국한되지 않는다. 사회적 맥락, 경제적 필요성 그리고 문화적 배경이 범죄에 큰 영향을 미친다. 범죄는 종종 사회 구조의 일부분으로 존재하며 이를 해결하기 위해서는 사회적, 경제적 조건을 변화시키는 노력이 필요하다. 이러한 분석은 범죄의 복잡성을 이해하는 데 도움이 되며 범죄 예방과 대처를 위해 다양한 사회적, 경제적 요인을 고려하는 것이 중요함을 시사한다.

정치적 범죄는 열정의 극단적인 표현으로, 사회와 정치에 깊은 영향을 미친다. 이는 보수의 감정에 대한 공격과 변화에 대한 거부를 나타내며 특히 종교와 정치의 영역에서 더욱 두드러진다. 이러한 범죄의 원인은 여러 가지 지리적, 인구적, 민족적, 역사적 요인에 의해 설명될 수 있다.

지리적 영향: 산악 지형: 산악 지역은 역사적으로 독립성과 저항의 상징으로 여겨져 왔다. 산악 지역 주민들인 사니티족, 마르시족, 리구리족, 칸타브리족 등은 종종 외세에 대한 강한 저항을 보였다. 현대의 코카서스 지역 주민들과 프랑스의 세븐느 지역에서도 비슷한 경향을 보인다. 산악 지역은 자율성과 통제의 어려움을 높여 자유를 추구하는 경향이 강하다.

중심 지역: 계곡이 모여 있는 지점에서는 인구가 집중되고 이로 인해 더 많은 혁신적이고 반항적인 경향이 나타난다. 폴란드와 프랑스의 주요 강변 지역들은 인구 집중과 자원의 풍부함 덕분에 혁명적 경향이 더 두드러진다.

인구적 요인: 인구 밀도: 인구 밀도가 높고 산업 활동이 활발한 지역은 농업 지역보다 더 많은 반항과 혁신적인 성향을 보인다. 도시 지역의 높은 사회적 상호작용과 경제적 경쟁이 변화와 개혁에 대한 욕구를 자극한다.

건강과 창의성: 자연환경의 질과 창의성의 수준도 변화에 대한 경향에 영향을 미친다. 피렌체와 아테네 같은 건강하고 비옥한 지역은 더 많은 천재와 혁명적 움직임을 생산한다. 건강한 환경은 새로운 아이디어와 혁명의 발상지를 제공한다.

민족적 및 인종적 영향: 민족적 영향도 정치적 성향과 혁명적 경향에 큰 영향을 미칠 수 있다. 프랑스에서는 리구리아 민족이나 갈리아 민족이 많이 거주하는 지역이 혁명적 성향이 강했으며 이베리아 민족이나 킴브리 민족이 거주하는 지역은 상대적으로 덜 혁명적이었다. 이는 민족 간의 문화적 및 역사적 차이 때문일 수 있다. 민족 간의 혼합은 혁신과 혁명적 성향을 자극할 수 있다. 예를 들어, 이오니아와 리디아, 페르시아의 혼합이 혁명적이고 천재적인 성향을 유도했으며, 폴란드의 독일 민족과의 혼합도 비슷한 현상을 일으켰다. 스페인 식민지의 원주민과 유럽 식민지의 혼합도 상업과 연구에서 더 활동적이고 반항적인 성향을 보인다. 역사적 및 현대적 사례에서 역사적 사례를 보면 로마냐와 리구리 아푸아니는 역사적으로 반항적이고 아나키적인 성향을 보였다. 리보르노와 그 배경을 통한 반항적 경향도 이와 관련이 있다. 현대적 사례에서 시칠리아는 혼합된 혈통 덕분에 나폴리보다 더 많은 반항적 성향을 보이며 팔레르모에서의 노르만과 사라센의 혼합도 그 예시 중 하나이다. 프랑스의 프랑카 콩테에서의 혁명적 과학자들은 독일 혈통의 영향을 받은 결과로 볼 수 있다. 결론적으로, 정치적 범죄의 원인은 지리적, 인구적, 민족적, 역사적 요인들이 복합적으로 작용한 결과이다. 이러한 요인들을 분석함으로써 반항과 혁명적 움직임의 동력을 보다 깊이 이해할 수 있다.

4. 악성 정부

악성 정부가 공공의 복지를 무시하고 정직한 사람들을 박해할 때 반란과 혁명의 원인이 된다. 마키아벨리는 박해가 생각을 감정으로 변화시킨다고 말했다.

미국 독립 전쟁 직전에 벤자민 프랭클린은 "대제국을 소국으로 만드는 규칙"이라는 소책자에서 악성 정부의 원인을 요약했다. 그는 메트로폴리에 다음과 같이 썼다. "식민지 주민들이 반란을 일으키도록 자극하고 싶다면 그들이 항상 반란을 일으킬 준비가 되어 있다고 간주하고 그렇게 대하라. 그들 주위에 군인을 배치하여 그들의 거만함으로 반란을 유도하고 총알과 총검으로 그것을 억누르라." 정치 개혁이 국민의 열망과 일치하는 나라에서는 폭동이 적거나 없으며, 이는 이탈리아에서 확인된다. 이탈리아의 현 정부는 다소 불완전하지만, 이전 정부에 비해 확실히 진보적이다. 그러나 정치적 및 법적 통합의 지나친 추진은 지역별 기후와 풍습의 차이를 충분히 고려하지 못한다. 프랑스에서 오를레앙 왕조와 같은, 교양 있는 계층에는 적합하지만 하층민에게는 적합하지 않은 정권으로 반란과 정치적 범죄를 증가시켰다. 반면, 나폴레옹 3세의 제정 민주주의 정부는 사치와 사회 개혁 시도로 인해 하층민들에게 더 많은 지지를 받았고 이로 인해 정치적 사건의 수가 감소했다. 1826년부터 1880년까지의 정치적 범죄 통계에 따르면 나폴레옹 시대(1851-1870)는 정치적 재판의 최저점을 기록했다.

사회 계층 간의 우위 다툼은 아리스토텔레스가 모든 혁명의 원인이라고 말한 불평등의 결과이다. 그는 "한쪽에서는 평등을 원하고 다른 쪽보다 적다고 생각할 때 반란을 일으킨다. 다른 한쪽에서는 권력을 갈망하며, 불평등이 정당하다고 생각되지 않을 때 반란을 일으킨다"고 썼다. 지배 계층이 권력을 남용하면 반응을 촉발할 수 있다. 아리스토텔레스는 "정부는 어떤 방향으로 기울어지든, 그것이 기반하고 있는 원칙이 과장되면 결국 퇴보한다"고 말했다.

프랑스의 1789년 혁명은 군주제의 원칙을 왕의 피로 끝내려 했으나, 무정부 상태로 악화되었고, 이는 다시 제국의 부활로 이어졌다. 데모필로와 그의 아내가 하인들에게 가한 고문은 시칠리아에서 큰 반란을 일으킨 원인이었다.

단일 계층의 지배도 위험하다. 교회가 스페인, 스코틀랜드, 교황령, 나폴리 등에서 과도하게 지배하면 국가의 발전이 지연되고 반란의 위험이 커진다. 로마에서 귀족의 폭압은 결국 카틸리나와 같은 반란과 카이사르의 독재를 초래했다. 이후 브루투스의 시도는 실패했지만, 제국 황제들은 하층 계급의 반응을 대표했다. 때로는 고대의 올리가르히들이 권력을 과도하게 제한하자, 민중이 그들을 무너뜨렸다.

중세 피렌체에서는 귀족의 폭정이 자산가들의 승리를 초래했고, 자산가들의 남용은 결국 아테네 공작의 초청을 가져왔다. 그는 폭정을 억제하려 했지만 결국 하층민들과의 갈등으로 추방되었다. 균형 잡힌 사회 계층과 권력이 균형을 이루는 곳에서는 자유가 유지되며 혁명은 드물다. 아리스토텔레스에 따르면 스파르타의 오랜 지속성은 권력의 공정한 분배 덕분이었다. 상류층을 대표하는 상원, 하류층을 대표하는 에포로이(선거를 통해 선출된 최고 행정관들)그리고 제한된 권한을 가진 두 명의 왕이 그 예이다. 두 왕이 동시에 존재하며 상호 간의 의견 차이로 인해 독재자가 되는 일이 드물었다. 정당과 파벌은 약자들이 강자와 싸울 때 유용할 수 있지만, 때로는 국가를 부패시키는 수단이 되기도 한다. 중세 이탈리아의 도시 국가들 특히 피렌체에서 정당의 과도한 편협함과 극단성은 정치적 및 지적 자원의 고갈을 초래했다고 한다. 아르헨티나의 사례에서, 로사스에 대한 반발은 부에노스아이레스의 유니타리오스의 과도한 이념적 혁신주의에 의해 촉발되었고 이들은 실용적이지 않은 이상적인 언어와 규정을 추구했다. 정당의 정치적 영향력이 커짐에 따라 자유의 발전과 함께 파벌의 중요성은 줄어들었다. 파벌은 억압의 결과로 생겨난 것이며, 억압은 아이디어를 감정으로, 감정을 파벌로 변화시킨다. 현대 문명은 정치적 개혁에서 파벌의 역할에 상당히 의존하고 있으며 이탈리아의 결사조직 카르보나리당, 아일랜드의 차르티스트(Chartist Movement), 그리스의 에테리아, 러시아의 니힐리스트(Nihilism)들처럼, 이들은 각국의 정치적 발전에 기여했다. 이탈리아의 경우, 1883년 제르겐티에서 발견된 마노 프라테르나(Mano Fraternà)는 원래 상호 지원의 성격을 지닌 사회였으나 곧 범죄 조직으로 변질되었다. 이들은 범죄를 계획하고 실행하는 방식으로 발전했으며 시민들은 스스로를 방어하기 위해 다른 범죄자들에게 의존해야 했다. 아일랜드의 농민 동맹은 정치적 및 경제적 자유를 위한 고귀한 투쟁을 벌였으나 곧 소규모의 범죄 집단인 인빈시블스(Invincibles)가 등장해 각종 범죄를 저지렀다. 여기에 모방 범죄, 미친 행동, 환각은 진정한 모방에 의해 전염될 수 있다. 이는 대규모의 혁명적 전염병처럼 보일 수 있으며 1378년부터 1494년까지의 유럽 인민들이 이탈리아의 반란을 모방한 사례가 있다. 이 시기에는 로마의 콜라, 제노바의 아도르노, 피렌체의 치옴피, 팔레르모의 알레시, 나폴리의 라짜리 등이 있었다. 이 시기에 보헤미아에서의 우시티 혁명, 독일 자유 도시의 농민 반란, 간트 시민들의 세금 거부, 스위스의 독립 전쟁, 스웨덴의 농민 봉기, 크로아티아의 하르바트, 영국의 율리안 사제의 종교 운동 등이 동시에 일어났다. 모방과 전통의 영향은 93년 혁명가들에 의해 플루타르코의 영웅들을 모방하거나 오히려 그들을 흉내냈고 나폴레옹 가문은 시저를 모방했다. 1789년 프랑스의 거의 모든 지역은 파리의 9월 학살을 모방하거나 그 이후의 백색 테러를 따랐다. 아리스토텔레스는 서로 다른 방식으로 지배되는 나라들 사이의 근접성이 혁명의 원인 중 하나라고 지적했다. 올리가르히들의 스파르타의 근접은 아테네의 민주주의를 자주 무너뜨렸고, 그 반대도 마찬가지였다.

어떤 이념들은 거의 전염병처럼 확산되기도 한다. 예를 들어, 한때는 군주제의 이상이 지배했고 다음은 국민 주권(1789)이, 그리고 국수주의 원칙이, 현재는 경제적 개선이 주요 이념이 되었다. 현재 우리의 경제적 상황이 과거보다 나빠졌다고 할 수는 없지만, 사람들이 느끼는 필요와 만족도는 불균형해졌다. 교회 자선 같은 전통적인 도움의 방식은 현대인의 자존심을 자극할 뿐이지 본래의 필요를 충족시키지 못한다. 협동조합의 활동 범위는 제한적이며, 특히 농촌에서는 거의 존재하지 않는다.이렇게 역사적 전통이 만들어 지고 마키아벨리는 모든 혁명이 다음 혁명을 위한 발판이 된다고 썼으며 실제로 많은 혁명이 오랜 역사를 가진 다른 혁명들의 형태를 반복했다. 로마의 법관 제도는 콜라와 바론첼리, 그리고 최근에는 키케루아키오와 코카피엘로 같은 인물들에 의해 다시 나타났다. 로마냐(에밀리아-로마냐, Emilia-Romagna 행정구역)의 혁명적 성향은 그들의 중세 역사와 연결된다. “로마냐는 당신의 지배자들의 마음속에 전쟁 없이 존재하지 않을 것이다”라는 단편적인 문구는 이러한 전통을 반영한다.

파리의 1789년 코뮌과 제크리의 혁명적 성향은 파리의 지역 회의에서 비롯된 것이다. 파리에서의 바리케이드 설치는 거의 10년 동안의 습관처럼 되었으며 스페인에서의 군사 혁명, 러시아에서의 차르 암살, 마케도니아와 그리스의 도적질 등과 유사한 방식으로 나타났다. 혁명은 이러한 전통의 영향력을 갖추며 전통을 존중하지 못하면 실패한다. 기존의 정부와 새로운 정부 간의 차이가 클수록, 대중의 지지도는 불안정하다. 따라서 이전의 권리를 보존하거나 새로운 정부가 기존 제도를 최대한 존중하는 것이 성공적인 혁명의 열쇠가 된다. 블루투스의 희생은 왕을 유지하게 했고, 시저는 트리부니와 원로원, 그리고 공화정의 형태를 유지하면서도 군사적 지위를 취했다. 영국은 마그나 카르타를 통해 기존 권리를 지켰으며 기울리는 권력을 유지하기 위해 귀족 중에서 인민 대표를 선출한 구엘프를 들 수 있다.

피렌체의 세크레타리오가 쓴 바와 같이 자유국가의 개혁을 인하는 지는 오래된 방식의 그림자를 유지해야 한다. 새로운 것이 오래된 것과의 연결을 갖지 않으면, 새롭고 불안정한 균형을 만들어 국가의 힘을 분산시키고 끊임없는 혁명을 초래하게 된다. 이렇게 부적절한 정치 개혁은 인간 본성을 무시하거나 지나치게 독재적인 사람들만이 현재의 조건에 부합하지 않는 개혁 조치를 내리고, 낡은 제도를 파괴하여 새로운 제도로 대체하려 한다. 이런 개혁은 원주율을 무시하고 불만을 초래하며 기존의 제도와 새로운 제도 간의 불안정한 균형을 초래해 국가의 힘을 낭비하게 만든다. 아르날도와 사보나롤라의 개혁 그리고 이탈리아에서 콜라 다 리엔치가 정치 개혁을 시도했으나 실패한 사례를 들 수 있다. 프랑스에서 마르셀은 연방 공화국을 설립하려 했으나 가능성조차 없던 시기에 너무 많은 개혁을 시도하다 실패했다.

스페인에서는 카를로스 3세가 그의 지성과 권위를 통해 교회를 억제하고 국가의 조건을 개선했으나, 그가 사라지자 모든 개혁이 중단되었고 국민은 예수회 재설정을 요구했다. 1812년, 1820년, 1836년의 개혁자들은 국민의 감정과 맞지 않아 실패했다. 1814년과 1823년에는 공공의 분노가 자유주의자들과 헌법을 몰아냈다. 여기에 종교의 역할도 무시할 수 없었다. 아시아와 아프리카의 종교는 정치와 혼합되거나 정치적 역할을 했으며, 때로는 혁명적이고 종종 반동적이었다. 인도에서 나낙(1469)은 시크교를 창시했고, 이는 신의 통일과 카스트의 폐지를 강조하며 군사적 성격을 띠었다. 이슬람의 무함마드는 우상 숭배를 끝내고 아라비아를 정복했으며 그의 시대에 아랍인들은 그리스 문헌을 번역하고 수집했다. 프랑스 혁명 중에는 공화국이 최고 존재를 숭배하고 다양한 종교적 관행을 조직했으나 이는 공화국의 극단적 표현이었다. 이와 같은 전통과 종교의 영향을 받으면서 사회의 변화와 반동은 각 시대의 정치적, 사회적 맥락에 맞추어 나타났다.

인도에서 영국에 대한 반란은 종종 지역의 관습과 종교적 신념을 침해한 경우에 발생했다. 1857년의 시파이 반란은 주로 영국 동인도 회사의 아우다 왕국 점령보다는 개신교 선교사들의 전도 활동과 이로 인해 브라만과 무슬림들 사이에 반감을 일으킨 것이 원인이다. 또 시파이들에게 돼지 기름으로 양념된 총알을 사용하라고 강요한 것도 반감을 크게 일으켰다. 아프리카에서는 신수니 회가 주도한 반란이 있었다. 신수니 회는 무슬림의 예수회와 비슷한 단체로, 고대 관습의 순수성을 되살리고 새로운 형태로 권위의 정통성을 확립하는 것을 목표로 했다. 오늘날 러시아에서도 일부 종교 집단이 국가, 사회, 가족을 절대적으로 부정하며 아담 이전의 상태로 돌아가려는 경향을 보이고 있다.

경제적 영향을 받은 원인이 혁명에 미친 영향은 로리아에 의해 여러 가지 중요한 반란에서 실질적인 증거로 제시되었다. 영국에서는 귀족들이 토지 소유를 촉진하는 법을 제정하자 산업이 피해를 보았고, 이에 따라 상업계가 엘리자베스 여왕을 지지하며 크롬웰과 윌리엄 오렌지와 함께 승리했다. 독일에서는 16세기 귀족들이 정치적 권력을 독점하며 자본과 상업에 적대적인 법을 제정하고 수입 및 수출에 세금을 부과했다. 이탈리아에서는 귀족과 상공업자 간의 갈등이 구엘프와 기벨리니 간의 대립으로 나타났으며 이는 이동 자산과 토지 자산 간의 싸움을 나타낸다고 로리아는 설명했다. 프랑스에서는 상공업자들이 왕권과 귀족, 그리고 국가 총회에서 배제된 채 국민을 선동하여 궁정과 귀족에 맞서 반란을 일으켰다. 현재의 니힐리즘도 이동 자산과 토지 자산 간의 갈등에서 비롯된 것으로, 상업 계층과 소규모 소유자들이 식민지 해방을 지지한 반면, 귀족은 모든 소외된 계층과 상업계의 적들과 연합했다. 세금과 화폐 변동에 따라 정부가 경제 법칙을 무시하고 기존의 불균형을 악화시키면서 반란이 일어나는 경우가 많다. 프랑스 1860년 혁명의 원인 중 하나는 발루아 왕조 하에서 금의 가치가 1년 동안 26번 변동한 것이었다. 시칠리아에서는 12세기 베스프리 반란이 정부의 화폐 변동 남용으로 인해 발생했다. 1531년 파리에서 채소에 대한 세금이 부과되자 말로틴 반란이 발생했다. 1548년에는 약 50,000명의 농민들이 소금세에 반발하여 봉기하였고, 이들은 보르도의 반란 진압군에게 희생되었다. 1638년, 루이 13세의 군대와 리슐리외의 세금 징수원들이 농촌에서 봉기해 대규모 학살을 초래했다. 1640년, 마자린이 파리에서 식료품세를 두 배로 증가시키자 시민들이 바리케이드를 세우고 감옥을 포위하여 정치적 죄수들을 해방시켰다. 이는 정부와 협상하여 1천 2백만 프랑의 세금 감면을 얻었다. 1639년, 루앵에서 세금 징수원들에 대한 반란이 있었으나 피로 진압되었다. 그러나 국민의 세금 징수원에 대한 증오감은 여전히 강했다. 1649년, 세금 징수원에 대한 새로운 반란이 일어나자 루와르 지역의 배가 선원들은 세금이 면제된 소금을 팔았고, '말톨테(부세) 반대'라는 구호로 국민의 지지를 받았다. 1789년 프랑스 혁명의 첫 번째 주요 사건은 바스티유 감옥의 함락이 아니라 장벽의 파괴와 방화였다. 이탈리아 나폴리에서는 스페인의 지배를 오랫동안 겪으면서 마시아넬로의 주도로 반란이 일어났다. 이 반란은 과도한 세금으로 인해 자원이 고갈된 상황에서 소금세가 추가되었기 때문이었다. 1767년에는 무화과 세금 때문에, 그리고 네덜란드에서는 생선 세금 때문에 반란이 일어난 적이 있었다. 세금이 공정한 기반을 가지고 있더라도 특정 계층에 직접적으로 타격을 주고 그들의 이익을 심각하게 방해할 경우, 반란을 일으킬 수 있다. 예를 들어, 파비아의 제분세, 에밀리아 지역의 제분세, 피렌체의 카타스토와 같은 경우, 적용되자마자 귀족 상공업자들에 의해 촉발된 반란이 일어났다. 경제적 위기들은 산업적 및 상업적 혁명보다는 지역적 폭동에 더 큰 영향을 미친다. 예를 들어, 고대 로마에서는 부채 문제와 농법 법안 등이 큰 혼란을 일으켰지만, 경제적 번영은 여전히 나쁘지 않았다는 분석이 있다. 스푸리오 카시오가 제안한 농법 법안은 빈민과 로마 연합 시민들 사이의 재산 분배를 논의했지만, 이 법안은 지지받지 않았고 그 결과로 사망하기까지 했다. 경제적 요인이 국가의 정치적 운명에 미치는 중요성을 부정할 수 없다. 아리스토텔레스는 귀족 정부가 부유한 자들과 가난한 자들 간의 극단적 차이로 인해 혁명에 위협받는다고 설명했다. 민주적 혹은 공화국 정부에서도 빈곤 계층이 급격히 증가하면 정치적 변동을 겪어야 한다고 언급했다.

현대의 사회적 및 정치적 반란의 주요 원인은 경제적 불균형과 그로 인한 사회적 불만이다. 고전 경제학 이론이 자본과 노동 간의 관계를 지나치게 단순화하면서 생긴 불균형은 여전히 해결되지 않은 문제이다. 이론적으로는 불가피한 불균형이 존재할 수 있지만, 사람들은 경제적 고통을 겪으면서도 적절한 해결책이 제시되지 않는다면 반란을 일으킬 수밖에 없다.

프랑스에서는 1882년에 로안, 베세지, 몰리에르 등지에서 일어난 파업과 몽소-레-민과 리옹에서의 심각한 폭동들이 사회주의적인 정치적 성격을 가지고 있었다. 이들은 권력자들에 맞서 노동자들의 단결을 요구하며 혁명적인 성향을 보였다.

미국에서도 시카고를 중심으로 하는 사회주의 혁명적 그룹이 철도와 관련된 과도한 투기와 정치적 무시에 대응하여 활동을 강화하고 있다. 이로 인해 매년 수많은 파업이 발생하고 있다.

19세기 동안 발생한 142개의 반란 중 16개(11.2%)가 기근으로 인한 것이며, 이는 경제적 요인이 여전히 중요한 역할을 하고 있음을 보여준다. 다른 경제적 원인으로는 19개의 노동자 반란(13.4%)과 13개의 재정 법안 반란(9.1%)이 있다. 전체적으로 경제적 원인으로 인한 반란이 29.58%를 차지하고 있다. 이러한 경제적 원인으로 인한 반란의 증가는 현대와 고대 사회의 비교를 통해 확인할 수 있다. 경제적 반란은 프랑스, 영국, 벨기에 등 현대적인 국가에서 빈번하게 발생하며, 이는 전통적인 사회인 터키와 스페인과 대조적이다. 이렇다 보니 군사적 반란은 총 26건으로 전체 반란의 18.3%를 차지한다. 북유럽 국가들에서는 러시아에서 1건만 있었고, 중앙 유럽에서는 4건이 발생했으며, 남유럽에서는 21건이 발생했다. 이 중 12건은 이베리아 반도에서 발생했고, 터키에서는 1807년부터 1826년 사이에 7건의 제뉴지 반란이 일어났다. 대부분의 군사적 반란은 더운 지역과 더운 계절에 발생했으며, 종교적 반란도 비슷한 패턴을 보였다(15건 중 7건). 이탈리아, 독일, 오스트리아, 러시아는 학생들에 의한 반란이 있었다. 정치적 원인에 의해 발생한 반란은 34건으로 전체의 26%를 차지하며, 스위스에서는 5건 중 3건, 이탈리아에서는 22건 중 13건, 스페인에서는 19건 중 5건, 터키에서는 14건 중 4건이 정치적 원인으로 발생했다. 정치적 원인으로는 군주나 지도자에 대한 반대, 외세의 점령, 헌법 제정 또는 개정 등이 포함된다. 이러한 원인은 지역과 계절에 따라 다르게 분포한다. 외부 변화는 스펜서가 진화론에 대해 강력히 지지하면서도 외부 변화가 종종 종의 변화와 퇴화를 초래한다고 인정했다. 특정 종이 환경 변화에 의해 퇴화할 수 있으며 특정 유형의 발전이 다른 유형의 퇴화를 초래할 수 있다. 뜨거운 기후와 평야는 이집트의 세미트, 펠라, 베르베르족을 반혁명적으로 만들지만, 알제리의 산악 베르베르족은 프랑스에 대해 끊임없이 반란을 일으킨다. 그러나 테우피크의 새로운 시민 조건은 혁명의 싹을 틔우기 시작했다.

새로운 환경과 교배에 의해 네덜란드 농민들이 아프리카의 유목민이 되고 노르만 사냥꾼들이 대담한 항해자가 되고, 유대인 목동들이 상인이 되며 보수적인 앵글로색슨들이 자유로운 혁명가가 되었다. 신생 국가에서 일부 원인이 특정 시기에 지배적인 이유는, 화학에서처럼 사회학에서도 신생 상태의 요인들이 더 강력하고 명확하며 오래 지속되는 영향을 미치기 때문이다. 인간의 생리학에서도 처음 자극이 더 강하게 느껴지는 경향이 있다. 따라서 기후의 영향은 그 영향을 방해하는 인자가 있어도 지속된다.

현재 종교는 문명과 발전에 큰 영향을 미치지 않지만 신생 상태에서는 혈액 순환을 촉진하는 운동이 반란과 혁명을 촉진하였다. 신생 종교는 도덕과 성격의 발전을 동반하며 종교가 신봉자들 사이에서 도덕적 개선을 가져온다. 바비즘, 불교, 기독교, 루터교 등은 그러한 예로 들 수 있다. 그러나 시간이 지나면서 이러한 현상은 사라지고 종교는 새로운 부도덕의 원천이 되기도 한다. 사르디니아 사람들은 피에몬테인들과 완전히 다르지만 코르시카 사람들은 프랑스인들과 잘 지냈다. 유럽은 다양한 인종이 혼합되고 겹치는 현상을 보여준다. 폴란드는 슬라브 혈통으로 러시아를 싫어하지만 오스트리아와는 잘 어울린다. 반대로, 라인 지역의 독일인들은 프랑스인들과 더 가까운 관계를 맺는다. 아이리시들은 영국인들과 비슷한 혈통을 가졌지만 역사적인 폭력과 경제적 피해로 인해 그들과의 관계가 악화되었다. 반면, 웨일스와 스코틀랜드는 영국과 완전히 통합되었다. 좋은 통치는 인종 융합을 촉진하며 작은 집단의 큰 집단에 대한 물리적 매력도 큰 역할을 한다. 이로 인해 시메트 인종, 사르디니아 인종, 켈트인과 피에몬테 인종, 그리고 코르시카 인종이 서로 잘 융합되었다.

유목민의 신념은 두 번 세계를 정복하였다. 유목민은 신전을 세우거나 동상을 만들 필요가 없어 간단한 숭배 방식을 채택하였다. 이러한 간단함이 우상숭배의 원인을 제거하고 단순한 숭배를 선호하게 만들었다. 이렇게 작은 원인은 종종 간과되지만, 역사적 사건에 큰 영향을 미칠 수 있다. 스펜서는 온천이 미국 원주민 부족들 사이에서 도자기 제조를 촉진했다고 언급했다. 마찬가지로, 짐승을 이용한 운송이 인도, 유럽인들의 발전을 가속화했다. 반대로 접근이 어려운 자연 환경을 보면 울창한 숲과 많은 야생 동물은 사회적, 문화적 발전을 저해할 수 있다. 예를 들어, 베네치아를 둘러싼 석호와 운하들은 대규모 봉기를 어렵게 하여 정치적 안정에 기여했다. 네덜란드는 추운 평지 기후로 인해 역사적으로 반혁명적이었다. 그러나 바다와 외세에 대한 싸움은 그 나라의 발전 경향을 강화했다.

베이컨은 원래 군주들의 사소한 발언이 때로는 폭동의 불씨가 될 수 있다고 보았다. 예를 들어, 갈바는 군인들에게 불만을 표현한 발언으로 권력을 잃었고, 프로보는 군인들에게 로마 제국의 필요성을 부정하는 발언으로 군대와 적대적 관계가 되었다. 19세기에는 매우 사소한 이유로 폭동이 일어난 경우도 있었다. 예를 들어, 1821년 스페인에서는 왕이 종교 행진에 참여하지 않아 폭동이 일어났고, 1867년 부쿠레슈티에서는 담배 독점에 반대하는 폭동이 발생했다. 1876년 암스테르담에서는 연례 박람회 폐지에 대한 반발로 폭동이 일어났다.

전쟁은 폭동의 기회가 될 수 있다. 테베에서는 에노피트 전투에서 패배한 후 민주정부가 무너졌고, 아테네에서는 스파르타와의 전쟁에서 패배한 후 부유한 계층이 우위를 잃었다. 아르고에서는 전투에서 패배한 후 군대가 노예에게 시민권을 부여했다. 시라쿠사에서는 대중이 아테네를 이긴 후 민주주의를 공화국으로 대체했다.

아리스토텔레스는 전쟁 중에 올리가르히들이 군인들에게 도시의 방어를 맡기면 이들이 나중에 권력을 장악할 수 있다고 설명했다. 예를 들어, 사모스, 라리사, 아비도에서 이런 일이 있었으며, 프랑스에서도 오랜 세월 동안 비슷한 일이 있었다.

프랑스-프로이센 전쟁은 독일 제국의 굳건한 기초를 마련하는 데 기여했으며, 처음에는 인기가 없었던 독일 제국의 통계는 전쟁 중과 그 이후에 정치적 범죄가 증가했음을 보여준다.

세당 전투는 나폴레옹 제국의 종말을 의미했으며, 아두아 전투는 이탈리아에서 크리스피 독재의 끝을 나타냈다. 레난에 따르면, 유대교와 기독교의 두 가지 큰 발전은 단지 예언자들뿐만 아니라 아시리아와 로마의 승리로 인한 큰 혼란에도 영향을 받았다고 한다.

결국, 우연한 사건은 혁명의 원인이 아니라, 단지 선행 조건에 불과하다. 군인의 잔혹함이나 군주들의 방탕함은 베스프와 타르퀴니우스의 추방과 같은 사건을 촉발할 수 있지만, 이러한 사건들은 종종 더 깊고 복잡한 변화의 단지 촉매제일 뿐이다.

제2부

범죄 예방 및 치료

1장 범죄 예방 및 치료

1. 대체 처벌

대체 처벌의 개념은 범죄의 원인을 이해하고 연구함으로써, 입법자가 예방 조치를 통해 범죄의 영향을 줄이거나 예방할 수 있도록 하는 것이다. 자유 무역은 기근을 줄여 도난을 예방하고, 세금, 관세의 인하나 폐지는 밀수를 줄일 수 있다. 공무원의 높은 급여는 부패를 방지하고, 전기 조명과 넓은 도로는 범죄와 강도를 예방하는 데 효과적이다. 또한, 아동과 여성의 근로 시간 제한은 성범죄를 예방하며, 저렴한 노동자 주택과 노동자 재해 보상 기금은 유랑과 파업을 줄이는 데 도움이 된다. 정치적으로는 자유로운 정부와 의견 및 언론의 자유가 폭동과 부패를 예방할 수 있다.

기후와 인종: 기후와 지역적 인종 특성에 맞게 법률을 조정하는 것이 범죄의 원인 영향을 완화하는 데 중요하다. 더운 기후에서는 성매매를 더 잘 규제하고 신속하고 효과적인 사법 제도를 마련하며 목욕을 장려하는 것이 유익하다. 이탈리아에서는 지역별로 범죄율의 차이가 기후와 문화적 차이와 관련이 있다. 남부와 섬 지역은 더운 기후와 다른 사회경제적 조건을 특징으로 하며 이로 인해 범죄율이 높다. 반면, 북부 지역은 더 온화한 기후와 낮은 사망률을 특징으로 하며 범죄율이 낮다. 또한, 범죄는 지역에 따라 차이가 나며, 남부와 섬 지역에서는 인신범죄가 로마와 사르데냐에서는 재산범죄가 더 많이 발생한다.

참고로 대체 처벌의 개념은 범죄 발생 후 처벌보다는 범죄의 원인을 해결하고 예방 조치를 취하는 것이 범죄율을 줄이는 데 더 효과적이라는 것을 제안한다.

범죄 예방 및 치료를 분석해 보면 범죄가 조직적 원인이나 외부 환경에 크게 의존하며, 일단 성인이 된 후에는 치료가 불가능하다는 사실이 인정되면 교육과 감옥이 범죄에 대한 유일한 해결책이라는 환상은 사라지게 된다. 그러나 모든 처벌 제도에서 재범이 지속되는 현실을 고려할 때 범죄가 성숙된 후 치료하는 것보다는 예방하는 것이 중요하다. 범죄를 제거하는 것은 불가능할 수 있지만 최소한 재발 방지와 범죄 예방을 위해 노력해야 한다.

범죄 통계는 이탈리아 내 지역 간 큰 차이를 보여주며 범죄 통계와 무죄 판결 통계는 같은 범죄가 서로 다른 지역에서 다르게 평가되는 것을 나타낸다. 법률의 통일성은 법적 문제를 해결하지 못하며 오히려 법률을 무의미하게 만들고 있다. 만약 지역의 여론에 맞춰 처벌을 조정했더라면 이러한 문제가 발생하지 않았을 것이다. 법률이 범죄로 간주되지 않는 경우 결투나 간통과 같은 범죄에 대해 법을 수정하려는 노력은 필요할 것이다.

법률을 실제로 통일시키기 위해서는 단순히 법률의 통일을 넘어서 문화, 출생률, 성적 행위, 기후, 토지, 농업 등을 통합해야 한다. 그렇지 않으면 법률은 단순히 이론적인 제도로 남게 될 것이다. 폴란드인들에게 언어를 변경하라고 명령한 법령처럼 법률이 아무리 엄격해도 기후와 환경이 바뀌지 않으면 언어가 바뀌지 않는 것과 같다. 법률의 통일은 단순히 서면으로만 존재하고 실제로는 법적 효력이 없다. 다른 나라들도 법률이 통일되지 않았더라도 법률이 유사하게 유지되는 경우가 있다. 코르시카는 프랑스와 관습과 범죄가 다르지만, 법률은 실질적으로 사법제도로 인해 시행되지 않는다. 스위스의 각 주는 자체 법전을 가지고 있으나 영국은 없고 각 지역에 따라 법률이 다르지만 자유롭고 범죄율이 낮다. 미국에서도 법률이 통일되지 않고 뉴욕을 제외한 다른 주들에서 각기 다른 법률을 가지고 있다. 작은 지역에서도 아르테나와 같은 범죄가 만연한 곳에서는 특별한 예방 조치를 취하고 의심스러운 인구를 강제 이주시키는 것이 필요할 수 있다. 이같은 특수한 경우에는 법률의 적용을 조정할 필요가 있다.

2. 문명

과도한 중앙집중화와 지나치게 발달한 문명으로 인한 피해는 새로운 범죄 방어 수단으로 예방할 수 있다. 예를 들어, 정부는 과도한 중앙집중에서 벗어나 더 작은 지역에도 대학, 아카데미, 과학 연구소, 군사 학교, 교육 기관 그리고 레크리에이션 시설을 배치하여 대도시로의 인구 집중을 줄여야 한다. 북미에서는 도시의 과도한 집중을 조절하기 위해 농촌 지역을 더 매력적으로 만들고 산책로, 클럽, 조명, 극장, 도서관을 배치하여 부유한 사람들을 유도하고 일반 사람들에게는 더 큰 만족을 주어 대도시로의 유입을 줄이는 방법이 사용되고 있다.

물론 이러한 인구 집합체를 즉시 없애기는 어렵지만 범죄의 원인을 제거하고 실업자들에게 무료 교통을 제공하여 이주를 촉진함으로써 범죄의 여지를 줄일 수 있다.

밀도와 맬서스적 방법: 인구 밀도가 식량 자원에 비해 과도하게 증가할 때 맬서스적 원칙을 적용하는 것이 유일한 예방 조치가 된다. 힐은 그의 연구 '범죄적 자본가'(Criminal Capitalist, 1872)에서 큰 도시에서 범죄자들이 숨는 집들을 감시하고 관리하여 범죄자들이 이들 집에서 활동할 수 없게 만드는 것이 좋다고 제안했다. 범죄자들이 사회적 고립을 겪게 되어 그들의 활동이 제한될 것이다. 힐은 또한 상류 사회에 속한 유지들의 범죄를 강력히 처벌할 필요가 있다고 제안했다. 그들은 법을 더 두려워하기 때문에 처벌이 강화되어야 한다.

이민이 경제적으로 유용한 나라들(예: 호주, 미국)에서 범죄를 증가시키지 않도록 하기 위해, 이민자를 선별하는 것이 바람직하다. 미국에서는 유능하고 정직하며 일정 자산을 가진 이민자들만을 수용하며, 프랑스는 이민을 선별하여 범죄율을 감소시키는 효과를 보았다.

3. 과학적 경찰과 기술

경찰은 전통적으로 경험적이고 우연적인 방법으로 운영되어 왔다. 통계학과 범죄 인류학과 같은 과학적 자원을 활용하는 것은 아직 부족하다. 현대 기술은 새로운 예방 및 조사 도구를 제공하고 전기는 경찰의 통신과 신속한 대응을 개선하는 데 사용된다. 미국에서는 도난 경고 시스템이 도입되어 침입자가 들어오면 즉시 도움을 요청할 수 있다.

뉴욕에서는 경찰이 정해진 구역에서 도움을 요청할 수 있는 통신 기구를 사용하는 방법도 있다.

범죄자를 식별하는 방법은 시간이 지남에 따라 크게 개선되었다. 베르티용 시스템이 발명되기 전, 경찰은 덜 정확한 방법에 의존했다. 베르티용은 신체 측정을 이용해 범죄자를 식별하는 시스템을 개발했다. 이 시스템은 신체 치수가 상대적으로 안정적이며 완전히 동일한 두 사람을 찾기 어렵다는 가정에 기반하고 있다. 1883년부터 1890년까지 이 시스템을 통해 3,017명의 범죄자를 식별할 수 있었다. 시간이 지나면서 측정만으로도 범죄자를 식별할 수 있다는 것이 밝혀졌으며, 이는 사진에 대한 의존도를 줄였다.

베르티용 시스템은 범죄학에서 큰 혁신을 의미하며 범죄자를 식별하기 위한 과학적이고 체계적인 방법을 제공했다. 초기에는 주로 사법적 목적에 초점을 맞추었으나 시간이 흐르면서 경찰이 범죄를 예방하고 해결하는 데 있어 더 효과적인 방법으로 발전했다. 이 시점에서 신원 확인과 탐지 도구는 더 이상 단순히 사법 기관만의 일이 아니라 경찰에도 필요한 문제이다. 즉, 자유 상태에서 가명으로 숨어 있는 사람을 확인할 수 있는 모든 데이터가 필요하다. 베르틸롱은 이를 사진과 상세한 설명을 통해 해결하였다.

안포소는 타치 인류계 측정기라는 장비를 개발하였는데 이를 통해 신속하게 많은 신체 치수를 측정할 수 있다. 그러나

이 방법도 측정의 정확성이 요구되기 때문에 일반적인 오류 문제를 안고 있다. 이러한 문제를 해결하기 위해 두 개의 금속 자와 납 스트립을 사용한 두개골 측정 시스템이 도입되었다. 이 시스템은 두개골의 곡선을 따라 납 스트립을 놓고 전류가 흐르면 해당 지점에서 화학 반응이 일어나면서 두개골의 곡선을 나타내는 선을 그린다. 이 선은 5분 후 사라지므로 측정을 바로 시행해야 정확한 결과를 보장할 수 있다.

두개골 측정 시스템은 베르틸롱의 방법보다 적은 지능과 주의력을 요구하며 몇 밀리미터의 오차가 결과에 큰 영향을 미치지 않는다. 또한, 이 시스템은 기계적인 작업이므로 오차 계수가 줄어들며, 측정 결과의 정확성을 보장한다. 이 시스템은 신원 확인뿐만 아니라 경찰의 작업에도 유용하다. 만약 여권에 두개골 치수와 같은 정보를 기재하면, 새로운 측정을 통해 신원을 확인할 수 있다. 이는 사진보다 더 신뢰할 수 있는 신원 보증 수단이다.

한편, 언론의 활용은 문명과 범죄 양쪽 모두에 중요한 역할을 하지만, 이를 억제하거나 삭제할 수는 없다. 오히려 사회 방어를 위해 활용하는 것이 더 좋다. 스위스에서는 정부 당국이 범죄자의 사진과 이력을 담은 매뉴얼을 유지하고 있다. 독일에서는 신문 4면에 범죄자에 대한 공고와 사진을 게재하기 시작하였다. 마인츠에서는 프랑스어, 독일어, 영어로 된 주간 신문이 발행되며 범죄자의 사진과 정보를 포함하고 있다. 카이로에서는 아랍어로 발행되는 주간 신문이 살인과 위조범에 대한 정보와 사진을 제공한다. 이러한 방법으로 언론, 특히 신문의 4면은 과거에 사기와 비방의 원천이었지만 이제는 사회 방어를 위한 유용한 도구가 되었다.

2장

범죄의 예방

1. 성범죄 및 사기 범죄의 예방

성범죄와 사기 범죄는 발전된 문명에서 특정적인 범죄들이다. 이를 어떻게 예방할 수 있을까?

성적 과잉의 예방에 따른 이혼은 많은 간통을 예방하는 강력한 수단이다. 이혼 제도가 도입된 프랑스에서는 1864년부터 1867년까지 간통으로 인한 유죄 판결이 증가했지만 이혼이 허용된 작센에서는 같은 기간 동안 감소하였다. 또한 프랑스의 법을 따르는 독일의 지역에서는 성범죄가 더 많았다.

1874년부터 1878년까지 프랑스에서 이혼이 허용되지 않았던 시기에 유죄 판결을 받은 기혼자의 비율이 미혼자보다 높았다. 이는 간통과 가정 내 분쟁으로 인한 살인 사건이 많았음을 시사한다. 이탈리아에서는 매년 46건 이상의 살인이 불행한 결혼 관계를 끝내기 위해 발생한다.

매일 우리는 배우자의 고통으로 인해 정신병이나 범죄를 저지르는 어머니들을 보고 있다. 비냐는 이전에는 매우 정직했던 여성이었으나 남편이 그녀를 위협하고 가정에서도 폭력을 행사하자 성모 마리아를 부르며 남편을 죽였다. 몇 달 전 프랑스에서 고드프루아(43세)는 홀로 9명의 자녀를 양육하고 15년 동안 술주정뱅이 남편의 고통을 견뎌내며 나라의 존경과 사랑을 받았다. 그러나 어느 날, 남편에게 칼로 위협당한 그녀는 벽난로 아래에 철제 삽을 숨기고 그의 위협에 맞서 그를 죽였다. 이후 자수하였고 무죄를 선고받았다.

젊은 조각가이자 처음에는 매우 정직했던 굴리넬리는 만약, 이혼이 가능했다면 아내를 죽이지 않았을 것이라고 선언했다. 성범죄의 경우 일부는 선천적인 성향에 기인한 특정한 형태의 정신 질환이나 발달 장애가 성적 충동을 자극할 수 있다. 또 다른 부분은 주로 상황에 따른 범죄로, 특히 시골 지역의 야만적인 환경, 성적인 스트레스의 부족, 성매매의 결핍 등이 영향을 미친다. 통계에 따르면, 성범죄는 특히 성매매가 도입되지 않은 산악 지역에서 병사나 목동들처럼 강제적인 독신 생활을 강요받는 사람들에게서 더욱 두드러지며, 이는 자위 행위의 습관과 관련이 있다.

야만적인 국가들 또는 종교적 제도가 뒤틀린 몇몇 문명 국가들에서는 특히 신부들이 고백을 통해 범죄의 기회를 얻는 경우가 있다. 통계에 따르면 신부들은 다른 독신자들에 비해 성범죄 비율이 높지만, 이는 일반 범죄와는 비교할 수 없을 정도로 낮다. 예를 들어, 프랑스에서 1874년에 비해 1882년에는 성범죄가 급증했으며, 성폭력 사건은 5배 증가했다. 독일과 같은 나라에서도 성범죄는 증가 추세를 보인다.

현대 문명은 교육을 통해 직접적인 영향을 미쳐 성적 욕구를 자극하고, 이는 성적 자극과 새로운 쾌락에 대한 요구를 증가시킨다. 인간의 지적 활동이 증가할수록 성적 욕구와 쾌락의 숫자가 증가하며 이는 프랑스에서 통계로 입증 되었다. 1874년 당시 전체 직업인들 중 5%를 차지하며, 성범죄율이 가장 높았다. 문명화가 진행됨에 따라 결혼 생활의 문제와 성적 요구의 증가가 성범죄의 증가로 이어진다. 결혼이 자연의 법칙을 벗어나 재산이나 권력을 우선시할 때, 이는 성적 욕구의 왜곡과 같은 결과를 초래할 수 있다. 결혼이 지루하고 피곤하게 느껴질 때, 성적 요구가 비정상적으로 발전할 수 있다. 문명은 또한 학교와 같은 집단 환경의 확장으로 성범죄의 기회를 제공한다. 많은 경우, 성적 범죄는 불행한 작업 환경, 특히 성인과 어린이가 혼합된 작업장에서 발생할 수 있다. 이러한 현상은 특정 직업군에서 나타나 신발 수선공, 재봉사, 화가 등에서 성적 자극을 유발할 수 있는 환경이 조성될 수 있다. 결론적으로, 범죄를 줄이기 위한 단순히 처벌을 강화하는 것은 효과적이지 않다. 범죄의 원인을 이해하고 예방 조치를 강화하는 것이 필요하다.

저명한 페리는 53년간의 프랑스 통계로 처벌의 효과가 거의 없음을 보여준다. 계속되는 유죄 판결이 범죄 증가와 일치한다고 주장한다. 그러나 이러한 데이터는 처벌의 증가가 더 엄격한 처벌에 비해 효과가 제한적임을 나타낸다. 성인에 대한 범죄는 감소하였으므로 처벌이 일정 부분 영향을 미친다고 할 수 있다. 아동에 대한 강간 범죄의 경우, 감옥이라는 상대적으로 가벼운 처벌이 강제 노역보다 증가하였고 이는 처벌의 엄격함이 감소했음을 나타낸다. 그럼에도 불구하고 프랑스에서는 범죄가 증가하였다. 이는 처벌만으로는 모든 문제를 해결할 수 없으며 처벌의 적용이 공정하고 안전해야 한다는 것을 시사한다. 또 아동에 대한 범죄가 증가한 것처럼 보이는 이유 중 하나는 고발이나 협박일 수 있다. 일부 보고서는 어머니들이 자신의 딸을 감염시키거나 심각한 상해를 입혀 범죄를 고발하도록 했다는 사례를 제시한다. 따라서 예방 조치는 매우 중요하다. 학교와 아동이 있는 작업장을 감시하고 교사로서 여성만을 선택하는 것이 아동 성범죄를 예방하는 데 효과적일 수 있다. 또한, 야간이나 어두운 장소에서 일하는 작업장에서 여성 감시자를 두는 것도 좋은 예방 조치이다. 1874년 프랑스의 법률처럼, 광산에서 아동의 작업을 제한하는 것도 범죄 감소와 관련이 있다. 농업 지역에서 성매매를 확산시키는 것도 유용할 수 있으며 특히 해양, 군인, 노동자들이 많은 지역에서 더욱 그렇다. 결혼과 관련된 법률이 아무리 완벽할 수는 없지만, 이혼의 용이함이 불만족스러운 결혼을 줄이고 범죄를 예방할 수 있다. 결혼 생활에서의 불만이나 반감이 범죄로 이어질 수 있음을 고려할 때 이혼은 더 인간적이고 예방적인 대안이 될 수 있다. 결혼의 법적 문제나 불만은 범죄로 이어질 수 있으며 이혼을 통해 이러한 문제를 해결하는 것이 더 효과적이다. 마지막으로, 이혼은 단순히 범죄자를 감옥에 보내는 것보다 더 효과적인 예방책이 될 수 있다. 이혼은 알코올 중독, 지능 부족, 간질 및 범죄 성향이 있는 자녀의 출생을 예방할 수 있다. 이는 범죄율을 낮춘다.

고대 법률가들은 남편이 아내를 심하게 때릴 경우 아내가 불륜에 빠져도 남편이 그를 고발할 수 없다고 인식했다. 이는 고대 사회에서 불륜이 마치 남편의 가혹한 처벌에 대한 대체 방안으로 여겨졌다는 것을 나타낸다. 이혼이 이러한 대체 방안이 될 수 있는지 여부는 의문이다.

사회에는 사랑에 관한 두 가지 상반된 흐름이 있다. 하나는 지능과 문명이 높아질수록 사랑의 욕망과 힘이 커지며 많은 문인이 범죄에 연루되기도 한다는 것이고, 다른 하나는 이러한 욕망을 충족시킬 수 있는 방법이 점점 더 어려워지고 있다는 것이다. 결혼이 이상적인 목표가 되어야 하지만, 현실에서는 자산과 권력을 중시하고 아름다움과 건강을 희생하는 경우가 많다. 이러한 이중적인 흐름은 성적 범죄를 초래할 수 있으며 성적 욕망을 억제하는 사회적 태도와 같은 편견도 이에 영향을 미친다. 이러한 문제를 해결하기 위해서는 이혼을 더 쉽게 하고, 결혼을 덜 상업화하며,사랑을 더 쉽게 만들고 항상 모성애를 존중하며 법적 책임을 강제해야 한다. 특히, 성범죄자에 대한 책임을 묻는 것도 필요하다.

속임수와 금융 사기는 현대의 범죄로, 주로 교육받고 매력적인 사람들이 저지르는 범죄이다. 속임수는 원시적 범죄의 발전형으로, 이제는 거짓말과 탐욕으로 변모하였으며, 이는 사회에서 널리 퍼지고 있다. 금융 사기는 종종 명성과 신뢰를 가장하여 대규모로 발생한다. 따라서 사기와 정치적 범죄는 본질적으로 범죄자가 아닌 일반인들이 주로 저지르는 범죄이다. 범죄 예방이 가장 긴급한 문제이며, 범죄가 발생한 후에는 처벌이 효과적이지 않을 수 있다. 예방 조치로는 새로운 경제적 아이디어를 보급하고, 금융 기관에서 실질적인 보증을 요구하며, 은행 사기와 같은 범죄를 방지하는 것이 있다.

런던과 파리에서는 고급 인사로 가장한 사기꾼들을 발견하기 위해 개를 사용하거나 전화, 즉석 사진 등을 활용하여 범죄를 예방하고 있다. 대형 백화점에서는 특수 감시원을 배치하여 범죄를 예방하며 이를 통해 피해 보상을 받는 것이 더 효과적이다. 그리고 또한 의회 시스템이 자주 범죄를 자극한다는 점이 있다. 국가를 위해 심지어 신성한 자금을 위해서도 사기 행위를 저지르는 것이 이제 많은 사람에게 범죄처럼 보이지 않는 것 같다. 이런 범죄는 항상 존재해 왔다. 현재의 중대한 사건들도 과거의 문명에서 발생한 것에 비하면 아무것도 아닌 것처럼 보인다. 로마에서는 계약자가 상원의원을 매수하여 엄청난 비용과 수십만 명의 인명 피해를 초래하는 전쟁을 결정하게 했지만, 이 전쟁은 아시아의 왕과 신용 거래를 위해 필요했다. 또 많은 잔인한 전쟁들은 소수의 재정 귀족들의 탐욕에서 비롯되었다. 2~3세기 전의 영국이나 프랑스에서는 총리나 때로는 왕 자신이 외국에서 연금을 받는 것이 일반적이었다. 왕의 정부나 애인들은 몇 년의 통치나 사랑으로도 막대한 돈을 모았고 이는 심지어 궁정의 가난에 가까운 상태에서 이루어졌다. 이러한 역사적 사실은 최근의 일이며, 누구나 알고 있는 일이다. 현재의 민주주의 국가들도 다소 개선되었지만 여전히 보편적인 법칙을 피할 수 없다. 현재로서는 완전히 정직한 정부가 거의 불가능한 현실을 보여주었다. 과거에는 전제군주제 정부에서 왕의 첩이나 왕의 총애를 받는 자들이 은행이나 파나마에서 수백만 달러를 착복했지만, 이제는 아마도 그들이 들어갈 수 없겠지만 대신 의원들이 들어가게 된다. 이들은 왕처럼 자신을 불가침의 존재로 여기며, 공적 직무를 통해 불법으로 얻은 공적 자금을 마음껏 사용하고, 공직에서 물러나면 아무런 처벌 없이 공적 자금을 즐길 수 있다. 이는 도덕적 감각이 약한 사람들에게 자연스럽게 일어나는 일이다. 반면 왕들은 만약 같은 일을 한다면 먼저 공적 평판이 떨어지고 그 후에는 왕좌를 잃고 재산과 생명까지 잃게 될 것이다. 이렇듯 불가침적이고 책임이 거의 없는 사람들 손에 막대한 자원이 주어진다면 그들에게 그것을 건드리지 말라고 요구하는 것은 어려운 일이다. 현재 상황은 왕들이 적었던 과거보다 많은 의원들로 인해 더 위험하다. 왜 의원들이 더 위험한지 이해하는 것은 어렵지 않다. 선거 과정에서는 지적 능력이나 도덕적 품성보다는 다른 요소들이 승패를 결정짓는다. 창의적인 아이디어를 가진 사람은 대중의 고정관념에 부딪히고 정직하게 문제를 지적하고 해결책을 제안하는 사람은 대선 주자들의 이익에 저촉된다. 정직한 사람은 아무것도 저촉하지 않으면서도 아무것도 얻지 못한다. 사람들은 일하고 싶어 하지 않으며 일을 할 때는 보상을 원한다. 그러나 정치적 노동은 가장 힘든 노동 중 하나인데 많은 사람이 이를 무료로 제공하겠다고 나선다. 일부는 자만심의 만족으로 보상을 받을 수 있지만, 나머지 많은 사람은 국가의 공익을 위해 중대한 일을 감당하지는 않는다. 만약 많은 의원이 로마에서 수도의 외각으로 가거나 산과 계곡을 오르내리며 연설을 하고 보고서를 작성하며 연간 3,000리라를 우편과 전신에 쓴다면 이는 순전히 보상 때문이지 국가의 이익을 위한 것이 아니다. 가장 정직한 이들에게는 도덕적인 보상만이 있을 뿐이다. 이러한 상황에서 의원의 수를 줄이고, 임기를 제한하며 일반 범죄에 대한 특권을 제거하고 오히려 더 높은 책임을 부여하는 것이 필요하다. 영국에서는 불륜의 의혹만으로도 파넬이 퇴위당한 것처럼, 불법 행위에 대한 책임을 지게 해야 한다. 수 세기 동안 성직자, 전사, 왕들의 특권을 막기 위해 싸웠으나 현재는 700명 이상의 왕들이 더 큰 특권을 유지하고 있는 것은 아닌가?

언론의 자유를 확대하는 것도 필요하다. 새로운 법에 따르면 범죄자는 단순히 고발되지 않을 뿐만 아니라, 자신의 범죄를 통해 새로운 자원을 얻을 수도 있다. 공정한 국민들이 범죄를 고발하기 위해 노력하는 중에도, 범죄자는 법의 도구를 통해 이중의 보상을 받을 수 있다. 프랑스에서 바이오가 단지 자신을 고발한 기자를 강력히 처벌한 사례가 이를 잘 보여준다. 이러한 경우에는 악성을 드러내는 것이 증가시키는 것이 아니라 오히려 치료하는 것이라고 알려야 한다. 프랑스와 같은 나라가 부패를 뿌리뽑기 위해 깊이 파고들었을 때 그 나라는 세계와 대중의 평판을 회복하게 된다.

정치적 부패를 방지하는 가장 좋은 방법 중 하나는 광범위한 분권화이다. 중앙집중식 정부가 막대한 자금을 관리하고 수십억 달러의 사업을 조합할 때, 부패는 쉽게 발생한다. 이는 대중의 직접적인 통제와 감시가 부족하고 면죄의 희망이 크기 때문이다. 대신, 행정관들이 시민의 감시 아래에서 활동하도록 하면 통제가 훨씬 효과적이 되며 금전적 유혹이나 손실에 대한 제약이 커지게 된다. 파나마와 같은 사건들은 대개 대규모 중앙 행정에서 발생하며 지방 행정에서는 거의 발생하지 않는다. 부패를 막기 위해 공직자의 수와 권력을 제한하고, 분권화하여 감시의 지점을 늘리고 독점적 권력을 줄이는 것이 필요하다. 러시아와 이탈리아의 경우, 관료들이 모든 생명력을 흡수하고 파괴하는 진정한 정부가 되어가고 있다. 집단 사무소로 대체하는 것이 좋으며, 예를 들어 단독 판사 제도를 도입하면 책임감이 증가하고 부패 사례를 명확히 할 수 있으며 직원 수를 줄이고 더 나은 보상과 선발이 가능하다. 예를 들어, 판사와 검사의 선택 기준으로서 이전 판결과 항소 결과를 고려하여 부정확한 사건을 줄이는 것이 정확한 기준이자 훌륭한 자극이 될 것이다. 통계는 적극적인 판사들이 직접 소환을 통해 상당히 다른 수치를 보인다는 것을 보여준다. 나폴리에서는 30%만이 직접 소환되었고 이탈리아 전반에서는 48%였으며 제노바에서는 57%, 베니스에서는 53%, 밀라노에서는 60%였다.

이러한 개선을 통해 사법 시스템을 향상시키는 것이 가능한가?

2. 알코올의 영향

알코올의 사용을 줄이기 위해서는 알코올에 높은 세금을 부과하는 것이 좋다. 이러한 세금은 소금과 밀가루 세금보다 도덕적이고 건강에 유익하다.

알코올에 대한 세금을 높이는 것과 함께 피오넬리(Fiorelli)와 마그난(Magnan 프랑스 정신과 의사)이 제안한 대로 알코올과 반대되는 효과를 가진 식민지 제품인 차와 커피에 대한 세금을 낮추는 것이 좋다. 설탕도 포함시켜야 한다. 설탕은 여러 음료에서 맛을 만족시킬 수 있어 알코올의 사용을 직접적으로 줄일 수 있다. 그러나 이탈리아는 설탕이 부유한 사람들의 음식이라는 핑계로 세금을 계속해서 인상하고 있으며, 이는 간접적으로 알코올의 남용을 조장하고 있다.

영국과 미국에서의 알코올 문제에 대한 노력은 매우 인상적이며 때로는 기이하다. 영국과 미국의 금주 사회는 단순한 논의의 모임을 넘어 매우 많은 자본을 보유한 실제적인 세력으로 성장했다. 1867년에는 영국에서 이러한 단체가 300만 명의 회원을 보유하고 있었고 주간지와 월간지가 각각 3개씩 있었다. 글래스고에서는 근로자들이 많이 모이는 지역에 카페를 열기 위해 2,000파운드를 지출했다. 런던에서는 4,500명 이상의 인원을 수용할 수 있는 차와 오락을 제공하는 시설을 열었다. 미국 볼티모어에서는 1875년에만 해도 35만 명의 회원을 보유하고 있었고 5년 만에 4,000개의 증류소를 폐쇄하고 8,000개의 술집을 없앴다. 스웨덴에서는 기업사회가 상당한 자금을 모아 한 지역의 모든 술집을 매입하고, 술집 주인들이 차, 커피, 음식으로 수익을 올리게 했다. 이 모델은 147개의 스웨덴 도시에서 채택되었다.

미국에서는 여성들이 알코올에 대한 강력한 적으로 나섰다. 그들은 가족과 친구들의 지원을 받아 기도와 설교를 통해 술집 주인들이 상점을 닫도록 압박했다. 일부 주인들은 저항하거나 그들을 위협했지만, 여성들은 그들의 약한 모습을 보호막 삼아 끈질기게 싸웠다. 설령 법원에서 유죄 판결을 받아도 여성들은 판결이 집행되지 않도록 했다. 때로는 도망쳤다가 다시 돌아와 술집 주인들이 양보하도록 만들었다. 독일과 스위스에서는 아우구스트 포렐(Auguste Forel, 금주 운동가)의 영향으로 알코올에 맞서 싸우기 위한 신문과 도서관이 생겼다. 이러한 사회의 노력이 모여 법률을 크게 변화시켰다. 북미에서는 1832년부터 선원들이 그들의 그로그(grog)[20]를 포기하면 추가 급여를 제공했다. 육군 부대에서는 강한 알코올이 제외되고 커피와 설탕으로 대체되었으며, 이러한 조치는 대기업에도 채택되었다.

1845년에는 뉴욕주가 알코올 판매에 반대하며, 메인주에서도 유사한 조치를 취했다. 그러나 알코올이 비밀리에 계속 판매되자 메인법이 제정되었고 알코올의 제조와 판매를 철저

*20) 럼주에 물을 타서 만드는 술.

히 금지하며 가정에서의 보유량도 제한하고 가정에서의 압수와 검색을 허용했다. 이 법은 미시간 코네티컷, 인디애나, 델라웨어 등의 인근 주에서도 채택되었으나 라이센스 부여와 부패로 인해 많은 경우 무력화되었다.

미국에서는 1841년과 1875년 법에 따라 소년, 미성년자, 정신 장애인, 원주민에게 알코올을 제공하는 것을 금지하고, 술집 주인에게 알코올 중독자의 피해에 대해 책임을 지도록 했다. 일리노이에서는 4,000-5,000달러의 보증금을 요구했으며, 일부 주에서는 알코올 중독자의 가족에게도 피해를 보상해야 했다.

영국에서는 1656년부터 축제 기간 동안 알코올 판매를 금지하였고 이후 1854년과 1872년 법에 의해 판매 시간을 제한하였다. 스코틀랜드에서는 Forbes Mackenzie 법에 따라 축제 기간 동안 모든 술집을 닫았고, 알코올 중독으로 인한 체포가 크게 감소했다.

영국과 스코틀랜드에서 채택된 실용적인 조치는 공공장소에서 술에 취한 상태로 발견된 사람에게 벌금을 부과하는 것이었다. 벌금은 40실링에서 7파운드까지 다양하거나, 하루의 징역형을 부과했다. 1871년, 글래드스톤의 주도로 알코올 판매에 대한 규제가 강화되었고 도시에서는 인구 1,500명당 한 개의 술집, 시골에서는 인구 900명당 한 개의 술집으로 제한되었다. 또한, 도시에서는 인구 3,000명당 두 개의 술집,

시골에서는 인구 1,200명당 두 개의 술집, 도시에서는 인구 4,000명당 세 개의 술집, 시골에서는 인구 1,800명당 세 개의 술집으로 제한되었다. 특별 검사관이 술집의 불법 영업과 와인 조작을 감시하도록 하였고, 법에 따라 벌금을 부과하고 불법 영업을 폐쇄했다. 1873년 법에 따라 기존의 술집 소유자가 사망할 때까지 새로운 라이센스가 발급되지 않았고, 라이센스 기금을 사용하여 오래된 술집을 매입하여 폐쇄했다. 이러한 노력 외에도, 목사들, 예를 들어 매튜 신부는 1838-40년에 아일랜드에서 알코올 소비를 절반으로 줄이고 범죄율을 4분의 1로 감소시키는 데 영향을 미쳤다. 알코올에 대한 세금도 중요한 역할을 한다. 일부 국가에서는 세금이 전체 세수의 약 1/3을 차지하고 있으며 미국에서는 1헥토리터당 110달러, 프랑스에서는 5억 유로, 벨기에에서는 1천 3백만 리라를 초과한다.

3. 알코올의 영향에 대한 법적 규제

1881년 3월 2일 제정된 네덜란드 형법 제453조에 따르면, 공공 도로에서 술에 취한 상태로 발견되면 15 플로린 이상의 벌금에 처해진다. 재범 단순 구금형이 3일을 넘지 않으며, 1년 이내에 다시 범죄를 저질렀다면 2주로 늘어날 수 있다. 그 이후에는 3주를 초과할 수 있으며 만약 작업 능력이 있는 경우 공공 노동 기관으로 1년까지 송치될 수 있다.

16세 이하의 청소년에게 알코올 음료를 제공한 술집 주인은 3주를 넘지 않는 구금형과 100플로린 이하의 벌금을 부과받는다.

스위스에서는 1885년 10월 25일에 실시된 국민 투표 이후 연방 위원회가 알코올 중독에 대응하기 위해 새로운 법안을 준비하기로 했다. 제안된 법안은 다음과 같다.

알코올의 제조는 사적 산업의 범위 내에 있지만, 알코올을 순수 에틸 알코올과 독성 알코올로 분리할 수 있는 장비를 갖춘 공장에만 허용된다. 이들 공장은 하루에 2헥토리터의 80도 알코올을 생산할 수 있어야 한다. 순수 알코올에는 연방세가 61에서 85프랑까지 부과되며 그 양은 연방이 지정한 계량기로 측정된다. 외국에서 수입된 알코올에도 동일한 세금이 부과된다. 스위스는 매년 12만 헥토리터의 증류주를 소비하므로 새로운 세금으로 인해 연평균 9백만 프랑의 수익이 예상된다. 이 수익은 지역 소비세의 대체를 위해 국가를 구획하는 작은 규모의 행정구역의 한 형태인 칸톤에 각 분배된다.

제조업자들은 정부에 원료 알코올을 헥토리터당 60에서 70프랑에 판매해야 하며 이 가격은 1년 동안 고정된다. 연방 정부는 공장 생산을 제한할 권리를 가지며, 정부는 이 알코올을 헥토리터당 160에서 170프랑에 판매하여 제조업자들이 이를 주류로 변환하여 판매할 수 있도록 한다. 이 법안에 따르면, 연방 정부는 알코올의 독점권을 가지며 이를 정부 소속 공장에서 생산하거나 외부에 위탁할 수 있다. 작은 증류소들은 새로운 법안으로 인해 폐쇄될 것이며, 이들에게는 공정한 보상이 제공된다.

국가 의회 위원회는 혼합 체제를 채택하였다. 외국에서 알코올을 구매하고 제조하며 도매로 판매할 권리는 정부에 속하며 스위스 소비량의 2/3는 외국에서 공급받고, 나머지 1/3 중 절반은 국가가 제조하며 나머지 절반은 100개 또는 200개의 국내 증류소에서 판매된다. 원료는 스위스에서 구매된다. 스위스의 일부 칸톤에서는 상습 음주자의 이름을 술집에 게시하여 해당 인물의 입장을 금지하도록 한다.

스웨덴에서는 알코올 중독이 전염병처럼 퍼졌던 상황에서, 1855-56-64년에 걸쳐 증류주 세금을 2에서 27에서 32리라로 인상하고, 증류소에서의 증기 사용을 금지했으며 하루 증류량을 2,610리터로 제한하고 연중 두 달 동안만 증류를 허용했다. 나중에는 일곱 달로 확대되었지만, 작은 증류소를 억제하기 위해서였다. 이는 일반 대중에게 더 해로웠던 작은 증류소들을 줄이는 데 도움이 되었으며 결과적으로 생산량이 35,100에서 4,091로 감소했다. 알코올의 가격은 10년 만에 0.50에서 1.30리라로 증가했다.

고텐부르크 시스템이라고 불리는 시스템은 알코올 판매 규제에 매우 효과적이었다. 이 시스템은 알코올을 판매하는 사회가 이익을 추구하지 않고 조작되지 않은 음료를 판매하며, 미성년자와 알코올 중독자에게 판매를 금지하도록 했다.

1813년부터 시행된 법에 따르면, 첫 번째 음주로 적발되면 3달러의 벌금이 부과되며 두 번째 음주 시에는 두 배로 증가한다. 세 번째와 네 번째 음주는 투표권 및 대표 선출 자격 상실을 동반하며, 다섯 번째 음주에서는 최대 6개월의 강제 노동형이 부과되고 여섯 번째 음주에는 1년 형이 선고된다. 노르웨이에서는 축제 기간 축제 전날 오전 8시 이전에는 알코올 판매가 금지된다. 고텐부르크 위원회의 권고에 따라 주류의 신용 판매를 금지하고 술집에서 체결된 계약을 무효로 하며 알코올 중독자에게는 특히 높은 벌금을 부과하는 것이 좋다. 또 임금을 가족에게 직접 아침에 지급하는 것이 바람직하며 축제일이나 그 전날에는 지급하지 않는 것이 좋다.

1851년부터 1857년까지 심각한 범죄가 40% 감소하고 경범죄는 30% 감소했다. 이 감소는 지속적으로 이어졌다. 1865년에는 40,621건이었으나 1868년에는 25,277건으로 줄어들었다 동시에 평균 신장과 수명도 증가하였으며 알코올 중독으로 인한 자살이 1861년에는 46건이었으나 1869년에는 11건으로 감소하였다. 모든 대책 중에서 가장 효과를 본 것은 분명하다. 가장 강력한 조치들, 특히 억제적인 조치는 스위스, 영국, 스웨덴에서만 성공을 거두었다. 미국과 프랑스에서는 극단적인 법에도 불구하고 알코올 중독자가 증가했다. 일부는 미국의 메인 법이 위생적 조치보다는 정치적 도구에 불과했다고 주장하며 심지어 법을 제정한 입법자들조차 알코올 밀수에 연루되어 알코올 중독이 증가하는 데 기여하고 있다고 보고한다.

고텐베르크(Gothenburg)에서 역시 성공적인 사례로 보였지만 실제로는 완전히 만족스럽지 못했다. 스웨덴의 알코올 중독자 통계는 감소세를 보였지만 불규칙한 변화가 있었다. 이는 어떤 억제 법안도 인간의 본능에 반하는 경우 완전한 성공을 거두기 어렵다는 것을 보여준다.

글래스고(Glasgow)에서는 가난한 광부들이 알코올을 구매할 돈이 없으면 라우다노를 사서 사용하며, 런던에서는 굶주릴 때 알코올에 의존한다. 아일랜드에서는 마태오 신부의 설교로 알코올 중독이 줄어들자 사람들은 에테르를 사용하기 시작했다. 에테르는 더 저렴하고 금지되지 않았기 때문이다. 에테르의 소비량은 다양했으며 남용 시에는 무감각 및 사망에 이를 수 있는 위험이 있었다. 그럼에도 이러한 조치들은 알코올 중독의 증가를 막는 데 성공했다. 영국에서는 국가와 민간 조직의 노력 덕분에 알코올 소비가 인당 2.67리터로 유지되었고 이는 러시아의 3.5리터, 프랑스의 4리터, 벨기에의 18리터와 비교된다. 이러한 결과는 일부 예방 및 통제 조치가 알코올 남용을 제한하는 데 효과적일 수 있음을 보여준다. 가장 효과적인 접근 방식은 축제를 줄이고 체육관 및 저비용의 문화 행사와 같은 지적이고 여가 활동을 장려하는 것이다. 예를 들어, 이탈리아에서는 노동자가 축제일에 주점에 가지 않도록 하기 위해 낮시간에 극장을 열자는 제안이 있었다. 이는 알코올 중독을 예방하기 위한 실질적인 조치로 보인다.

미래의 입법자가 추구해야 할 진정한 이상은 알코올 대체물로서 정신과 신체에 해를 끼치지 않는 지적이고 문화적인 자극을 제공하는 것이다.

제르보글리오(Zerboglio 1890년대 이탈리아의 정신과 의사)는 대중을 위한 오락에 자원을 배정하는 것이 큰 극장에 자원을 배정하는 것보다 중요하다고 논의한다. 그는 큰 극장을 위한 자금 지원이 이미 특권을 가진 사람들에게 유리하게 작용하는 반면, 대중 오락을 위한 자원 배정은 사회적 불평등에 대한 작은 보상이라고 주장한다. 가난한 사람들은 종종 건강하지 않고 어두운 환경에 살며 이는 그들을 술집으로 향하게 만든다. 주거 환경을 개선하고 공공 오락 공간을 제공하면 그들이 술집 대신 집에서 편안히 쉴 수 있도록 도울 수 있다.

이탈리아에서 가난한 사람들을 위한 오락 시설은 대개 종교적 그룹, 특히 돈 보스코와 성 필리포 네리의 수도사들에 의해 주도되었다. 이들은 도덕적인 오락 장소를 만들어 가난한 사람들이 술집에 의존하지 않고 축제를 즐길 수 있도록 했다. 반면, 다른 사회 집단은 이러한 이니셔티브를 실천하지 않았다. 제르보글리오는 또한 커피와 차에 대한 세금을 줄이고 와인과 알콜에 대한 세금을 높이는 것이 알코올 소비를 줄이는 데 도움이 될 것이라고 제안한다. 그는 와인도 해로울 수 있지만 더욱 집중된 알콜과 같은 알콜 음료나 약물, 예를 들어 '앰센스'와 '버무트'가 특히 해롭다고 지적한다. 알콜 판매업체에 대해 강력한 제재를 가하고 특히 공장과 광산 근처에서 알콜 외에도 커피와 음식을 판매하도록 강제하는 것이 중요하다.

제르보글리오는 현재의 자유가 심각한 위험을 가리고 있는 것은 아닌지 비판한다. 그는 메인 주의 사례를 들어, 시민이 소유할 수 있는 알콜의 양을 제한하고 술집 주인이 고객이 취한 상태에서 발생한 피해에 대해 책임을 지게 하는 법안을 언급한다. 유럽에서는 알콜 판매업체에 대한 제한과 검열이 존재하지만 이탈리아에서는 알콜 판매 라이센스가 점점 더 자유로워지고 술집의 개방 시간이 늘어나고 있다. 제르보글리오는 이러한 자유가 이전의 성 이그나치오 수도사 하의 상황보다 더 나쁜 상황을 숨기고 있는 것은 아닌지 의문을 제기한다.

치료 방법에 대해서는 아우구스트 포렐(Auguste Forel 스위스의신경학자), 알렉산더 코발렙스키(Alexander Kowalevsky 동물학자), 폴 루이 라담(Paul-Louis Ladame 스위스의 정신과 의사) 폴 르그랭(Paul Legrain 프랑스의 정신과 의사), 발렌틴 마냥(Valentin Magnan 프랑스의 정신과 의사)

이 알콜 중독자를 위한 합리적인 치료를 도입하였다. 이 치료는 격리와 알콜의 절대적 금욕을 포함하며 기간은 다양한데 Mason, Crother, Hirsch는 1년, Drysdale, Kraepelin은 9개월, Forel은 4개월에서 1년을 권장한다. Magnan은 가벼운 식사와 육체적 노동, 도덕적 재교육이 필요하다고 강조하며 이는 강의와 독서를 통해 알콜의 위험과 피해를 알려주는 것이다. 치료에는 동종 요법, 서양 의학, 수치료, 마사지, 운동 및 때로는 최면이 포함될 수 있다. 마그난(Magnan)은 알콜 섭취로 인한 섬망 증상이 있거나 만성적인 알콜 중독자는 스위스의 법률처럼 특별한 시설에서 정해진 기간 동안 또는 무기한 수용될 것을 제안한다.

알콜 중독자를 위한 병원은 미국, 영국, 독일에 있으며 이들은 사회적 안전을 보장하고 알콜 중독자에게 최상의 치료와 교정을 제공하는 역할을 한다. 이러한 병원은 범죄를 저지른 알콜 중독자에게 감옥이나 교정 시설의 대안이 될 수 있으며,우연히 술에 취해 범죄를 저지른 경우에는 범죄의 잠재적 경향성을 평가하기 위해 의학적 법적 검사를 수행해야 한다.

제르보글리오는 만약 범죄자가 알콜 중독으로 인해 재범을 저지른 경우, 특별한 처벌을 받도록 해야 한다고 언급한다. 또 범죄를 저지르기 전 이미 다른 범죄를 저질러 큰 범죄 능력을 드러낸 경우, 그를 치료가 가능한 동안이나 무기한으로 수용하는 시설에 수용해야 한다고 제안한다.

3장

가난과 빈곤

1. 부와 극단적인 빈곤의 영향에 대한 예방책

제르보글리오는 범죄를 부추기는 것은 빈곤만이 아니라 급격하고 과도한 부도 문제라고 강조한다. 이는 사회주의 학교의 주장을 반박하는 것으로 사회주의는 모든 범죄를 빈곤의 탓으로 돌리지만, 그는 빈곤과 부의 극단적인 차이를 줄이는 예방 조치가 효과적이라고 본다. 그는 먼저 법적, 사회적 조치가 필요하다고 주장한다. 즉, 노동의 보상을 보다 공평하게 하여 누구나 접근할 수 있도록 하고 나이에 따라 또는 작업의 종류에 따라 노동 시간을 줄여 건강을 보호하며 성적 범죄를 예방해야 한다고 한다. 또한, 아동과 여성을 밤 근무에서 제외하고 공공 기업을 통해 조명, 도로, 학교, 식수 등의 기본 서비스 향상을 통해 사기를 예방하고 빈곤을 줄여야 한다고 제안한다. 부의 과도한 집중은 근로자에게 이익 참여를 보장하고 점진적인 세금을 부과하며, 특히 유산세를 통해 먼 친척에게 가는 유산을 줄이고, 도박과 주식 거래의 수익을 국가와 장애인에게 기부하도록 해야 한다고 설명한다. 그는 교회 재산과 대농장 등의 재산 분배를 통해 큰 토지 소유를 강제적으로 정리하는 것이 필요하다고 주장하며 이는 사회적 혼란 없이 가능한 일이라고 본다.

영국은 사회주의 이론 없이도 효과적인 방법을 사용하여 노동자와 경영자 간의 갈등을 해결하고, 영국의 정부는 노조의 자유와 8시간 근무제를 통해 사회 문제를 예방했다는 점을 언급하며, 제도적 해결책이 중요하다고 강조한다.

제르보글리오는 빈곤을 해결하기 위해 지역사회와 노동자 협회를 지원하며, 공정한 노동 대가를 보장하고, 협력적 방식으로 농업 재해에 대처하고 시장에 맞는 집약적 농업을 촉진해야 한다고 제안한다. 그는 또한 이탈리아에서 부족한 석탄 문제를 해결하기 위해 국가가 수력 자원을 효율적으로 사용할 수 있도록 투자해야 한다고 언급한다.

제르보글리오가 제시한 바에 따르면, 노동자들의 궁핍의 주된 원인은 과잉 생산에 비해 소비가 감소하여 임금이 줄어들고 실업과 빈곤이 발생하는 것이라고 한다. 일본, 중국, 미국 등과의 글로벌 경쟁이 심화되면서 이탈리아는 소비를 촉진하고 생산을 흡수할 수 있는 조치를 취해야 한다고 강조하고 있다.

세금과 세금 감면: 제르보글리오는 곡물, 육류, 소금 등의 필수 품목에 대한 세금과 관세를 낮추어야 한다고 주장한다. 이탈리아는 이러한 세금을 너무 높게 부과하고 있으며 다른 선진국에서는 많은 품목에 대한 세금이 최소하거나 존재하지 않는다고 한다. 특히, 산업과 가난한 사람들에게 부담이 되는 세금을 낮추고, 알코올과 담배와 같은 비필수 품목에 대한 세금으로 대체해야 한다고 한다.

이민의 조직화: 제르보글리오는 인구 과잉이 빈곤의 주요 원인 중 하나라고 보고, 인구를 인구 밀도가 낮은 지역으로 이주시키는 조직적인 방법을 제안한다. 그는 이민이 다른 지역에서 빈곤을 완화한 사례를 들며, 이탈리아가 미개척 지역과 말라리아가 있는 지역에서 이민을 촉진해야 한다고 주장한다.

농업 개발과 식민지 건설: 그는 말라리아가 있는 지역을 더 생산적으로 만들고 집중적인 농업을 장려해야 한다고 제안한다. 또한, 국가가 작업장을 설립하고, 이탈리아의 개발이 덜 된 지역에 농업 식민지를 설치하여 게으름과 방랑죄로 유죄 판결을 받은 사람들을 이곳으로 보내야 한다고 한다. 이들은 농업 생산에 기여하고 지역 개선에 도움이 될 수 있으며 그들의 생활비와 숙소는 그들이 만든 수익으로 충당할 수 있다고 한다.

성공 사례: 제르보글리오는 웨스트팔리아와 보주에서의 성공적인 사례를 언급하며, 노동 식민지의 설립이 빈곤과 방랑을 크게 줄였다고 한다. 네덜란드에서는 농경지에서 작업하는 사람들이 빈곤을 감소시키고 일자리를 제공하면 사람들이 기꺼이 일한다고 보여준 사례가 있다고 한다.

요약하자면 제르보글리오는 빈곤과 범죄 문제를 해결하기 위해 세금 감면, 이민의 효율적인 조직화, 농업 식민지의 설립 등 다양한 경제적 및 사회적 개혁을 제안하고 있다.

협동조합: 이탈리아에서 첫 번째이자 가장 중요한 지원은 정부와 지도층에서 시작해야 한다. 우리는 스스로를 구하는데 익숙하지 않기 때문이다. 하지만 지도층의 첫 지원 이후에는 가장 필요한 계층 스스로가 협동과 상호 지원을 통해 자립할 수 있도록 해야 한다. 이들은 자본가 대신 집단 자본을 활용하여 자립의 길을 모색하고, 따라서 자본가의 과도한 요구를 극복할 수 있어야 한다. 이탈리아에서 전통적으로 교회와 볼렌보르크(Wollemborg) 이전에 농촌 지역에서 확산된 Reif-eisen 은행 시스템이 이러한 협동의 좋은 도구가 될 수 있다.

자선과 구호 그러나 오늘날에는 협동, 집단주의, 정부의 조치만으로는 해결할 수 없는 정도의 궁핍이 여전히 존재하는 토리노에서 조사한 바에 따르면, 100가구 이상의 노동자 가구 중 50%가 여전히 부채에 시달리고 있으며, 25%는 교구 자선에 의존하지 않으면 굶어 죽을 상황에 처해 있다. 이러한 상황에서는 자선의 도움이 여전히 필수적이다.

자선은 구시대의 수도원적, 종교적 성격에서 벗어나 새로운 경제적 변화, 예방, 협동, 집단주의의 흐름을 반영해야 한다. 영국과 스위스에서 자선은 빈곤한 사람을 돕기 위해 창의적으로 설계된 많은 기관들을 통해 이루어지고 있다. 영국과 스위스에서는 빈곤한 사람들을 위해 임시 숙소, 직업 소개소, 자선기관 등을 운영하며 이러한 기관들은 서로 협력하여 최소한의 기여로도 지속 가능한 구조를 유지하고 있다. 제네바에는 400개의 자선 및 종교 기관이 있으며 이들은 어린이, 노인, 여성, 남성을 위한 다양한 서비스를 제공한다. 이 기관들은 영유아, 소년, 노인, 여성, 남성 등 다양한 계층의 필요를 충족시키기 위해 여러 가지 시설과 프로그램을 운영하며, 필요한 자원을 자발적으로 기부받아 운영되고 있다.

런던에서도 자선은 다양한 형태로 이루어진다. 약 120개의 기관이 있으며 이들은 18,000명 이상의 사람들에게 도움을 주었고 노인, 과부, 직업별로 다양한 형태의 쉼터와 지원을 제공한다. 런던의 자선 기관들은 특정 직업군 민족, 종교별로 구분되어 있으며 빈곤한 사람들에게 음식, 일자리, 의료 지원 등을 제공한다.

이민 사회 범죄율 증가에 대응하기 위해 이민을 지원하는 14개의 단체가 있으며 이들은 주로 캐나다로의 이민을 지원한다. 이 기관들은 정보 제공, 도움 제공, 이민 계획을 조직하며, 1894년에는 7,565명의 사람들이 이민을 갔다. 또한 사회.직업 소개를 전문으로 하는 21개의 사회가 있으며, 이들은 어린이와 성인 모두를 위한 직업을 알선한다. 이 기관들은 1894년에 4,840명의 개인에게 직업을 제공했다.

고아원에서는 아동의 도덕적 악화 방지를 위한 돌봄이 60개의 고아원에서 이루어지며, 이들 기관은 20,199명의 고아를 수용하고 있으며 총 비용은 172,341리라에 달한다. 이러한 기관들은 교사와 군인, 우편 및 철도 직원, 재봉사, 인쇄공, 정원사 등 다양한 직업군의 고아를 위해 설립되었으며 금주하는 부모를 둔 고아에게는 간접적으로 절제를 장려하고 부모가 병든 아동도 고아로 간주하여 돌본다. 또한, 상업 및 산업 회사가 설립한 고아원도 존재한다.

버려진 아동을 위한 기관에서는 범죄 예방의 측면에서 버려진 아동을 위한 모든 활동으로 아동 보호, 수용, 교육, 직업 훈련, 레크리에이션, 캠페인 방문, 식사 및 의복 제공 등을 포함한다. 약 60개 기관이 있으며 1894년에는 32,300명의 아동을 보호하며 119,246리라를 지출하였다.

교육 기관은 주로 무료 학교, 야간 및 주말 학교 등으로 구성되며 때때로 식사와 의복을 제공하기도 한다. 이들 기관은 특정 집단을 위해 설계된 경우도 있는 데, 유대인 아동, 선원 자녀, 소상공인 자녀, 프랑스 개신교도 아동 등이다. 런던의 낡은 교회 등을 체육관과 놀이 장소로 변환하는 단체도 있다.

약 40개의 교육 기관이 있으며 1894년에는 16,000명 이상의 아동을 무료로 교육하였고, 총비용은 108,261리라였다.

형사 제도, 예방 및 범죄자 지원 기관인 런던의 많은 자선 기관 중 일부는 범죄를 직접 감소시키는 목적을 가지고 있으며 출소자 지원, 위험에 처한 여성 보호, 알코올 중독자 시설, 도덕적 선전을 위한 기관 등이 있다. 약 84개 기관이 있으며 1894년에 67,000명 이상에게 도움을 주었고, 총 비용은 176,000리라였다. 이들 기관 중 36개는 단독 여성이나 출소자, 범죄 경력이 있는 여성들을 위한 기관이다.

상호 지원 사회에서 직업별, 국적별, 종교별로 특화된 단체로는 총 68개가 존재한다. 1894년에는 33,340명에게 도움을 주었고 총 비용은 218,796리라였다. 다양한 자선 및 지원 기관들은 아동, 범죄 예방, 교육, 형사 제도 지원, 상호 지원 등 여러 분야에서 중요한 역할을 하며, 이를 통해 사회의 취약계층을 돕고 있으며, 총비용은 상당한 규모에 이른다.

2. 아동 보호를 위한 기관

아동 학대 예방 협회(National Society for the Prevention of Cruelty to Children): 영국의 이 기관은 아동에 대한 폭력을 방지하기 위해 법안이나 지침을 요구하는 것에 그치지 않고 아동에 대한 공정한 대우를 모든 사회 계층에 도입하려 하였다. 10년 동안의 활동 중 이 기관은 다음과 같은 성과를 거두었다. 이는 25,437명의 폭력 피해 아동을 가해자로부터 보호하고 62,887명의 방치된 아동에게 필요한 치료를 제공했다. 그리고 603명의 아동을 거리에서 구조하고, 알코올 중독이나 방랑자로 변할 위험에서 구하고, 4,460명의 아동을 성적 착취로부터 구하므로 3,105명의 아동을 신체적 학대에서 벗어나게 했다. 그러나 712명의 아동은 이미 너무 늦어 사망을 확인해야 했으며 부모와 가해자에게 법적 책임을 물었다.

이 기관은 109,364명의 아동을 빈곤, 범죄, 학대 등에서 구했으며 47,220건의 고발을 접수하였고 이 중 5,313건은 가해자가 확인되지 않았으며, 28,895건은 경고 조치를 취했고, 5,792건은 법적 조치를 취하였다. 법적 절차에서의 무죄판결 비율은 첫 번째와 두 번째 기간 동안 각각 10.2%에서 5.5%로 감소하였다. 또한 47,320건의 사건 중 7,320건은 자선적 조치를 취하였다.

돈 보스코는 청소년들을 가르치기 위해 "학교 사용 성경 이야기"와 "단순화된 십진법"을 집필했다. 그는 주일 학교 외에도 저녁 학교를 설립했으며, 이는 이탈리아인이 창시자로 알려져 있다. 그는 자신의 학생 중 일부에게 무료로 이탈리아어, 라틴어, 프랑스어, 산술을 가르쳤고 그 대가로 학생들이 교리 교육과 주일 및 저녁 학교의 수업을 도와야 한다고 약속

받았다. 이 시도는 성공적이었다. 따라서 오라토리오에는 학생 카테고리가 추가되었다. 세일시안 평신도와 사제(단순한 서약을 한)는 약 3,000명이며, 마리아 보조 수녀는 1,500명이다. 세일시안 청소년 기관은 약 200개가 있으며 이 중 약 1/6은 직업 훈련을 제공한다. 미국에서는 이 비율이 절반이다. 기관의 절반은 교육을 제공하며 나머지 1/3은 교육과 직업 훈련을 혼합하여 제공한다. 각 기관에는 평균 150명의 내부 학생이 있으며 총 약 30,000명이 수용된다. 외부 학생이 200명 즉 약 20,000명이 추가된다. 또한, 축제 기간의 외부 학생들 대부분이 외부 학생들에 의해 형성되며 평균적으로 각 기관당 약 100명으로 계산하면 추가로 약 20,000명이 세일시안의 영향을 받는다. 약 50개의 여학생 기관이 있으며 각 기관당 평균 100명의 내부 학생(총 5,000명)과 250명의 외부 학생(총 12,500명)이 있다. 단순히 수용 또는 병을 위한 특별한 시설은 없지만 남미에서는 고아원과 병원이 있다. 콜롬비아의 아구아 데 디오스에는 800명이 넘는 나병 환자들이 세일시안들에 의해 돌보는 병원이 있다.

여학생 기관은 오로지 교육과 가정 일을 위해 전념하고 있다. 세일시안 기관들은 이탈리아의 공공 정신의 영향을 받아 과도하게 많은 청소년들을 고등학교 교육에 수용하고 있다. 이는 국가가 전통적으로 내놓은 해법이라기 보다는 노동력을 필요로 하는 상황에서 나타나는 현상이다. 그러나 이탈리아에서 세일시안 기관들은 범죄를 예방하기 위한 거대한 노력과 창의적으로 조직된 사업을 대표한다. 돈 보스코의 기관을 방문하는 사람들은 웃는 얼굴을 가진 청소년들과 자유로운 움직임을 가진 이들을 보지만 동시에 규율도 지키고 있다. 이들이 세일시안의 지도와 지원을 잃는다면, 거리에서 방황하며 범죄자가 될 가능성이 크다.

세일시안들이 언급하지 않지만 주목할 만한 점은 교회 당국은 그들을 지원하지 않았으며 오히려 여러 번 방해했지만 로마 법원이 최고 지휘를 맡으며 갈등이 해결되었다는 점이다.

3. 성직자의 기적

1866년 겨울의 차가운 저녁, 의학을 공부하던 바나드 박사는 자선 학교를 운영하며 자신이 겪은 사건에 의해 평생을 바칠 결심을 하게 된다. 학교를 떠나려고 할 때 한 소년이 방에 남아 난로 옆에 서 있었고 떠나지 않겠다고 간청했다. 박사는 소년이 부모도 없고 친구도 없으며 경찰이 적게 다니는 장소에서 잠을 자는 등 매우 가난한 상황이라는 것을 알게 되었다. 이 극심한 가난에 충격을 받은 박사는 소년에게 그들 어린이가 지내는 곳을 보여달라고 부탁했다. 한 시간 후, 박사는 소년과 함께 런던의 가장 열악한 지역을 지나 좁은 마당에 도착했다. 높은 벽을 넘으려는 소년을 따라 올라간 박사는 그곳에서 열두 명의 소년들이 지붕에서 자고 있는 장면을 목격했다. 박사는 그 밤, 자신의 인생을 구원 사업에 바치겠다고 서약했으며 그의 노력으로 작은 집을 임대하여 20명의 소년들을 수용할 수 있었다. 그는 손수 작업을 하며 집을 준비한 후, 그곳에 20명의 소년들을 데려왔다.

박사는 첫 번째 밤에 자신의 작은 가족과 함께 기도하며 "하늘의 아버지께서 새들에게도 먹을 것을 주시는" 도움을 간구했다는 장면을 상상할 수 없다고 말했다.

바나드 박사와 그의 구호 사업을 하는 이 집은 25명의 아이와 함께 시작되어 빠르게 번창했으며 30년 이내에 87개의 다양한 형태의 집으로 확장되었다. 이들 집은 5만 명 이상의 어린이들에게 안정적인 보호를 제공하였으며 이들 중에는 몇 주 된 아기부터 17-20세의 청소년까지 포함된다. 동시에, 이 기관은 무료 의료소, 학교, 무료 급식소, 야간 보육소, 농촌으로 아이들을 안내하는 기관, 병원, 취업 알선 기관 등과 같은 다양한 관련 기관으로 확대되었다. 이 프로그램은 매우 위대하다. 그의 목표는 고아나 버려진 아이들을 데려다 교육하며 직업 훈련을 시켜 삶에서의 자리를 찾아주는 것이다. 동부 지역의 대중들에게 복음을 전하고 병자를 치료하며, 불행한 이들에게 도움을 주는 것이다. 그 방법으로는 고아나 방랑 아동을 발견하기 위한 기관 조직, 무료 야간 보육소, 대규모 산업 시설, 소규모 가정용 집, 농촌 집, 이민자들이다. 또한 선교사 집인 수녀원의 절제에 대한 홍보, 주일 학교 및 노숙자 학교를 운영하므로 무료 진료소, 무료 식사, 이민 및 이주민을 돕는다.

원칙으로는 버려진 아이들은 나이, 성별, 종교, 국적 관계없이 수용해 어떤 질병에 걸린 아이들이라도 즉, 불치병을 앓고 있더라도 버려진 아이들은 수용된다. 이는 언제든지 낮이나 밤에 상관없이 수용된다.

이 위대한 사업이 이상주의와 실용주의, 강한 직감, 신에 대한 맹목적인 신뢰로부터 나왔다는 점이 특징적이다. 신과 파운드화가 이 사업의 두 가지 동력이다. 바나드 박사는 하늘의 은행에 신용이 열려 있다고 굳게 믿는 듯하다. 그런 은행에서 무엇을 할 수 없는 사람이 있을까?

1888년에는 31명의 아이가 사망했으며 이는 전체의 10%에 해당된다. 바나드 박사는 매년 절망적인 상태로 들어오는 아이들이 죽기 위해 들어온다는 점을 고려할 때, 사망률이 매우 낮다고 말했다. 물론 이는 우수한 치료와 위생 조건 덕분이지만, 하늘의 아버지가 많은 전염병으로부터 자신의 작은 세계를 지켜준 덕분이라고 믿는다.

영국의 실용적인 정신이 신앙의 정신과 항상 함께 진행된다. 그는 구속된 사례마다 이 구속이 자신에게 어떤 비용을 초래했는지 결론을 붙인, 10파운드와 하나님의 도움으로 한 생명이 구해졌다고 결론짓는다. 그의 구호 사업을 홍보하기 위한 신문 《Night and Day》는 20만 부가 인쇄되며, 이런 종류의 광고가 포함되어 있다. "런던에서 50마일 떨어진 곳에서 좋은 농장이 필요하다. 상태가 양호하고 기차역에서 1마일 이내에 위치해야 한다. 현재 이 농장은 우리의 집에 소중한 추가가 될 것이다. 감정적 보상과 좋은 작업을 제공하는 소유자가 있거나 기관에 기부할 마음이 있는 사람이 있다면 18 Steppey Causeway, London으로 연락해 달라." 이러한 단순한 요청을 통해 바나드 박사는 8,000명의 아이들을 위한 대 가족의 모든 필요와 요청을 관리한다. 양말부터 50 또는 58인치의 소녀용 잠옷, 베개 커버, 재봉틀, 스터저 하우스에서 사용할 오르간, 신생아용 헌 기저귀, 심지어 아이들을 위한 마법 랜턴까지 다양하다. 이 목록은 바나드 박사의 뛰어난 상상력을 보여주며, 큰 것과 작은 것을 모두 아우른다.

바나드 박사의 신문에는 어린이들의 초상화와 함께 다음과 같은 초대가 있다. "독자 중 누구든지 아래의 경우 중 하나를 선택하고 1년 동안 필요한 돈을 지불하고 싶다면, 남자 아이 또는 여자 아이의 연간 비용은 18파운드이다. 아이의 사진과 배경 이야기, 진행 상황을 담은 자료가 제공될 것이다." 그의 구호 사업을 구상한 대담한 개념과 마찬가지로 그는 이를 지원하기 위한 방법을 매우 기발하게 생각해냈다. 이제 10만 명의 아이들을 위한 이 사업은 오직 대중만이 협력할 수 있도록 조직되어 있으며 모두를 동원하고 모두에게서 기부금을 받아낼 수 있었다. 기부할 수 없는 사람은 자원봉사를 하거나 매일 자원봉사를 할 수 없는 사람은 단 하루만 자원봉사하면 된다. 신문에서 자주 볼 수 있는 광고는 다음과 같다. "내 아이들을 위해 하루만 일할 사람을 찾습니다. 1895년 6월 29일에 거리 모금이 진행됩니다. 자원봉사를 원하신다면, 이름과 주소를 보내주시기 바랍니다. 최대한 빨리 보내주시면 그날의 완전한 지침을 보내드리겠습니다." 이와 같은 방식으로 모든 자원을 활용하는 방식은 정말로 인상적이다. 그의 기관이 세계의 모든 어린이들에게 열려 있듯이 그의 기부금도 세계의 모든 곳에서 모인다. 대부분의 기부는 영국 외부에서 도착한다.

4. 바나르도와 대중의 지원

바나르도는 막대한 기부금을 받았으며 그의 기관에 대한 국제적인 지원 네트워크를 구축했다. 단 하루 동안 177개의 기부가 있었으며 기부는 호주, 아프리카, 중국, 미국, 캐나다, 인도, 파리 등 전 세계에서 이루어졌다. 이 기부금은 금전뿐만 아니라 소비재로도 이루어졌으며 모두 기관의 이익을 위해 수집되고 재판매되었다. 그의 신문 표지는 새로운 형태의 중고품 가게를 홍보하는 광고로 가득 차 있으며 기부된 물품의 다양성을 강조하고 있다.

바나르도는 또한 하층 계급의 지지를 얻는 데 성공했다. 노동자와 자원이 제한된 사람들도 자신이 할 수 있는 만큼 기부하며 공동체에 대한 헌신을 보였다. 물건을 팔아 소액을 모은 노동자나 소득이 적음에도 기부한 사람들은 바나르도의 사업에 대한 광범위한 지원을 보여준다. 이러한 예시는 대중의 동정심과 지원을 효과적으로 조직해 기부금과 자원으로 변환할 수 있음을 입증한다.

종교와 범죄 관련된 장에서는 종교가 도덕적이고 범죄를 예방하는 보편적인 해결책으로 여겨지는 전통적인 시각에 대해 비판하고 있다. 주요 논점은 다음과 같다.

종교의 제한된 영향: 라틴 국가에서 종교가 범죄 예방에 효과적이지 않다고 본다. 종교는 과거에 중요한 영향을 미쳤지만, 오늘날에는 일상 생활에 실질적인 영향을 미치지 않는 것으로 여겨진다.

도덕과 종교: 도덕은 본능적이며 종교나 교육의 영향을 받지 않을 수 있다. 종교적 교훈은 종종 즉각적이고 실질적인 제재가 없으며 도덕적 성향을 개발하는 데 기여하지 않을 수 있다.

구속의 예: 델리아의 예는 강한 종교적 열정이 구속으로 이어지지 않을 수도 있음을 보여준다. 델리아는 비극적인 경험

과 범죄 생활을 겪었지만 여전히 약한 자를 방어하고 뛰어난 에너지와 민첩성을 보였다. 그러나 그녀의 삶은 갈등과 폭력으로 점철되어 있었다.

요약하면, 바나르도의 사업은 광범위한 대중의 지원을 통해 자원을 모집하는 데 성공했으며 기부와 헌신을 통해 그의 사업을 추진하고 있다. 반면, 종교가 범죄를 예방하고 치료하는 데 효과적이지 않을 수 있음을 지적하며, 보다 실용적이고 이상적인 시각이 필요할 수 있음을 제안한다. 선교사들의 개종 요청에 대해 그녀는 "먹을 것이 충분히 있으니 남의 주머니에서 금을 찾는다"고 답하였다. 경찰은 그녀를 '미스터리'라고 불렀고 동료들은 '블루 버드'라고 불렀으며 그녀의 선호하는 색 때문에 붙여진 별명이었다. 대중은 그녀를 '몰베리의 도둑들 중 첫 번째 여배우'라고 불렀다. 1891년 5월 25일, 선교사인 와이텀 부인이 몰베리 광산에 살고 있는 사람들을 위해 종교 서비스를 시작하려 했으나 몇몇 동료들이 체포된 것에 대해 화가 난 이들은 그녀를 해치려 했으나 블루 버드가 그녀를 방어해주었고 이후 마트 스트릿의 아편굴로 데려다 주었다. 작별 인사를 하면서 선교사는 그녀에게 장미 한 송이를 주었고, 이 장미가 축복의 도구가 되기를 바랐다. 그러나 그녀는 개종에 실패했다. "나는 이미 많은 죄를 지었기에 회개할 수 없다"고 말했다.(그녀는 23세였다) 그러나 그녀는 선교회에 가겠다고 약속했으며 저녁에 장미를 돌려주러 갔고 그날 하루가 얼마나 불안했는지 술로 의심을 가라앉히려 했지만, 점점 더 혼란스러워졌다. 저녁에 그녀는 장미가 시들어가는 것을 보며 과거의 순수함과 잃어버린 젊음을 회상하며 동료들에게 작별을 고했다. 그녀는 선교회에 가서 따뜻한 환대를 받았고 목욕 후 침대에 눕혔다. 와이텀 부인이 그녀를 보고 포옹하며 키스하자 그녀는 처음에 움찔했으나 곧 떨고 울기 시작했다. 선교사는 "이 가엾은 소녀는 조금의 사랑만 필요합니다. 하나님, 사랑할 수 있게 도와주소서"라고 기도하며 함께 기도하자 그녀는 기뻐하는 표정을 보였고 아편과 술, 담배를 끊고 자신과 같은 처지에 있던 도메르라는 동료를 개종시키기로 결심했다. 그녀는 결핵과 매독에 걸려 병원에 입원했으며, 상태가 호전되자 술의 유혹을 느꼈지만 이겨냈다. 회복 후에는 옛 동료들에게 복음을 전파했다. "내가 어떻게 변화했는지 보지 못합니까? 내가 구원받았듯이 여러분도 구원받을 수 있습니다"라고 말하며 많은 도둑들이 그녀의 기도에 동참하였고 몇몇은 회개하기 시작했다. 그녀는 오번 교도소에서 부활절에 1,500명의 수감자들 앞에서 설교했다. "오 예수님, 당신은 얼마나 좋으신가요. 제가 12개의 생명과 12개의 언어를 가졌다면 모두 당신을 위해 사용하겠습니다. 우리가 악마를 섬기며 얻은 것은 감옥, 가난, 경멸과 병입니다. 사탄이 보여주는 다이아몬드는 유리일 뿐이며, 그의 옷은 걸레입니다. 내가 슬펐던 시절 다른 사람들을 두려워하게 만들었지만, 밤마다 잠을 자지 못했으며 아침이 되면 감옥에 있을지 모른다는 불안에 떨었습니다."

그녀는 11개월 동안 100명 이상의 사람들을 개종시켰다. 어느 날 밤, 그녀는 하나님께 기도하면서 '하나님께 선택되고 도장이 찍힌 자'라는 글귀를 선물로 받았다고 꿈을 꾸었고 그 말을 침대에 새겼다. 그녀는 1년 내에 결핵으로 사망했으며 그녀의 사망 후에는 80명의 동료가 정직해지거나 정직해 보였다. 그녀의 개종은 확실하다. 그 증거는 그녀의 외모 변화가 사진으로 확인된다는 것이다. 그러나 그녀가 성적 학대를 받고 범죄에 휘말렸던 점을 고려할 때 그녀의 변화는 범죄에서 회복된 것보다 오히려 개인적인 성향과 급작스러운 개종의 영향을 받았다는 점에서 주목된다. 또 이러한 개종이 개인적인 차원에서 이루어진 것임을 감안할 때 범죄를 예방하고 치료하는 방식에 대한 일반적인 해결책으로는 부족할 수 있다.

마지막으로, 개신교와 스위스에서 이루어진 종교적 열정은 더욱 큰 영향을 미치며, 이러한 열정이 범죄 예방과 치료에 실질적인 영향을 줄 수 있는 반면, 라틴 국가에서는 그러한 열정이 효과적이지 않을 수 있음을 지적한다. 이 숙소들에서는 저녁마다 회의가 열리며 참가를 원하는 사람들은 참석할 수 있다. 이 회의에서는 그들이 어떤 방법으로 현재의 생활에서 벗어날 수 있는지에 대한 정보가 제공된다. 원할 경우, 이들은 취업 사무소에 등록되며 1895년에는 19,372명이 취업 기회를 얻었다. 또한, 이들은 특별히 설계된 '엘리베이터'라는 시설에 배치되어 유급 작업에 종사하거나 기술을 배운 후 사설 혹은 농장과 같은 '구세군'의 시설로 배치된다. 이 '엘리베이터'들은 1895년 한 해 동안 3,275명을 보호하고 지원하였다. '구세군'은 여러 교도소에서 강연을 개최하며 가장 유능한 죄수들을 모집하여 교도소에서의 좌절감을 덜어주고 이들을 자선단체의 일원으로 맞이한다. 일부는 특별한 시설에서 교육을 받으며 이 시설은 약 516명이 도덕적 및 실용적 교육을 받았고 이후 '엘리베이터'를 거쳐 사설 주택이나 농장으로 이송된다.

'구세군'은 또한 84개의 특별 사무소를 운영하여 악습과의 전투를 벌인다. 이들 사무소의 직원들은 1년 동안 약 58,723개의 가난한 가정을 방문하였고 15,702명은 공공 주택에서 7,500명은 숙소에서 도움을 받았다. 3,887명의 환자도 지원하였다. 또한, 어린이들을 위한 기숙사와 특별 시설을 운영하며 가능한 한 빨리 호주로 보내고 있다.

여성을 위한 '구세군'은 9개의 기숙사와 13개의 '구조 홈'을 운영하여 여성들을 직접적으로 구출하며 1,556명을 선택된 작업에 배치하고 일정 기간 후에는 사설 주택이나 '구세군'의 농장으로 보내고 있다. 이 새로운 자선 군인들은 폭력 없이 어디에나 도착하며 그들의 집 '엘리베이터', 농장은 모두 개방되어 있다. 누구든지 자유롭게 출입할 수 있으며 나가서 다시 돌아와도 언제나 환영받는다. 또한, 웰슬리안들도 비슷한 활동을 한다. 웰슬리안의 한 인물인 머른스가 런던은 빈곤의 참상을 폭로한 후 이들 타락자와 알코올 중독자들을 개종시키기 위해 헌신하였다. 힉스는 "우리는 영혼을 구하는 것에만 집중하지 말고 몸도 구해야 한다"고 강조하며 많은 사람을 감동시켜 그들을 교회에 인도하였다. 그들은 위험한 시간대 즉 사회적 시간대라고 불리는 9시부터 11시 사이에 사람들을 초대하여, 음식, 음악, 노래를 제공하며 그들과 관계를 맺고 절제의 서약을 하도록 유도한다. 또한, 악성 지역을 방문하는 팀을 조직하고, 위험에 처한 여성들을 보호하기 위해 자매 그룹을 형성한다.

한 자매는 어느 날 한 여성이 타락한 남자에게 끌려가는 것을 보고, 그 여성을 면담하며 "당신은 여성이라는 것을 기억하라"고 말하며 이마에 키스하였다. 감동한 여성은 더 이상 술집에 가지 않겠다고 약속하며 매일 저녁 모임에 참여하겠다고 밝혔다.

사회 문제 실용 연구 협회에서는 노동자들의 자본 수익 참여와 노동 재해 보험을 지지하며 잭스챗스베리 경과 같은 인물들이 영국의 광부들의 조건을 개선하였다.

1852년 뉴욕에서 설립된 선한 템플러와 1877년 제네바에서 설립된 블루 크로스는 각각 50만 명과 1만 명의 회원을 보유하고 있으며 정해진 기간 동안 발효 음료를 피하도록 요구한다. 이는 성공적으로 이루어지고 있으며 개신교 국가 특히 스위스와 영국에서는 알코올 중독이 감소하고 있는 반면, 가톨릭 국가에서는 증가하고 있다.

우리의 세일시안들과 선한 수녀들은 이러한 결과를 얻었는가? 이와 같은 성과를 얻기 위해서는 오래된 종교적 전통이 아닌 새로운 이상을 추구해야 한다. 오히려 과거의 종교적 관행과 권위는 종종 부패한 결과를 초래하기 때문에 새로운 방식의 자선 활동이 필요하다. 도날드 보스코와 바르톨로 롱고의 기적과 업적을 비교해보면 구세군이나 웰슬리안 같은 새로운 자선 활동이 과거의 전통적 접근 방식보다 더 효과적일 수 있음을 알 수 있다. 그들은 범죄를 근본적으로 해결하기보다는 기존의 체계에 순응하고 있는 것으로 보인다.

도날드 보스코(Don.Bosco)의 작업에서 범죄에 대한 구속 사례를 찾는 것은 어려웠다. 한 젊은이는 부모로부터 지속적인 학대를 받았으며 결국 도날드 보스코의 오라토리오에 피신했다. 이 젊은이는 도날드 보스코의 도움으로 학문을 배우고 음악을 익히며 현재는 토리노의 유력한 성직자가 되었다. 그러나 이 경우는 범죄자가 아니라 학대를 받았던 경우이다.

세일시안들은 대부분의 불량 청소년이 도둑질과 거짓말에 대한 경향을 보이지만 개선되거나 교정된다고 설명했다. 그러나 그들이 계속해서 문제 행동을 보일 경우에는 퇴출된다. 가족 내에서 폭력적인 행동을 한 청소년과 도둑질을 반복하던 청소년이 있었는데 둘 다 시간이 지나면서 개선되었지만, 후자는 가족에게 돌려보내야 했다. 또한, 어떤 경우에는 수녀원 생활이 새로운 범죄를 초래할 수 있으며 봉쇄 생활이 외부 세계와 싸울 힘을 제한할 수도 있다.

프랑스의 고아원에서는 주로 종교적 관심사에 집중하며 실질적인 직업 교육을 제공하지 않는 경우가 많다고 Joly는 말한다. 루셀(Roussel)은 프랑스의 수녀회 자선 활동이 주로 여자아이들에게 집중되며, 남자아이들은 종종 감옥이나 교도소에서 끝나게 된다고 지적한다. 가톨릭 고아원은 불법적으로 태어난 고아들을 거의 수용하지 않으며 실질적인 직업 교육을 제공하지 않는다. 반면, 개신교 단체는 그들의 노력을 강조하고 교회와 로마와의 관계를 피하려는 경향이 있다.

영국과 미국의 자선 단체인 구세군(Salvation Army)와 침례교도는 주로 악습의 구속과 아동 보호에 전념하며 열정과 협력으로 더 큰 영향을 미친다. 이러한 조직들은 개인의 영향력만큼이나 조직 전체의 힘이 중요하다는 것을 보여준다.

결론적으로 세일시안과 수녀들 같은 일부 종교 기관은 폭력 없이 범죄 예방에 유용한 역할을 하지만 정부 기관은 종종 문제를 악화시키는 경향이 있다. 영국과 미국의 자선 활동과 달리, 라틴 국가에서는 비공식적인 사적 노력이 정부 기관보다 더 큰 도움을 주는 경우가 많다.

4장

교육의 해악과 정치적 범죄 예방

1. 교육 및 교도소

과거에 교육의 이로운 영향을 과장했던 것들은 사라졌지만 교육은 여전히 범죄의 심각성을 줄이는 데 중요한 역할을 한다. 교육이 범죄의 기술을 향상시키거나 새로운 범죄 기회를 제공하지 않도록 해야 한다.

교도소의 학교는 범죄 재발을 촉진하고 새로운 범죄 도구를 제공하기 때문에 폐지해야 한다. 가능한 많은 정직한 사람들에게 교육을 확산시키는 것이 필요하다. 교육이 널리 퍼진 곳에서는 범죄를 줄이고 더 공정한 사회를 만드는 데 기여할 수 있다.

운동, 야외 행진, 춤과 같은 활동은 신체를 강화하고 즐겁게 하여 나태와 조기 또는 비정상적인 성적 욕망을 예방하는 데 도움이 된다. 이는 모든 교훈보다 효과적이다. 또 가정에서 학대받는 어린이가 학교에 들어가면, 그를 격리하여 일반 교육인 아닌, 그의 경향에 맞춘 특별 교육을 제공해야 한다. 스포츠, 해양, 사냥과 같은 직업을 추천하거나 도살업, 군대, 서커스와 같은 직업을 통해 본능적인 욕망을 충족시키도록 해야 한다. 범죄를 유발할 수 있는 직업은 피하고, 필요한 최소한의 교육만 제공하여 범죄를 저지르지 않도록 해야 한다. 교육을 받는 범죄자는 권력에 쉽게 접근할 수 있으므로 그들에 대한 조치가 필요하다. 많은 고통과 재난이 있었던 이탈리아와 프랑스가 나폴레옹, 불랑제, 크리스피와 같은 인물들로 인해 불행을 겪었다는 점을 상기할 필요가 있다.

범죄 성향을 가진 사람에 대한 치료는 도덕적 제안 이후 최면 치료를 시도해야 한다. 특히 범죄 성향의 기초가 종종 간질이라는 점에서 브로무로, 코큘루스와 같은 내과적 치료를 사용해야 한다.

형사 인류학의 지식을 통해 범죄자의 물리적 및 두개골 특성을 기준으로 범죄를 식별할 수 있다. 이는 점점 더 심각하고 치료하기 어려운 범죄를 가진 사람들과 일시적인 범죄 경향을 가진 어린이들을 구별하는 데 도움이 된다. 이탈리아에서의 연구에 따르면 333명의 학생 중 13%가 두개골의 심각한 이상을 가지고 있었으며 이들 중 44%는 규율이 부족하거나 무질서한 반면, 정상 두개골을 가진 청소년의 경우 24%만이 무질서했다. 이상 징후가 있는 43명 중 8명은 두통과 열감, 일에 대한 집중 부족을 호소했으며 12명은 충동적이고 자기 절제가 부족했다. 6명은 도덕적 감각이 부족하여 심각한 위반을 저질렀다. 이러한 경우(4%)의 격리는 새로운 치료 방법과 교육 방법을 시도할 기회를 제공하며 악화되는 범죄 성향을 예방하고 건강한 사람들과의 해로운 접촉을 차단할 수 있다.

영국에서는 학교를 제대로 다니지 않거나 행동이 나쁜 어린이를 위해 '불량학생 학교'에 보내고, 철저히 새로운 생활을 경험하도록 한다. 이 학교에서 학생들은 머리부터 발끝까지 세심히 관리되며 일정 기간 동안 침묵과 내적 서비스 운동과 군사 훈련을 통해 교훈을 받는다. 학생들은 자신의 행동으로부터 자유를 회복할 수 있으며, 평균적으로 8주를 초과하지 않는다. 이후 학교를 재방문하거나 필요한 경우 더 길게 구금될 수 있다.

마지막으로, 이와 같은 제도는 불량 청소년을 구분하고, 범죄적 영향을 줄이기 위해 작은 그룹으로 나누어 교육하며 범죄를 예방하는 데 효과적이다. 이러한 문제들을 해결하기 위해, 우리의 학교 시스템이 유용하다고 생각한다. 비록 조직이 부족하더라도 학교는 지속적인 노동을 통해 어린이의 생리적 범죄 성향을 정직함으로 전환하는 데 기여할 수 있다. 학교는 적절하지 않은 학생들, 즉 실제 범죄 성향을 가진 아이들을 식별하는 데 유리하다. 이슬람, 중국, 티베트의 학교들은 메타피직스나 자동적인 훈련에 주로 초점을 맞추었지만, 도덕에 유용했을 수 있다. 학교가 적극적으로 유용하려면 교육의 기본을 바꿔야 한다. 현재의 교육은 아름다움과 힘에 대한 숭배로 나태, 무질서, 폭력을 조장하는 경향이 있다. 따라서 우리는 농업 관련 특수 학교를 우선시하고 다른 학교들에서도 실용적인 수업을 중시해야 한다. 이는 실용적이고 정확한 지식을 제공하여 오래된 환상적인 개념을 대체하는 데 도움이 될 것이다. 또한, 강력한 대학 등록금 정책이 현재 증가하는 대학 진학 기회를 통해 일어나는 혼란을 막을 수 있다.

세르지(Sergi)가 쓴 바와 같이, 학교는 어떻게 알파벳을 가르치고 글쓰기를 빠르게 하는지, 마음을 발전시키는 방법과 어떤 과목이 준비나 교육에 적합한지를 논의할 뿐 우리의 감정과 경향을 어떻게 이끌어야 하는지에 대한 지침은 제공하지 않는다. 교육은 건강 관리를 위한 위생과 유사하게, 교육자는 인간의 마음의 본질을 이해하고 개인적 및 사회적 작용 방식을 알아야 한다. 교육자는 기능의 왜곡 원인과 그를 방지할 방법을 이해해야 한다. 현재의 교육자들은 이러한 목적을 달성하기 위한 충분한 지식이 부족하며, 학생들을 교육하는 데 필요한 목표를 명확히 이해하지 못하고 있다. 따라서 고전 과목의 수를 줄이고 상업, 기술, 직업 교육을 위한 학교로 변환해야 한다. 이러한 학교는 일상 생활의 요구에 맞춘 실용적 교육을 제공하며 동시에 학생들에게 인성 교육과 삶의 기술을 가르쳐야 한다. 이로 인해 수공업의 위상이 높아지고 현재와 같은 직업 훈련의 필요성이 강조된다. 모든 학교의 주요 목표는 학생의 성격을 교육하는 것이며 성격이 제대로 형성되지 않으면 학교와 모든 기관에서 얻을 수 있는 것이 없다.

가족의 역할은 학교보다 더 중요하다. 그러나 우리는 자녀들의 성공에 대해 거의 알지 못하며 학교의 성과와 인생의 성공 사이의 관계를 조사하지 않는다. 가족은 학교에서 교육적 책임을 완전히 지워버리고 대신 학교가 모든 것을 책임지도록 한다. 가족은 자녀의 미래에 대한 관심을 가져야 하며 적절한 준비와 지속적인 노력으로 자녀의 교육을 책임져야 한다. 적절한 교육과 직업 교육을 통해 자녀에게 실질적인 기술을 가르치고, 이로 인해 범죄를 예방할 수 있다. 부모는 자녀에게 긍정적인 태도와 성격을 심어주어야 하며, 자녀가 정직하고 성실한 사람이 될 수 있도록 도와야 한다. 따라서, 범죄적 행동을 보이는 어린이들에게는 과도한 처벌보다는 올바른 교육과 훈련을 통해 개선하는 것이 중요하다. 교육적 접근이 범죄 성향을 예방하는 데 효과적일 것이다.

이 글에서는 인성 교육과 범죄 예방에서 적절한 교육과 치료의 중요성을 강조하고 있다. 주요 내용은 다음과 같다.

자연스러운 선의 진화와 교육: 선으로의 진화는 인간 발달의 자연스러운 부분이다. 이는 태아가 유아로 변하는 과정과 유사하다. 그러나 잘못된 교육은 어린 시절의 악한 본능을 자극하여 이러한 행동이 습관이 될 수 있다. 스펜서의 이론에 따르면, 너무 엄격한 교육과 너무 관대한 교육 모두 부정적인 영향을 미칠 수 있다. 지나치게 엄격한 교육은 아이를 자극하여 잘못을 이해하지 못하게 하며, 본능에 맞지 않는 교육은 효과적이지 않을 수 있다.

동정심과 적절한 교정의 중요성: 동정심이 교정 과정에서 중요한 역할을 한다. 성인은 동정심이 가는 사람에게 더 큰 고통을 느끼기 때문에 교정은 온화하고 아이의 본성에 맞게 이루어져야 한다. 아이가 소중한 물건을 망가뜨렸다면 그 물건의 비용을 스스로 지불하게 하거나 장난감으로 어질러진 집을 청소하게 하여 행동의 결과를 직접 경험하도록 한다. 분노를 피하고, 교정은 자연스럽게 이루어져야 한다.

청소년 및 범죄자 교육: 청소년과 범죄자에게는 과도한 처벌이 상황을 악화시킬 수 있다. 교정은 행동의 심각성과 연령에 맞아야 하며 교사와 긍정적인 관계를 형성하는 것이 중요하다. 처벌은 범죄자에게 더욱 극단적인 행동을 유도할 수 있으므로, 적절한 교정 방법을 사용해야 한다.

교정 기관의 개혁: 다양한 범죄 유형을 교정 기관 내에서 구분하여 치료하는 것은 어려울 수 있다. 따라서 처벌과 강제적인 방법보다는 습관을 개선하고 실용적인 교육을 제공하는 것이 필요하다. 교정 프로그램은 직업 교육, 상업, 물리학 응

용 등 실용적인 지식을 포함해야 하며, 단순히 문자를 교육하는 것만으로는 부족하다.

감정 교육과 동기 부여: 미덕은 인위적으로 만들 수 없으며 인간의 관심사와 열정을 바탕으로 해야 한다. 범죄자는 물질적 보상이나 다른 사람과의 차별화된 성과를 통해 동기를 부여받을 수 있다. 따라서 추상적인 도덕 교육보다는 구체적인 보상과 인센티브를 통해 개선을 유도하는 것이 효과적이다. 교정 기관에서는 장식, 상장, 특별 권한 등으로 동기를 부여할 수 있다.

결론적으로, 이 글은 자연과 본능을 존중하는 교육의 중요성, 부드럽고 긍정적인 교정 접근법 그리고 청소년 및 범죄자를 위한 실용적이고 동기를 부여하는 방법의 필요성을 강조하고 있다.

2. 정치적 범죄 예방을 위한 수단들

도너 보스코, 브록웨이, 바나르도의 기관들은 범죄자들의 암울하고 절망적인 상황에서 희망의 빛을 비추어 주었다. 그들은 범죄를 예방할 수 있는 유일한 길을 제시하였으며 특히 범죄적 성향을 가진 이들을 구제하는 방법을 제공하였다.

정치적 범죄를 예방하는 방법으로는 다음과 같은 것들이 있다.

민족적 유사성: 라네산(Jean Marie Antoine de Lanessan 프랑스 정치가 1843~1919)은 역사적 경험을 바탕으로 지배 민족이 힘과 문화에서 열등할 때 지배받는 민족이 이를 완전히 벗어나게 되는 경향이 있음을 지적하였다. 이는 미국, 그리스, 네덜란드에서의 사례로 증명된다. 따라서 지배와 피지배의 관계를 줄이고, 자치적인 지역 정치로의 이행이 바람직하다. 또한, 동일한 국가 내에서도 인종적 차이가 큰 지역에서는 법률과 제도를 지역에 맞게 조정하여 갈등을 줄일 수 있다.

분권화: 스펜서는 분권화가 정치 사회의 미래라고 주장하였다. 프랑스에서는 유언의 오류를 수정하고, 문학적 지원과 아동 양육을 정부가 관리하고 있다. 그러나 이런 방식은 시민의 자발성과 어려움 극복 능력을 떨어뜨려 정부가 많은 문제를 해결해야 하게 만든다. 도시들이 자체적으로 행정, 사법, 교육, 경찰, 교통 등의 업무를 처리하게 하면 많은 불공정과 남용을 줄일 수 있다.

단체 규제: 범죄를 조장하는 경향이 있는 단체는 강력히 규제해야 한다. 특히 정치적 범죄를 유도하는 단체들은 철저히 단속하고 필요시 해산시키는 것이 중요하다.

정치적 권력의 균형: 정치적 권력의 독점은 다른 계층에 해를 끼칠 수 있다. 따라서 모든 계층을 공정하게 대표하는 정

치 시스템이 필요하다. 로마의 법정은 공화국의 장수를 연장하고 민중의 반발을 예방하였다.

의회주의의 한계: 현대의 의회주의는 대중의 열망을 반영하지 못하고 선출된 인물들이 국가의 높은 이상을 잃어버리고 단기적 이익에 치중하게 만든다. 의회는 때로는 법률의 필요성과는 상관없는 많은 법을 제정하게 되며 의원들은 범죄에 대해 책임을 지지 않는다. 의회주의는 또한 법률가와 관료의 카스트를 승리시켜 정치적 혼란을 초래할 수 있다.

권력 남용 방지: 과도한 의원 면책권과 권력 집중은 정치적 혼란을 야기할 수 있다. 왕권이 절대적이었던 시대에는 군주에 대한 반란이 주된 위협이었지만 현재는 무책임한 의원들이 권력을 남용하면서 새로운 형태의 정치적 반란이 일어날 수 있다. 이에 따라, 의원들의 권한을 줄이고 책임을 강화하는 것이 중요하다.

이와 같은 방법들을 통해 정치적 범죄를 예방하고 사회의 안정을 도모할 수 있다.

보편적 선거권: 보편적 선거권은 시대의 흐름에 따라 계층대표성의 평등을 추구하지만, 비숙련자나 부패한 이들이 남용할 경우 자유 자체에 역효과를 미칠 수 있다. 따라서, 국민의 행복을 증진시키는 모든 조치를 지지하되, 상류층으로부터 필요한 권리와 혜택을 얻는 데 도움이 되는 경우에만 이 권리를 확대하는 것이 바람직하다. 아리스토텔레스가 불가능

하다고 했던 학문의 귀족적 권위는 중국에서 수 세기 동안 지배해 온 바에 따르면 부유층과 노동계층의 압도적인 수와 영향력을 견제할 수 있다. 따라서, 보편적 선거권을 인정하되 높은 가치를 지닌 이들의 합리적 투표로 이를 보완해야 한다.

사법권 독립성: 사법권은 입법권에 종속되지 말아야 하며 이로 인해 사법권이 무력화되는 것을 방지해야 한다. 미국에서는 선거를 통해 선출된 판사들이 헌법에 맞지 않는 법률을 무효로 할 수 있는 독립적인 권력을 갖고 있다. 노아이유(Noailles)는 이 시스템이 미국에서 주와 개인의 권리를 보호하고 헌법의 조항이 의회나 행정부의 독단적인 권력 남용에 의해 위협받지 않도록 하는 역할을 했다고 설명하였다.

약자 보호와 법적 대변: 약자를 보호하는 법적 기관이나 제도를 도입하여 정치적 범죄를 예방할 수 있다. 고대 로마의 호민관과 같은 제도는 큰 불의에 대한 균형을 유지하는 데 기여하였다. 또한, 현재의 강력한 권력에 맞서기 위해 지방 자치단체에서 선출된 위원회나 의회에 의해 운영되는 중간 사법 기관을 두어야 한다. 이를 통해 공정한 판결을 보장하고 국민의 권리를 보호할 수 있다.

법률의 변동성: 정치 제도가 오래 지속되기 위해서는 법률과 헌법이 시대에 맞게 유연하게 조정될 수 있어야 한다. 스위스는 1830년부터 1879년 사이에 115회의 주 헌법 개정과 3회의 연방 헌법 개정을 겪으면서도 다양한 민족과 문화를

지니고 있음에도 불구하고 국가의 통합성을 유지해왔다. 이는 법률의 유연성과 적시 개정의 중요성을 잘 보여준다.

변화의 점진성: 모든 변화는 급격하게 도입되어서는 안 되며 점진적으로 이루어져야 한다. 콩스탕(Benjamin Constant 1767-1830 프랑스 정치가)은 한 국민의 제도가 안정되기 위해서는 그 제도가 국민의 생각 수준에 맞아야 한다. 이 주장은 러시아에서의 강제적 노예제 폐지나 프랑스와 독일에서의 절대 군주제를 지닌 옛 국가들의 폐지와 같은 역사적 정의의 필요성에서 비롯된 것이었으나, 이러한 개혁들은 급격히 이루어졌기 때문에 즉각적이고 장기적인 혼란을 초래하였다. 이는 지나치게 빠른 변화는 사람들의 보수적인 성향으로 인해 어려움을 겪을 수 있음을 보여준다.

발의 권리와 국민투표: 스위스에서는 모든 시민이 일정 수의 유권자 지지를 받을 경우 발의 권리를 행사할 수 있으며 국민투표(referendum)를 통해 국가와 대표 간의 의견 일치를 확인할 수 있다. 국민투표는 개혁을 어렵게 할 수도 있지만 개혁이 국민의 요구에 부합하지 않으면 실패할 가능성이 크므로 국민투표는 실제로 국민이 요구하는 변화만을 이루도록 도와준다. 또한, 국민투표는 시민들이 법률을 공부하고 정치에 참여하도록 유도하는 강력한 교육 도구가 될 수 있다.

고대 교육의 문제점: 우리의 고대 교육 시스템은 아름다움과 폭력에 대한 찬양을 통해 반란과 무질서를 조장하는 경향이 있

다. 이는 교육이 현대 사회에서 필요한 실용적 기술과 지식을 제공하지 않기 때문에 발생하는 문제이다. 고대 교육의 이런 문제를 해결하기 위해서는 이론적이고 아름다움에 치중된 교육에서 벗어나 실용적이고 현실적인 교육으로 전환해야 한다.

경제적 불안정성과 공정한 분배: 현재의 경제적 불안정성은 정치적 혼란의 또 다른 원인이다. 고대에는 경제와 정치의 관계를 이해하고 공정한 자원 분배를 통해 사회적 안정성을 유지하려는 노력이 있었으나 현대에는 여전히 불공정한 세금과 부의 집중이 문제를 일으키고 있다. 자본가들은 자본의 수익률이 감소함에 따라 임금을 줄이고 노동자들은 공정한 보상과 이익 분배를 요구하고 있다. 따라서, 자본주의 기업은 노동자의 정당한 요구를 수용하고 여성과 어린이에 대한 보호 조치를 강화하며 노동 시간을 줄여야 한다. 또 지방자치단체에 식량, 교육 등 기본 서비스를 맡기는 것이 바람직하다.

3. 형벌 제도와 교도소

현재의 형벌 제도에서 특히 라틴 국가의 예방 조치는 이상주의적 꿈에 불과한 경우가 많다. 법률 시스템이 범죄자의 방어와 처벌로부터 상당한 이익을 얻기 때문에 예방보다 처벌에 집중하는 경향이 있다. 따라서 교도소는 불완전하고 종종 해로운 방법이지만 범죄에 대응하는 주요 수단으로 남아 있다.

독방 교도소: 독방 교도소는 수형자들을 분리시켜 서로의 접촉을 막고 범죄 조직의 형성을 방지하며 도덕적 타락을 줄이려는 장점이 있다. 그러나 이러한 교도소는 수형자의 악화는 막을 수 있지만 실제로 개선을 이루는 데는 한계가 있다. 장기간의 고립은 자살이나 정신 질환과 같은 심각한 부작용을 초래할 수 있으며 높은 비용 때문에 대규모로 적용하기 어렵다.

교도소에 대한 비판: 독방 교도소에 대한 비판은 이 제도가 수형자를 수동적인 자동인형으로 만들고 그들의 정신을 압도하며 의지를 무너뜨린다고 강조한다. 이러한 시스템은 수형자들에게 게으름을 교육하고 사회로의 긍정적인 재통합보다는 단순히 규율과 순응을 강요한다. 단조롭고 규칙적인 생활, 자극의 부족, 제한된 사회적 상호작용은 수형자의 사고와 정신에 부정적인 영향을 미칠 수 있다.

교도소 시스템의 문제: 교도소는 종종 수형자들이 유용한 경험과 기술 없이 범죄적 행동을 지속하도록 만들며, 진정한 재활 기회를 제공하지 않는다. 수형자들은 부정적인 습관과 기질을 형성할 수 있으며, 이는 그들의 범죄적 상태를 지속시킬 수 있다. 엄격한 규율과 고립은 부정적인 경향을 강화하고 사회로의 재통합 기회를 제공하지 않는다.

가능한 개혁: 현재의 방법에 대한 대안을 고려하는 것이 중

요하다. 형벌은 단순한 처벌이 아니라 재활의 기회로 생각되어야 한다. 수형자들의 개인적 및 사회적 능력 향상을 촉진하는 치료 방법을 탐색할 필요가 있으며 단순히 고립과 규율을 강화하는 것보다는 보다 효과적이고 인도적인 시스템을 구축해 교도소의 한계와 문제점을 넘어서는 것이다. 많은 방랑자와 길을 잃은 자들, 부패한 자들이 교도소에 있는 이유는 효과적인 보호와 환경, 좋은 본보기가 부족했기 때문이었으며 그들의 사회적 본능은 억압당하고 있다. 교도소는 이들 부족한 요소들을 단지 간헐적인 감시와 하위 계층의 감시자들로 대체하려고 한다.

아이에게 걷는 법을 가르칠 때 어려움을 주고 넘어질 것을 두려워하게 하며 다른 사람을 믿게 하는 것이 아니다. 이 사회적 기술을 교도소에서 배울 수 있을까? 사회성과 도덕성을 가르치려면 교도소의 격리된 환경과 철저한 규칙들로는 부족하다. 교도소는 오히려 사회적 조건을 완전히 제거하며 그들이 다시 자유를 얻었을 때 적응하기 어렵게 만든다. 어떻게 농촌에서 일하던 건장한 농부가 체력적으로 소모되지 않는 작업만을 하며 교도소에서 수년을 보낸 후 자유 사회에서 경쟁력을 발휘할 수 있을 것인가? 교도소에서 익숙해지는 것, 즉 교도소의 규칙에 적응되는 것 자체가 교도소가 가진 문제점을 반영한다.

교도소에서 오히려 범죄의 기술을 배우고 범죄를 더 잘 수행할 방법을 익히게 되는 경우가 많다. 한 범죄자는 교도소

생활을 통해 오히려 범죄의 기술을 연마했다고 한다. 교도소가 부패의 온상이 되고, 오히려 범죄자들을 더 정교한 범죄자로 만드는 결과를 초래하는 경우가 많다.

교도소는 종종 수형자들에게 비인간적인 대우를 하고, 이들이 사회에서 올바르게 변화하기보다는 오히려 범죄를 반복하도록 만든다. 교도소에서의 생활은 오히려 사회를 더욱 싫어하게 만들고, 교도소 내의 오래된 범죄자들이 새로운 범죄자를 양성하는 구조를 형성한다.

또한, 교도소의 벽은 오히려 정보의 전달과 교류의 매개체가 되며 수형자들 간의 커뮤니케이션을 도와준다. 수감자들은 다양한 방법으로 정보를 교환하고 교도소 안에서도 소통을 계속하며 사회적 네트워크를 형성한다. 이로 인해 교도소의 고립된 환경이 오히려 범죄의 확대를 초래할 수 있다.

결론적으로, 교도소는 단순히 범죄자를 격리하고 처벌하는 곳이 아니라, 그들의 범죄적 성향을 강화하는 환경이 되기 쉬우며, 이는 교도소의 근본적인 문제점을 드러낸다.

4. 형벌 시스템의 개혁과 도전

형벌 시스템은 경제성과 범죄 심리학을 결합하여 점진적인 재활 방법을 도입하고자 한다. 이러한 접근법은 격리 상태에서 완전한 자유로의 점진적인 전환을 포함하며 자유에 대한 희망을 규율과 구속의 수단으로 활용한다. 이 시스템은 사회적 재통합을 개선하고 재범률을 줄이는 것을 목표로 하지만, 실제로는 여러 도전과 한계를 드러낸다. 점진적 개혁 시스템로 덴마크에서는 범죄자의 행동과 형벌의 기간에 따라 구분된다. 교화 가능성이 없는 범죄자는 6년 이상의 형을 선고받거나 재범자인 경우 제한된 보상만을 받으며 공동생활을 한다. 반면 교화 가능성이 있는 범죄자 특히 청소년이나 경미한 범죄자들은 단독 감방에서 지내며, 다양한 단계로 나뉘어 행동 개선에 따라 더 많은 자유와 혜택을 제공받는다. 이들은 외부와의 접촉, 공기 중 작업, 가족 지원 등의 권리를 얻으며 점진적으로 자유를 확대받는다.

이 시스템은 일부 진전을 보였지만, 한계도 존재한다. 아일랜드에서는 초기 범죄 감소가 있었으나, 해방된 이들이 미국으로 이주하면서 재범 문제가 해결되지 않았음을 보여준다. 영국과 독일에서도 조건부 해방자의 수가 줄어들고 재범률이 증가하여 감시와 지원이 부족할 수 있음을 시사한다. 여기에 형벌의 개인화는 범죄자를 개별적으로 다루는 방법이다. 사쏘니아에서는 다양한 범죄자 집단을 위한 감옥이 있으며 범죄자의 자질에 따라 식사, 복장, 형벌 기간을 다르게 한다. 그러나 이 접근법은 매우 숙련된 교도관이 필요하며 교활한 범죄자들이 상을 받을 위험이 있다. 또 체납 관리와 보호 제도에 있어 범죄자의 체납 관리는 또 다른 중요한 문제다. 일부 전문가는 체납을 보증금으로 보관하여 범죄를 방지하고 재범 시에는 이를 환불하지 않는 방법을 제안한다. 벨기에, 네덜란드, 영국 등에서는 이런 방법을 채택하고 있으나 재범을 방지하기 위한 충분한 감시와 지원이 필요하다. 보호 제도는 해방된 범죄자들에게 도움을 제공해야 하지만, 실제로는 효과적이지 않을 수 있다. 이탈리아의 경우 보호소가 범죄자들의 집합소가 되며 재활보다는 범죄 행동을 부추길 위험이 있다. 보호소에서의 방치와 반항은 종종 해방된 이들이 다시 범죄를 저지르게 만든다.

결론적으로 형벌 시스템은 재범 방지와 재통합에 있어 여러 장애물에 직면해 있다. 개혁 시도와 혁신적인 방법이 있지만 보편적인 해결책은 없다. 각 시스템은 범죄자의 특정 요구와 감시 및 지원의 능력에 맞춰 조정되어야 한다. 형벌과 재활 사이의 균형을 찾는 것이 중요하며, 채택된 방법이 실제로 범죄를 줄이고 사회적 재통합을 촉진할 수 있도록 해야 한다. 하지만 패트로네이지의 통계는 실망스럽고 종종 허위이다. 프랑스에서는 16만 명의 출소자 중 363명만이 도움을 받았다. 영국에서는 48개의 기관이 1만 2천 명을 관리했으나 결과는 만족스럽지 않았다. 1836년에 설립된 글래스고의 산업복지센터에서는 60명 중 25명이 재범하였고 4명은 이민 갔으며 10명은 군에 자원했고, 5명은 실종되었고, 8명은 잘 행동하였으며, 7명은 시설에 남았다. 총 비용은 431파운드였으며 대안으로 시골로 이동시키는 시도가 있었지만 상황은 개선되지 않았다. 결과는 저조하며 대규모 적용에는 적합하지 않다. 일반적으로 패트로네이지의 지지자들조차도 상설 보호시설의 설립과 금전적 지원을 지양하고 대신 지역 상인들에게 직접적인 도움을 제공할 것을 권장한다. 사회는 일하지 않는 자들을 포기하고 그들의 이전 삶에 대해 추천하는 사람들에게 정보 제공과 감시를 담당할 전직 교도관과 같은 에이전트가 필요하다.

막심 뒤 캉(Maxime Du Camp)[21]은 패트로네이지가 재범자가 아닌 경우에는 유용하지만 재범자에 대해서는 효과가 없다고 본다. 범죄가 일시적인 실수나 상황에 의해 발생한 경우 적절한 일자리를 찾으면 재범할 가능성이 적다. 파리에서 1871년에 설립된 패트로네이지 사회는 좋은 결과를 얻었으며, 일부 전범들이 성공적으로 재활되어 책임 있는 직무를 수행하였다. 스팔리아르디와 패트로네이지의 효과로 사회가 법적 제재의 보조 수단이 되어야 한다고 주장한다. 자선 기관은 법적 권위와 협력하여 효과를 거두어야 하며 권위가 설정한 규범을 준수해야 한다. 범죄자가 교도소에서 더 위험해지거나 범죄에 대해 죄책감을 느끼지 않는 경우 패트로네이지는 충분하지 않다. 그러나 경제적으로 어려운 경우에는 패트로네이지 의무가 경찰의 감시보다 더 나은 해결책이 될 수 있다. 여

*21)
19세기 프랑스의 작가이자 사진가로, 사회 문제에 대해 깊이 있는 분석과 비판을 남긴 인물.

기에 강제 이주의 해결책으로 이탈리아에서는 일부 학자들이 범죄 문제를 강제 이주로 해결할 수 있다고 믿는다. 그러나 역사적 및 통계적 데이터는 강제 이주가 성공적이지 않았음을 보여준다. 로마와 미국의 식민지는 강제 이주로 번영하지 않았다. 호주 또한 강제 이주가 줄어들면서 경제적 개선을 경험하였으며, 강제 이주에 대한 반대와 비용 증가가 이주 정책의 실패를 증명한다.

1810년에서 1830년 사이, 형벌 이주가 절정에 달했던 노스웨일스의 인구는 연간 2,000명만 증가했다. 1839년부터 1848년 사이에는 양모 수출이 700만 파운드에서 2,300만 파운드로 증가했지만, 인구는 11만 4천 명에서 22만 명으로 증가했다. 그러나 1840년에는 형벌 이주가 종료되었으며 형벌 이주가 있었던 동안에는 강도들이 광범위하게 활동했다. 형벌 이주자들은 일을 하지 않았고, 도로 건설에 참여했던 수천 명은 군인과 감시원의 감독 하에 동물보다 못한 생활을 하였으며 잔혹하게 체벌을 받았다. 이들 중 일부는 범죄를 저지르며 이전 동료들과 결탁했다. 따라서 인구의 사망률이 40%에 달했으며 자유인의 사망률은 겨우 5%였다. 범죄율도 잉글랜드의 850명당 1명의 범죄자에서 노스웨일스는 104명당 1명, 반디멘(현재의 타스마니아)은 84명당 1명으로 상승했으며 폭력 범죄는 노스웨일스에서 전체 범죄의 50%를 차지했다. 이로 인해 형벌 이주는 도덕적 장점이 부족하며 이주된 지역에서 범죄가 증가하고, 원래의 지역에서는 범죄율이 낮아지지 않는다는 것이 명백하다.

1852년에는 프랑스에서 3,000명의 강제 수용자들이 형벌 이주를 요청했고, 이를 얻기 위해 많은 이들이 새로운 범죄를 저질렀다. 1805-1806년 동안 연평균 360명의 형벌 이주자가 있었던 반면, 1853-1856년에는 연평균 4,108명이 형벌 이주를 받았고 그에 따라 15,049명이 선고받았다. 영국에서 범죄자의 유지 비용이 10.13파운드인 반면, 식민지에서는 26.14파운드에서 40파운드까지 증가했다. 노스웨일스의 식민지 설립 비용은 2억 파운드에 달했으며 연간 유지비는 1,500만 파운드에 이르렀다. 기아나에서는 형벌 이주로 1,510.83파운드의 수익을 올렸으나 일일 수익을 계산하면 1865년에 54센트, 1866년에는 48센트로 떨어졌고 도망자 비율은 5%, 사망률은 40%였다. 한 명의 범죄자는 연간 1,100프랑의 비용이 들었고 이는 일반 수감자의 3배였다. 운송 비용은 400파운드에 달했다.

1854년 5월 30일, 프랑스 의회는 형벌 이주를 규정한 법률을 제정했다. 이 법률은 이주자들이 가장 힘든 작업을 맡고 도덕적 개선을 위한 모든 노력을 기울일 것을 요구했다. 이들은 생활을 개선할 수 있는 기회를 부여받았으며, 정부는 이들을 위해 예금 은행과 고급 토지를 제공했다. 그러나 환경이 변화했음에도 불구하고, 많은 범죄자는 여전히 범죄를 저지르고 있으며 특히 재범자들은 형벌 이주의 과정에서 제대로 개선되지 않았다.

1884년에는 한 범죄자가 결혼 48시간 만에 아내의 목을 자르려 하였고 그 후 야만인들에게 사살되었다. 이러한 상황은 범죄자들이 자주 피해를 주는 지경에 이르게 하였다. 또한, 형벌 이주지에서는 범죄가 만연하여 정부에 제출된 보고서와는 달리, 실제로는 범죄가 만연하였고, 평범한 사람들과 정부 직원들조차 범죄자들의 희생양이 되었다.

맹셀롱의 보고서에 따르면, 세 번 사형 선고를 받은 범죄자들도 나중에 석방되었으며 두 아이를 살해한 여성이 후에 또 다른 아이를 살해했다. 이러한 사례들은 형벌 이주 제도의 비효율성을 명백히 보여준다. 형벌 이주의 결과와 문제점에 대하여 알아본다.

1884년 1월 26일, 《노-칼레도니안》에 실린 보도에 따르면

> "최근에 한 갱생자가 이유는 알 수 없지만 젊고 아름다운 여성과 결혼할 수 있는 허가를 받았다. 그러나 이 여성은 새 남편에게 만족하지 못했던 것 같다. 결혼 48시간 후 그는 오후 2시에 조용히 아내의 목을 베려고 하다가 체포되었다. 경찰의 도착으로 범죄는 저지되었지만 그는 몇 일간의 구금만을 받았고, 사건은 은폐되었으며 젊은 커플은 상부 명령으로 재결합되었다. 그러나 얼마 지나지

않아 아내는 살해를 피하기 위해 도망쳤다. 남편은 복수로 집에 불을 지르고 도망쳤으며 현재는 모든 수용자들의 집에 불을 지르고 있다."

1890년 《누벨 리뷰》의 "세기 말 강제 노동"에서 다음과 같은 이야기가 나왔다.

"데빌포아라는 인물이 미성년자 강간과 두 건의 살인으로 종신형을 선고받았고 이후에는 아이를 살해한 여성과 재혼했다. 그는 이내 이웃의 집에 불을 지르고 농장을 불태우며 첫 번째 지나가는 사람과 아내를 매춘시키며 생활을 개선하려 했다. 결국, 그는 사형에 처해졌다. 현재 데빌포아는 뉴 칼레도니아와 기아나에 수용 되었으며 1887년 4월 15일 석방을 허가 받았다."

"1883년에 한 출소자는 주류 판매업자인 B씨에게 사랑에 빠졌으나 그녀가 즉시 응하지 않자 그녀를 불태우고 자살했다.", "1881년 해군 장관은 7,000명 이상의 사람들 중 360명만이 도로 건설에 투입될 수 있었으며 나머지는 자유롭게 방황하며 가끔 일하거나 개인적인 일에 관여했다. 따라서 규율이 없었다.", "1880년에는 640명에서 700명 정도의 탈옥자가 있었으나, 1889년에는 상시 800명이 되었다. 가장 위험한 범죄자들도 가장 엄격히 감시되지 않았다."

"유명한 강도 브리도는 여러 번 탈옥하여 노파를 살해하고 그녀의 가슴을 뜯어먹었다. 그는 단두대에서 처형될 때 '내리세요!'라고 외쳤다.", "이러한 변태들을 제어할 수 있는 사람은 누구일까? 그들이 감옥의 공포가 사소한 것에 불과하다는 것을 알게 되었을 때, 어떻게 제어할 수 있겠는가?", "군사법원은 영구형을 선고받은 불행한 범죄자들에게 계속해서 사형을 선고하고 있다. 그들에게는 10년, 20년, 100년, 200년의 추가 형이 선고된다."

"1891년, 누메아 해군 재판소는 2036년까지 자유를 받을 수 없는 강제 수용자 Janicol을 사형에 처했다. 마세는 두 자녀를 살해한 후 칼레도니아에 보내져 결혼하고, 땅을 얻어 또 다른 아이를 살해했다. Bourail의 옛 접시 제조자는 큰 딸을 강간하고 아내와 피해자 또 다른 딸과 함께 이곳에 와서 큰 딸을 매춘시키며 장사도 계속했다."

형벌 이주의 효과는 명백하다. 첫 번째 유배단이 뉴 칼레도니아에 도착한 지 25년이 지났지만 여전히 도로가 없고, 누메아에는 하수도, 테라스, 집, 도크, 조선소가 없다. 모든 땅은 방화범과 살인자들에게 넘어갈 것이다. 이러한 상황을 통해 형벌 이주가 비극적임을 알 수 있다. 특히, 행정가들이 개혁의 실질적 문제를 숨기고 형벌 이주 제도의 실패를 미화하는 사례가 많이 있다. 뉴 칼레도니아 총독 파르돈은 1891년 보고서에서 1,200명의 범죄자는 도로 건설에 투입되었으며 630명이 농업과 기타 작업에 투입되어 전혀 위험이 없다고 주장했다. 그러나 실상은 막대한 비용이 들며 범죄자들이 오히려 형벌 이주지에서 범죄를 저지르기 위해 재범을 하게 되는 상황이다. 형벌 이주의 경제적 손실과 범죄자들의 고질적인 범죄 성향, 그리고 새로운 환경에서도 범죄가 여전히 발생하는 것은 명백하다.

도미실리오 코아토는 범죄자들을 교도소에서 추방해 특정 지역에서 강제적으로 거주하게 하는 제도이다. 이 제도는 감옥보다 더 경미한 처벌로 여겨지지만, 실제로는 많은 문제점을 내포하고 있다. 정부는 하루에 60센트의 비용을 지출하고 종종 40에서 80센트의 노동비용을 회수하지만, 이는 매우 임시방편적인 해결책이다. 범죄자들의 격리와 추방은 사회의 안전을 높일 수 있지만, 그들의 도덕적 회복에는 큰 도움이 되지 않는 60헥타르의 경작 가능한 토지와 1,000명의 주민이 있는 벤토텐느 섬에서 400명의 도미실리오 코아토가 일자리를 찾는 것은 불가능하다. 판텔레리아와 트레미티섬에서도 비슷한 상황이 발생하고 있다. 1852년에는 488명이 1874년에는 1,488명이 도미실리오 코아토 상태였으며 최대 3,602명까지 수용할 수 있었다. 그러나 3개월에서 1년 사이에 그곳에서 지내야 하는 범죄자들이 어떻게 유용한 일을 할 수 있을지 의문이다. 장기간의 무위와 부분적인 면책 상태는 그들이 사회에 복귀할 때 더 비활동적이 되도록 만든다. 또 도미실리오 코아토는 미래의 범죄 집단 형성을 유도한다. 도미실리오 코아토들은 좁은 공간에서 함께 살아야 하며 이로 인해 범죄의 위험이 커진다. 그들의 대화는 종종 과거의 범죄와 미래의 범죄 계획에 대한 이야기로 가득 차 있다.

종신형이 끝나고 도미실리오 코아토를 본래의 지역으로 송환할지 여부를 묻는 질문에 대해 일반적으로 부정적인 대답이 나온다. 벤토텐느에서 목격한 바에 따르면, 도미실리오 코아토들은 여전히 범죄를 저지르고 있으며 이들 중 상당수는 이전에 내린 형벌을 반복하여 받아왔다. 이들은 대개 불규칙한 생활과 무질서 비행적인 행동을 보인다. 일부는 빵을 모두 소진하고도 배고픔을 느끼며 다른 일부는 도박에 빠지기도 한다. 술과 같은 알코올에 의존하는 경우도 많다. 많은 도미실리오 코아토는 일시적인 일자리를 찾거나 매우 낮은 임금을 받는 경우가 많다. 일부는 옷을 도박으로 잃고 거의 나체로 생활하며 이불에 싸여 지내기도 한다. 처벌은 교도소장이 직접 내리며 이는 도미실리오 코아토들의 반항심을 더욱 키운다. 결과적으로 도미실리오 코아토는 범죄자들을 교정하기는커녕, 범죄 집단을 형성하는 온상이 되고 있다. 이 제도는 범죄를 감소시키기보다는 오히려 범죄를 확대시키는 경향이 있다. 여기에 따른 범죄자와 경찰서에 익숙한 사람들은 '감시'라는 제도가 공공 안전 요원들의 많은 시간을 소모하며 연간 4백만 리라 이상의 비용이 들지만, 실질적인 장점이 없다는 것을 잘 안다. 감시를 받는 범죄자들은 여전히 많은 범죄를 저지르며, 감시 자체가 새로운 범죄를 유발하고 범죄자들에게 빈곤을 초래한다. 감시를 통해 개인적인 방문이 이루어지면 정직한 사람들은 일자리를 찾고 유지하는 데 어려움을 겪는다. 범죄는 감시를 초래하고 감시는 다시 범죄를 초래하는 악순환이 발생한다. 또 감시의 대상이 되는 사람들은 종종 그들의 본래 지역에서 멀리 떨어진 곳에 배치되기 때문에 이로 인해 그들의 삶은 더욱 어렵게 된다.

쿠르시오에 따르면, 감시는 피해자들에게 모든 보장을 제거하고 범죄자들에게는 해를 끼치며 정직한 사람들에게는 도덕적, 신체적으로 금지하는 효과를 지닌다. 감시는 많은 사람들에게 일자리를 잃게 만들며 이는 정직한 노동을 하고자 하는 의도를 무너뜨린다. 프레지에는 감시 제도가 도입된 이후 아무런 실질적인 개선을 이루지 못했으며 존재하지 않는 안전에 대한 환상만을 유지했다고 지적한다. 감시로 인한 체포의 엄청난 수와 정부 및 개인의 손실, 감옥과 재판의 비용, 그리고 감시 요원에 대한 인사나 지연이 원인이 되어 체포되는 불행한 경우를 고려해야 한다(쿠르시오). 감시의 대상자들은 신중함과 기만을 강요받으며, 때로는 감시를 피하기 위해 범죄를 저지르기도 한다. 경고에 대해서도 비슷한 문제가 존재한다. 경고는 감시보다도 더 큰 문제를 일으키며 일자리의 상실을 초래하지만, 그 본래의 목적을 달성하지 못한다. Gallo 의원은 감시와 경고가 공공 안전의 전권에 의해 전적으로 결정되며 그로 인해 실질적인 해결보다는 오히려 반대의 결과를 초래한다고 설명한다. 경고가 발령되면 항소, 취소, 처방이 불가능하며 이는 대상자가 법의 심각성을 인식하지 못한 채 자유를 잃게 만든다. 이후 경고는 위반으로 인해 즉시 감옥에 수감되는 결과를 초래하며 이는 노동 기회를 영구적으로 차단한다.

피렌체의 법정에서 한 청년은 감시를 받으며 세 번 연속으로 체포된 경험을 공유하며 감시로 인해 절망에 빠졌다고 호소했다. 그는 감시를 피하기 위해 범죄를 저지르거나 일자리를 찾기 위해 애썼지만 감시로 인해 일자리를 찾는 것이 불가능하다는 것을 깨달았다.

쿠르시오는 감시 제도가 범죄자를 끊임없이 감옥으로 몰아가며 정직한 일을 찾는 데 어려움을 주는 점에서 큰 문제를 일으킨다고 지적한다. 감시는 감정적 인간성을 제거하고 공공 안전 기능의 낭비를 초래하며, 범죄자의 적응력을 해치고 법의 신뢰성을 약화시킨다. 이 제도는 범죄자들이 다시 범죄를 저지르도록 만들며 법과 경찰의 역할에 대한 신뢰를 저하시킨다.

결국, 감시와 경고 제도는 범죄를 줄이기보다는 범죄를 증대시키고 범죄자들에게 더 큰 어려움을 주며 이 제도가 실질적인 해결책이 되지 않는다는 것이 분명하다.

5장

법률의 모순과 부조리

1. 배심원제

정부의 범죄 억제 및 예방 기관들이 현재 운영되고 있는 방식은 많은 모순과 부조리를 포함하고 있다. 이로 인해 법률 시스템은 일종의 도박이 되며 확실한 것은 불필요한 소송과 재판 비용뿐이다. 또 사건의 공개는 범죄의 재생산을 촉진한다.

배심원제는 정치적 범죄를 제외하고는 효과적이지 않다는 것이 분명하다. 연도와 지역에 따라 무죄 판결 비율이 크게 다른 칼리아리는 무죄 판결 비율이 50%인 반면, 북부 이탈리아는 23%이다. 코스타는 제노바에서는 30%, 아니코나에서는 15%, 밀라노에서는 13%가 무죄 판결을 받았다고 언급한다. 같은 베네치아에서도 작은 도시에서는 9%에서 대도시와 수도에서는 51%로 차이가 난다. 배심원들은 종종 잘 교육받지 않은 계층으로 구성된다. 타이아니는 칼라브리아의 배심원들이 교육받은 계층이 아니라고 언급한다. 1877년 한 배심원은 "다수결로, 아니, 경감 사유와 함께"라고 판결한 경우가 있다. 테르니에서는 밤에 칼로 아버지를 살해한 자가 무죄를 선고 받았는데 그는 이미 사형선고를 받은 전력이 있었다. 또 다른 사건에서는 변호사가 두 시간 이상 변론을 했다는 이유로 과잉 방어를 인정한 경우가 있다. 한 배심원은 "예 또는 아니오"라고만 적어 무죄 판결을 받게 한 사례도 있다. 배심원들은 종종 자신들은 책임을 지지 않으며 무죄를 선고하면서도 공적으로 정의를 매매하기도 한다. 보르게티는 시칠리아의 조건에 대한 조사 보고서에서 많은 정직한 농민들이 배심원이 되어 부패한다고 언급하며 마피아가 배심원 제도를 이용한다고 설명한다. 칸텔리스는 어떤 배심원이 특정 사건에서 아무런 금전적 이득을 얻지 못해 불만을 표시했다고 전한다. 가난한 이들에 대한 불공정한 판결은 추가적인 비윤리를 유도한다. 가난한 피고는 시스템의 불공정성을 보며 사회에 대해 복수할 권리를 느낄 수 있으며 이는 실제로 정의롭지 않은 경우에도 마찬가지이다. 배심원이 정부와의 독립성을 주장하는 이들에게 영국의 사례에서 배심원이 정부의 의도에 따라 의견을 바꾼 경우가 많다는 점을 상기시킬 필요가 있다.

이는 정치적 범죄가 아닌 일반 범죄의 경우에도 마찬가지이다. 대중의 여론이 피고의 변호인이나 피해자에 의해 조작되기도 하며 배심원들은 무의식적으로 이러한 압력에 굴복할 수 있다.

배심원 제도의 문제는 부적절한 교육과 자격 미비로 인한 오류를 포함한다. 배심원들은 사건에 대한 전문적 지식이나 준비가 부족하며, 법률 규정이 실질적으로 지켜지지 않는 경우가 많다. 예를 들어, 배심원들이 사건에 대해 외부와 접촉하지 않도록 하는 법적 의무가 있지만 실제로는 이를 지키지 않는 경우가 많다.

결론적으로, 배심원 제도는 정의를 보장하기보다는 오히려 방해가 된다. 배심원들이 비전문가이고 책임이 없으며, 복잡한 사건을 처리하기에는 부족하다. 법률이 규정한 절차조차 제대로 지켜지지 않으며 이로 인해 배심원 제도는 정의의 실현에 부정적인 영향을 미친다.

확실히 드물게는 좋은 판결도 있었지만 그것이 나쁜 판결들과 비교될 수 있겠는가? 그리고 모든 것을 엄격한 규칙으로 처리해야 하는데, 왜 우연에 맡기는가?

사람들은 배심원의 무죄 판결 평균이 일반 법원과 유사하다고 말한다. 그러나 일부 지역에서는 평균이 두 배로 증가하기도 하며 이러한 수치가 정확하지 않다는 점은 무시할 수 없다. 배심원에게 넘어가는 사건은 긴 과정과 여러 판단 단계를 거친 후에야 도달하는데, 이 과정에서 피고의 무죄가 밝혀지지 않았겠는가? 문제는 무죄 판결의 양이 아니라 질에 있다. 배심원들은 종종 잘못된 관대함을 가지고 범죄와 반란에 대해 지나치게 관대하며 이는 범죄의 증가와 공공 자금의 남용과 관련이 있다.

영국과 미국에서는 배심원 제도가 문제가 없다고 주장할 수 있지만, Anglo-Saxon 인종에서는 정의와 의무에 대한 감각이 종종 우리와 다르다. 또한, 영국에서는 자백한 범죄자는 거의 나타나지 않으며 그로 인해 배심원들의 무죄 판결이 적다. 영국에서는 132,790명당 1명만이 배심원 재판을 받지만 우리는 81.31명당 1명이다. 이는 단순히 범죄율의 차이로 설명되지 않는다.

영국에서는 특정한 중대한 사건이나 반란에서 전문 배심원이 인정되며 체포된 범죄자는 24시간 이내에 법원에 출두하여 체포의 정당성을 심사받을 수 있다. 또 영국의 법원에서는 배심원들에게 법적 지침을 주며 배심원들은 이를 따라야 한다. 영국에서는 배심원들이 판결이 내려질 때까지 법원 밖으로 나가지 못하여 부패와 외부 영향을 방지한다. 그러나 영국과 미국에서도 배심원 제도에 대한 비판이 있었다. 엘리자베스 시대부터 배심원 제도에 대한 비난이 있었으며, 1824년 웨스트민스터 리뷰에서는 제도의 부조리를 비판했다. 로빈슨은 1650년에 배심원 제도의 문제를 지적하며 지적 수준이 낮은 지역에서는 충분한 지식을 가진 배심원을 찾기 어렵고, 판결이 잘못된 경우 책임이 없다고 언급했다.

윌리엄 팔리는 배심원 제도의 장점을 인정하면서도 감정적 논쟁이나 정치적, 종교적 편견이 개입된 사건에서는 정의를 제대로 수행하지 못한다고 지적했다. 여기에 항소한 프랜시스 베이컨의 말처럼, 불공정한 재판은 쓴 맛을 남기고 지연을 초래한다. 우리는 항소 제도로 인해 정의가 실현되지 않는다고 볼 수 있다. 첫 재판에서의 판결은 정식 심리와 토론을 거쳐 이루어지지만, 항소 법원에서는 종종 불완전한 기록에 의존한다. 결과적으로, 3명의 판사가 유죄를 선고하면 4명의 항소 법관 사이에서 의견이 나뉘어 무죄 판결이 날 수 있다.

프랑스와 비교하면, 이탈리아에서 항소 사건의 수가 압도적으로 많다. 1871년 프랑스에서 417건이었던 항소 사건이 1874년 이탈리아에서는 14,882건으로 약 35배 많다. 형사재판의 항소 사건 수치도 프랑스의 두 배를 넘는다.

이탈리아의 항소 제도는 실질적 오류보다는 형식적 오류에 기반하여 소송을 취소하는데, 이는 고대 비잔틴 시대나 일부 몽골 민족의 이상한 관습과 유사하다. 한 사건에서 서기 하나의 문법 실수로 인해 사건이 취소되었다는 이야기가 전해지기도 한다. 이러한 항소 제도 덕분에 최종 판결의 집행은 대단히 지연되며 1871-75년 동안 통계 연감에 따르면 47%의 피고가 최종 판결까지 1년 이상 걸렸다. 이 상황에서 사법 정의가 범죄자보다 정직한 사람들에게 더 유리하게 작용한다고 인식될 수 있다. 특히, 새로운 심리에서 형량이 줄어들 수 있지만 늘어나는 것은 불가능하다는 모순적인 조항이 추가되었다. 이는 진실이 사회에 유리하게 나오는 것이 아니라 항상 범죄자에게 유리하게 작용하게 된다. 이로 인해 항소가 급증하고 판결 취소가 비례적으로 증가하며, 이는 금전적 손실과 안전 문제를 넘어서, 사법적 명성에 심각한 영향을 미친다.

또한, 사면의 권리가 지나치게 남용되고 있으며 이는 정의를 부정하는 것처럼 보인다. 이 권리는 프랑스보다 100배 이상 발휘되며 매년 약 20,000건의 사면 요청이 접수되고 이 중 3,000건이 승인된다. 이는 회복된 사면과는 상반된 결과를 초래하며 형량이 줄어드는 것이 실제로는 범죄자의 처벌을 완화하는 반면, 범죄의 감소와는 거리가 있다.

법의 평등성 주장과는 달리, 사면은 종종 주관적인 판단에 의해 이루어진다. 사면 권한을 가진 사람은 어떤 경우에도 정의를 대체할 수 없으며 이는 법의 본질과 어긋난다. 또한, 사면이 자주 사용됨에 따라 범죄자에 대한 처벌이 실제로 이루어지지 않으며 이는 법과 정의의 원칙을 손상시킨다. 프러시아에서는 189건의 사형 판결 중 6건만 집행되었으며 이는 사면이 예외가 아니라 규칙이 되었다는 것을 의미한다. 사면 제도는 때로는 정의의 보완책으로 작용할 수 있지만 법의 엄격함을 교정하는 것이 아니라 법을 무력화시키는 결과를 초래할 수 있다.

사면이 정당한 법적 절차를 대체하거나 법의 이행을 방해할 때 이는 법의 정당성과 평등성의 원칙에 반하는 것이다. 따라서, 사면 제도는 법적 불평등을 초래하며, 이는 범죄 예방과 사회의 도덕적 기준을 저해하는 요인이 될 수 있다.

이는 범죄가 더 심각해질 수 있음을 시사한다. 시세로는 잘못된 선의가 불행한 결과를 초래할 수 있다고 경고했다. 이들은 모두 과도한 사면이 범죄를 억제하기보다는 오히려 증가시킬 수 있음을 지적한 것이다.

1873년, 검찰총장 라티는 살인범 중 단 12명만이 원래 선고된 20년의 강제 노동형을 받았다고 언급했다. 나머지 대부분의 경우는 형이 감형되었고 23명은 형이 감옥형으로 줄어들었다고 하였다. 이러한 경향은 범죄율의 증가와 연결되며 감형이 범죄 억제에 실패했음을 시사한다.

2. 판결의 편견과 문제점

판결에서 '의도가 불확실할 경우, 피고가 최소한의 해를 의도했다고 가정해야 한다'는 편견이 사회 안전을 위협한다고 지적되었다. 이러한 가정은 특히 '태어날 때부터 범죄를 저지르는' 범죄자에게 부적절하다. 법이 범죄 시도나 범죄 준비를 충분히 처벌하지 않으며 범죄 결과가 발생하지 않았다고 해서 형벌을 경감하는 것은 문제를 악화시킬 수 있다.

반복적인 범죄자에 대한 가벼운 처벌도 문제라고 지적된다. 다양한 범죄를 저지르는 반복 범죄자는 더 위험하고 교활할 수 있으며 따라서 더 강력한 처벌이 필요하다. 반복 범죄자들은 높은 지능과 범죄의 유연성을 가지므로 더 위험한 경우가 많다.

구술 재판과 잘못된 이론: 구술 재판이 종종 서면 기록의 반복일 뿐이라고 비판받는다. 구술 재판의 증인은 종종 이미 진술한 내용을 반복하며 기억력의 오류가 더많이 발생할 수 있다. 서면 증거가 구술 증거보다 더 신뢰할 수 있는 경우가 많다는 지적이 있다. 또한, 현대의 생리학적 이론이 범죄자에게 경감된 책임을 부여한다고 해서 그들의 형벌을 줄이는 것은 문제라고 주장된다. 범죄자들의 잠재적 위험성을 고려할 때, 형벌을 줄이기보다는 적절한 안전 조치를 취하는 것이 필요하다. 범죄자들의 책임이 줄어들더라도, 그들이 여전히 위험할 수 있음을 인식해야 한다.

결론은 이러한 비판과 관찰은 형사 사법 시스템의 중요한 개혁 필요성을 강조한다. 공정함과 인도주의를 균형 있게 고려해야 하지만, 채택된 조치들이 실제로 범죄를 예방하고 억제하는 데 효과적이어야 한다. 사법은 편견에 영향을 받지 말고, 실증적 증거를 바탕으로 공공 안전과 피해자 보호를 보장해야 한다.

군대에서 장군이 하루만이라도 전략과 포병술을 제쳐두고 철학에 의존한다면 그는 자신의 병사들을 반드시 파멸로 이끌 것이라고 확신할 수 있다. 형사 사법의 작동 또한 군사 전략만큼이나 실용적인 지식이 필요하며, 철학이 이를 도울 수 있는 것은 아니다. 하지만 종종 형사 사법은 존경받는 사람들이 형사 전략 대신 추상적인 방법에 의존하며 존재하지 않는 자유의지를 상상하거나, 사회적 필요에 기반하지 않은 법적 위반을 전제로 형벌을 정당화하려 했다. 이로 인해 실제 범죄 원인(예: 알코올, 어린이 범죄 연합 등)을 해결하려 하지 않았고 형사처벌과 예방 조치를 무시하며, 범죄자의 연구와 처벌을 무시했다. 형사 사법이 절차적 형식만을 중요시하고 사회의 방어를 등한시하는 것은 심각한 문제이다. 절차의 형식이 아닌 본질이야말로 공정한 정의를 보장한다고 믿는 것은 인간의 법적 사고의 맹점을 드러낸다. 이러한 상태의 원인은 먼저 인간이 변화에 대한 두려움과 저항을 가진다는 것이다. 인간은 특별한 상황이나 강력한 반란자가 없으면 단순하고 논리적인 변화조차 꺼리며 변화가 너무 명백하고 강력할 때만 수용한다. 이러한 명백함이 종종 종교와 철학에서 신비로운 언어로 가려지며, 이를 통해 사람들은 진정한 실체를 이해하기 어려운 종교적인 기도문이 처음에는 신비롭고 깊이 있는 것으로 보이지만, 실제로는 단순한 문구에 불과할 때가 있다.

법조인들도 마찬가지로 복잡한 법률적 개념을 추상적인 문구로 포장하여 그 본질을 흐리고 그들 사이에서 더욱 복잡한 용어를 사용하며 자신들이 이해하지 못하는 것을 더 존경받는 것으로 만든다. 결과적으로, 법적 판결에서 문자 그대로의 적용이 공정한 정의의 실현으로 오해될 수 있다.

페레로는 그의 저서에서 아이디어 정지와 감정 정지의 상태가 법률의 문자적 해석을 우선시하게 만들며 이는 진정한 정의의 개념을 희생시키는 원인이라고 설명한다. 공공 행정에서도 마찬가지로, 규정의 문자적 적용이 관행으로 자리 잡으며 이를 벗어나려는 시도가 줄어들게 된다. 규정의 문자적 적용은 효율성을 추구하지만 그로 인해 정의의 본질이 손상될 수 있다.

결론적으로 형사 사법과 공공 행정에서의 법적 해석의 오류와 문제는 과도한 논리적 추론과 감정적 정체성의 결과이다. 과거의 법적 실천과 이론들은 종종 관습에 얽매여 실질적인 정의를 구현하는 데 실패하였다. 따라서 법과 사법 시스템의 개혁은 이러한 오류를 인식하고, 실질적인 정의와 공공 안전을 보장하기 위한 새로운 접근 방식을 채택해야 한다.

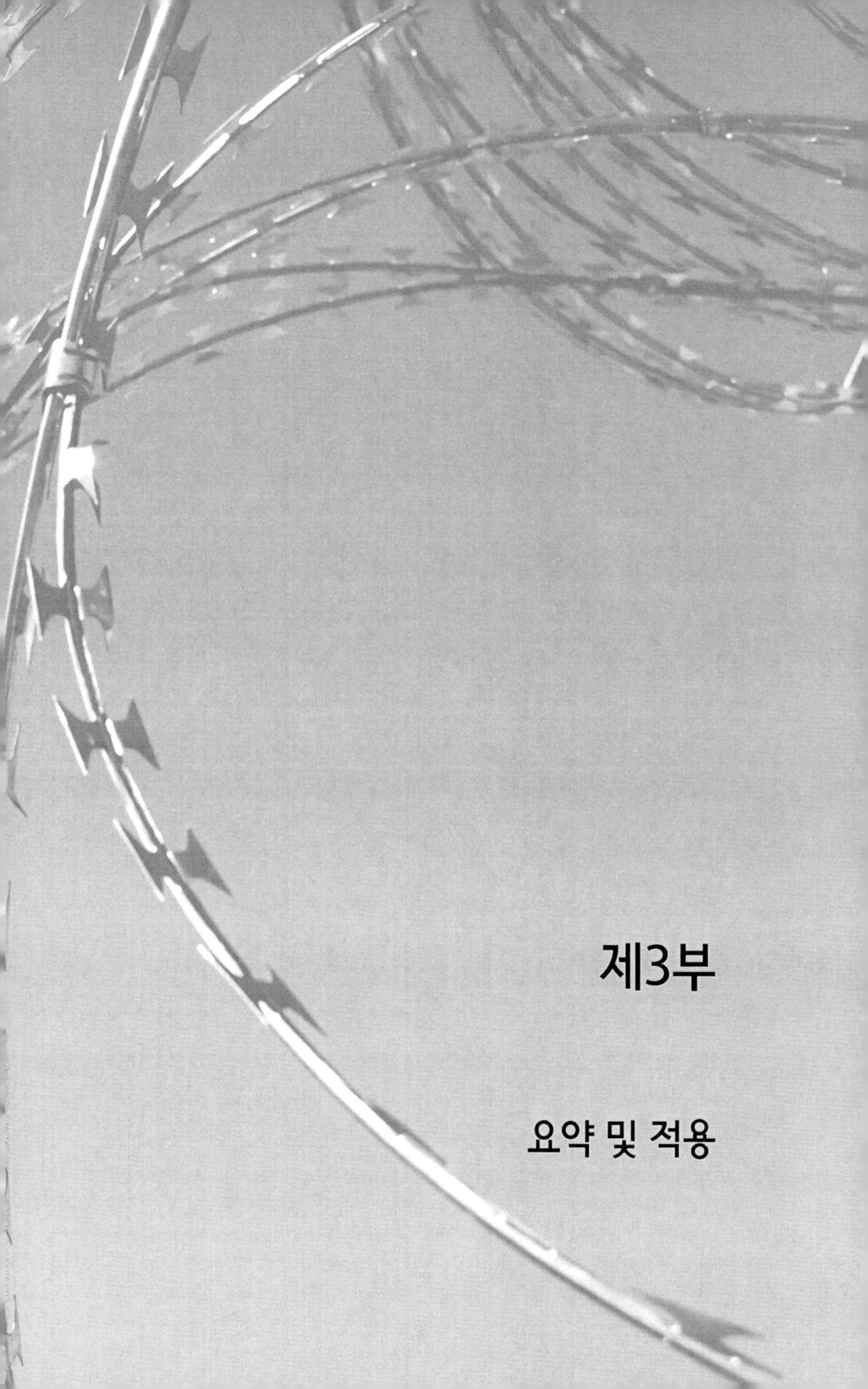

제3부

요약 및 적용

1장

형사적 요약 및 적용

1. 범죄와 형벌에서의 원시성 및 간질

이전의 형사학적 건물이 무용함을 드러낸 이후 우리는 더 견고한 기초를 갖춘 새로운 건물을 세울 수 있었는가? 오랜 노력에 대한 자부심이 눈을 가리지 않는다면 우리는 그렇다고 믿는다. 우선, 범죄 자체를 방어하는 데는 범죄자를 연구하는 것이 훨씬 더 중요하다는 것은 의심의 여지가 없다. 특히 원시적 특성을 지닌 범죄자 즉, '재탄생한 범죄자'는 정상적인 사람과는 매우 다른 특성을 보이며, 이들에게는 정상이 아닌 여러 특성이 35%까지 발견된다. 첫 장을 읽은 사람이라면 야만인, 유색 인종, 원주율적인 사람들의 특성이 범죄자들에게 자주 나타나는 것을 알 수 있을 것이다.

이러한 특성으로는 부족한 털, 작은 두개골, 비정상적인 이마, 두꺼운 두개골, 과도하게 발달된 하악과 광대뼈, 돌출된 관자놀이 선, 그리고 다른 몇 가지 생리적 특징이 포함된다. 이 원시성은 특정 범죄의 성격과 확산을 설명하는 데 도움이 된다. 예를 들어, 고대 로마, 그리스, 중국, 타이 시대에는 유아 살해나 남성 성적 취향과 같은 범죄가 사회적 관습으로 여겨졌던 시대가 있었다. 이러한 문화적 배경이 현대의 범죄 성향을 이해하는 데 도움이 될 수 있다.

가로파로는 범죄자의 원시적 특성을 '부끄러움의 결여', '정직의 결여', '연민의 결여'로 요약하였다. 이는 야만인의 가장 본질적인 특성이라 할 수 있다. 그러나, 르클루와 크로포트킨과 같은 사람들은 야만인 중에도 선하고 부끄러움을 느끼며 정의로운 사람들이 있다고 주장한다. 이러한 특성은 범죄가 존재하기 위해 필요한 특정한 사회적 밀도나 상호작용을 고려할 때, 원시 사회에서도 발견될 수 있다. 또한, 원시 사회에서 도덕적 감각이 존재하더라도, 범죄와 폭력의 원시적 충동은 여전히 존재하며 이는 종종 격렬한 폭력이나 신체적, 도덕적 무감각으로 나타난다.

북미 원주민들과 호주 원주민들의 사례를 보면, 이들은 대체로 게으르고 자발적인 노력이나 생산적인 활동에 저항하는 경향이 있다. 이와 같은 원시적 행동은 야만적이며 일반적으로 물리적, 정서적 자극에 대한 욕구와 연관된다. 특정 부족의 경우 불필요한 이동과 무의미한 방황이 자주 발생하며 이는 신체적 활동과 감정적 자극에 대한 강한 욕구를 반영한다.

원시적 범죄자의 경우 윤리적 감각과 연민이 결여되며 이는 병리학적 해부학적 특징과 관련이 있다. 두뇌의 특정 부위 발달 부족, 비정상적인 두개골 구조, 신경세포의 이상 등은 원시적 특성을 설명하는 데 도움이 된다.

결론적으로, 범죄와 형벌에서의 원시적 특성과 간질은 범죄자의 행동과 성격을 이해하는 데 중요한 요소이다. 이러한 원시적 특성을 고려하여 범죄 예방과 교정에 대한 접근 방식을 새롭게 설정하는 것이 필요하다.

2. 타고난 범죄 성향과 간질의 범죄 및 처벌에 대한 분석

1) 타고난 성향과 범죄자들의 생리학적 특징

타고난 성향을 단순히 인종의 범위를 넘어 확대하면 범죄자들에서 관찰되는 여러 생리학적 특성으로 설명할 수 있다. 아틀라스와 후두골의 융합, 송곳니의 돌출, 입천장의 평탄화와 같은 특성은 원시적인 진화의 유산을 통해 이해할 수 있다.

루크레티우스는 일반적인 교미 행위에서도 여성에 대한 폭력의 씨앗이 있을 수 있다고 관찰했다. 이는 가장 잔혹하고 비인간적인 범죄가 원시적인 본능에서 기인할 수 있음을 시사한다. 교육과 문명 사회에서 억제된 본능이 질병, 기상 조건, 모방, 과도한 성적 절제, 또는 물질 남용과 같은 특정 환경에 의해 재발할 수 있다.

질병과 생리적 조건의 영향: 두부 외상, 뇌막염, 알코올 중독과 같은 질병은 신경 중심의 발달을 멈추게 하고 원시적인 퇴행을 촉진하여 범죄 성향을 강화할 수 있다. 또한, 산후 또는 노화와 같은 생리적 상태도 변칙적인 행동에 영향을 미칠 수 있다.

타고난 범죄자와 원주율 사람, 심지어 짐승들 간의 유사성은 일반 대중이 범죄자를 우상화하거나 죽은 후에도 숭배하는 이유를 설명할 수 있다. 이와 동시에 범죄자들은 원주율의 문화적 특성을 채택하며 호주와 기아나와 같은 지역에서는 식인 풍습까지 수용하는 경향이 있다.

어린이와 타고난 성향: 타고난 성향은 어린이들이 교육받기 전에는 악과 선을 구별하지 못하는 이유와 버림받은 아동이나 고아들이 범죄에 빠지는 이유를 설명할 수 있다. 이는 어린 시절의 조기 범죄 행위가 왜 빈번한지를 이해하는 데 도움을 준다.

형벌의 효력과 범죄의 재발: 타고난 성향은 범죄자에게 형벌이 비효율적인 이유와 특정 범죄가 지속적으로 반복되는 이유를 설명할 수 있다. 범죄 수의 변화가 있더라도 범죄 행위를 지배하는 불변의 법칙이 존재하며 이는 법전의 규정보다 사회를 더 안정적으로 지배한다.

간질과 타고난 성향의 연관성: 범죄자와 도덕적 정신병 환자에서 타고난 성향과 유사한 간질의 증상이 관찰된다. 이러한 증상에는 두통, 지방종, 망상, 환각 등이 포함된다. 범죄자들 사이에서도 타고난 성향 외에 신체적 및 병리적 이상이 나타나며 얼굴 비대칭, 두개골 용적의 변동, 경화증, 두개골의 기타 이상이 포함된다. 반사 작용의 변형, 동공의 불규칙성, 감각 인지의 변형도 복잡한 범죄 성향을 설명하는 데 기여한다.

결론은 타고난 성향과 간질 간의 연관성은 원시 본능과 범죄 행동 간의 깊은 관계를 보여주며, 이러한 타고난 성향의 이해가 범죄 행동의 처리 및 치료에 필수적임을 시사한다.

3. 타고난 성향과 간질의 상호작용

타고난 성향과 병리적 특성: 타고난 성향이 강하게 나타나는 사람들, 특히 정신지체자나 바보와 같은 사람들에서 자주 관찰되는 여러 생리학적 이상은 알코올 중독과 간질의 영향을 받는다. 간질은 원시적인 특성과 병리적 특성을 결합하여 나타난다. 원시적인 특성으로는 대두증, 두개골 경화증, 귀의 변형, 결핵성 뼈 병변, 희미한 수염 등이 있으며 병리적 특성으로는 손상된 감각, 불안정한 정서, 성적 충동, 무기력, 미신, 그리고 잦은 식인 풍습 등이 있다.

가워스(Gowers 영국의 신경학사)는 간질 환자들에서 자주 발견되는 짐승 같은 행동인 짖거나, 울거나, 피를 마시는 행위가 잠재적인 동물적 본능의 표현이라고 결론지었다. 범죄자 중 간질 발작이 전형적으로 결여되어 있는 경우도 있지만 이러한 발작은 잠재적으로 존재하며 특정 자극(예: 분노, 알코올)에 의해 나타날 수 있다. 간질의 심리적 측면은 범죄자의 심리적 상태와 유사하며, 두 경우 모두 상위 신경 중심의 발달 부족, 도덕 감각의 변화, 과도한 신경 자극 등이 공통적으로 나타난다.

병리적 이상과 타고난 성향의 융합: 많은 경우, 범죄자와 간질 환자에서 나타나는 특정 특성은 병리적이거나 비정상적인 것으로 분류되지만, 실제로는 타고난 성향과 결합된 것으로 얼굴 비대칭은 원시적인 특성으로 볼 수 있으며, 비정상적인 주름은 원시적 특징이기도 하다. 또한, 특정 병리적 이상은 원시적인 형태를 나타내기도 한다. 평평한 발은 간질 환자와 범죄자에서 자주 발견되는 원시적 특성이다. 바그너(Wagner)는 원시적인 성향과 질병이 공통의 원인에서 기인할 수 있다고 설명했다. 그는 나무의 뿌리를 부분적으로 냉각시키면 다음 해에 그것이 원시적인 형태의 잎을 내는 현상을 예로 들며, 질병이 원시적인 형태의 퇴행을 유발할 수 있다고 말했다.

간질과 타고난 성향의 상관관계: 간질은 정신적 및 신체적 특징을 형성하며 이로 인해 범죄자의 행동이 비정상적이고 간헐적이며 모순된 특성을 지니게 된다. 간질과 타고난 성향은 상호작용하여 범죄자의 증상이 순간적이고 변동이 심하며 선과 악, 용기와 비겁함, 천재성과 완전한 무지 사이의 극단적인 변화를 설명한다.

범죄자의 종류와 특징: 범죄자들은 간질이나 타고난 성향과 관련된 여러 특징을 지닌다. 범죄적 성향을 가진 사람들은 간질 환자와 유사한 신체적, 심리적 특성을 지니며 범죄를 반복하는 경향이 있다. 반면, 범죄자라고 해서 타고난 성향이 전부인 것은 아니다. 일부 범죄자는 사회적 지위 덕분에 그들의 범죄 성향을 숨길 수 있다.

특수 범죄자의 행동 특성: 일부 범죄자, 특히 단일 범죄나 성적 행동에 집착하는 범죄자들은 간질의 본질을 지니고 있다. 그들의 행동은 간헐적이고 충동적이며 상징이나 세부 사항에 과도한 중요성을 부여하고, 범죄 후에는 종종 피로를 느끼는 등의 특성을 지닌다. 이들은 유전적으로 간질적이거나 원시적인 본능을 포함할 수 있다.

범죄자와 정신병자-간질의 영향: 정신병자 중에서도 범죄를 저지르는 자들은 범죄의 형태가 과장된 경우를 자주 볼 수 있다. 이들은 범죄를 저지르는 타고난 특성과 신체적, 기능적, 병리적 특성이 지나치게 발현된 경우다. 이들은 간질 환자처럼 충동적이고 외설적이며 잔인한 경향이 있다. 범죄자들은 대부분 간질의 잠복 상태에 있거나 타고난 범죄자들로 우울증, 일종의 정신병적 경향이 겹쳐진 경우가 많다. 우리는 히스테리, 알코올 중독, 살인 광기, 음주광, 방화광, 도벽, 일시적 정신병 등 다양한 정신적 질환이 간질의 특성을 재현한다고 보았다. 이러한 정신병적 상태는 종종 범죄의 핵심을 형성하기도 한다.

범죄에 대한 열정: 범죄자 중에는 신체적, 감정적, 감각적으로 뛰어나며 아름다움과 과도한 감성으로 범죄를 저지르는 자들도 있다. 이들은 범죄를 저지르는 원인으로 주로 사랑이나 정치적 이상을 갖고 있다. 그러나 이들 또한 간질과 유사한 즉각성, 빈번한 기억상실을 보이며, 정신병자나 간질 환자와 유사한 성향을 지닌다.

우연히 범죄를 저지르는 자들: 우연히 범죄를 저지르는 자들, 즉 범죄를 저지르기 위해 기회를 찾지 않고 우연히 범죄에 연루되는 자들은 일반적으로 타고난 성향이나 간질과는 관계가 없다. 그러나 이러한 자들은 종종 법적 함정에 걸리기 쉬운 상황에 처해 있으며 이러한 경우는 실제 범죄자라고 보기는 어렵다.

범죄의 원인: 범죄의 원인을 연구하는 것은 유기적 영향을 초래하는 결정적 요인을 파악하는 데 도움을 준다. 범죄의 원인은 전체 범죄의 35%에서 40%까지 차지할 수 있으며 종종

범죄의 유발 요인일 뿐 실제로는 본래의 범죄 성향이 더 큰 영향을 미친다. 반복적인 범죄가 있거나 경제적 환경이 바뀌어도 범죄가 계속되는 경우가 많은데, 이는 범죄 성향이 강하기 때문이다. 또한, 범죄를 증가시키는 특정 원인들이 다른 범죄를 감소시키는 경우도 있다.

환경적 요인과 범죄: 환경적 요인도 범죄에 큰 영향을 미친다. 과도한 열은 강간, 상해, 살인, 반란 등을 유발하며, 알코올과 유전적 요인은 전체 범죄에 영향을 미친다. 이탈리아에서는 세미틱 계통의 유전자가 범죄를 증가시키며 프랑스에서는 벨기에와 리구리아 계통이 범죄를 증가시킨다. 인종적 요인 또한 범죄 발생에 영향을 미친다.

범죄의 필연성: 범죄는 통계와 인류학적 연구에 따르면 자연적 현상으로 나타나며 어떤 철학자들은 이를 필연적이라고 말한다. 예를 들어, 카소본(Isaac Casaubon 프랑스 고전학자)은 인간이 죄를 짓는 것이 아니라 다양한 정도로 지배받는다고 했으며 성 베르나르도(S. Bernardo)는 인간의 충동에서 악의 영향을 구분하기 어렵다고 말했다. 성 어거스틴(S. Agostino)은 악을 원하는 사람은 선을 원하지 않는다고 주장했다. 현대의 학자들도 범죄의 책임 문제를 해결하는 것이 매우 어렵다고 인정한다. 미테르마이어(Mittermayer)는 악행을 완전히 이해하는 것이 어렵다고 했으며 May는 과학적 책임 이해가 부족하다고 말했다. 법적 책임을 결정하는 데 있어 심리적, 신체적 상태를

고려해야 한다는 점도 강조된다.

벌을 주는 권리와 그 정당성은 범죄학 및 법학 분야에서 복잡하고 논란이 많은 주제이다. 이 문제의 핵심은 국가가 범죄를 저지른 사람에게 벌을 부과할 정당한 권리가 있는지 특히 일부 이론이 심리적이나 생물학적 조건 때문에 형사 책임을 부인하는 경우에 대한 것이다.

벌을 주는 권리와 책임: 범죄자의 완전한 책임을 부인하는 이론에서 벌을 부과하는 것은 모순적이거나 부당해 보일 수 있다. 이 비판은 죠흐와 같은 사상가들이 제기한 것이며, 인간이 자신의 본성에 따라 행동하고 진정한 자유를 가지지 않는다고 가정할 때 벌의 정당성이 의심된다는 것이다. 이 비판의 핵심은 개인이 진정으로 선택할 자유가 없다면 벌은 의미없고 불공정할 수 있다는 것이다.

방어의 필요성에 따른 벌의 이론: 이러한 비판에 대한 답변으로, 방어의 필요성에 근거한 형벌 이론이 가장 탄탄한 정당화 중 하나로 제시된다. 이 이론은 베카리아, 로마뇨시, 페리, 가로팔로와 같은 사상가들에 의해 지지되며 벌은 단순히 보복이 아니라 사회를 보호하고 범죄를 예방하기 위한 필요악으로 본다. 벌은 사회의 위험에 대한 방어 수단이 되며 복수의 수단이 아닌 사회의 안전을 위한 것이다.

의료적 처치로서의 벌: 론도와 같은 사상가들은 범죄를 질병이나 장애의 결과로 보고 벌을 의료적 처치로 간주해야 한다고 주장한다. 이 모델에 따르면 교도소는 벌을 부과하는 장소가 아니라 범죄자를 치료하고 개선하기 위한 병원으로 변모해야 한다. 벌은 범죄자를 개선하는 수단이 되며, 단순한 처벌이 아니라 재활과 치료의 기회가 된다.

이론과 실제의 모순: 형벌 이론은 종종 모순되는 것으로 보인 범죄자의 교화를 기반으로 하는 이론으로 재범이 빈번하고 교도소가 범죄자를 개선하지 않는 경우에 문제를 일으킬 수 있다. 또한, 감정적 충동이나 고귀한 동기로 범죄를 저지른 경우와 교화 이론을 조화시키는 데 어려움이 있다. 현대의 비판은 형벌 이론과 실제 법제도의 간극에 초점을 맞추고 있다. 보복, 정의, 사회적 필요 사이의 연결은 복잡하며 현대 형법 이론에서 완전히 해결되지 않은 문제이다.

결론적으로, 벌을 주는 권리는 사회를 보호하고 범죄자를 공정하게 대하는 균형을 요구한다. 형벌 이론은 책임 개념과 벌의 실제 효과에 대한 도전에 직면해 있으며, 방어의 필요성과 교화의 개념에 기반한 이론들이 이러한 도전에 대응하고자 한다. 그러나 여전히 깊은 논의와 비판의 대상이 된다.

오펜하임은 모든 범죄는 비례적인 처벌을 받아야 하고, 처벌은 단순히 악이 되어야 하며, 그렇게 보여야 한다고 주장했다. 그러나 그는 모흘과 튜어의 의견을 따르며 처벌은 오직 범죄자의 개선과 노동에만 초점을 맞추어야 한다고 말했다. 이러한 견해는 명백한 모순을 드러낸다. 범죄자를 치욕스럽게 낙인찍으면서 동시에 그를 개선하라고 요구하는 것은 불가능하다.

헤르바르트, 칸트, 알토미드, 헤겔, 데 에르콜레(형벌의 응보) 등의 이론은 옛날의 복수와 보복의 개념을 재현하는 것으로 보인다. 알토미드에 따르면 국가는 범죄자가 다른 사람에게 입힌 해를 똑같이 복수해야 한다고 한다. 이는 오래된 원칙인 "눈에는 눈"의 형태를 취한 것이다. 그러나 이러한 이론은 범죄자를 감금하고 처벌한 뒤 다시 사회로 방출하여 사회에 더 큰 위험을 남기는 결과를 초래한다. 범죄자가 교도소에서 악화되며 형벌을 마친 뒤 더 위험한 상태로 돌아오는 경우가 많다. 일부 입법자들은 범죄자가 참회해야 한다고 주장했지만, 참회의 개념은 종교적이고 자유 의지에 의존한다. 자유의지가 결여된 상태에서 범죄자에게 참회를 요구하는 것은 무리이다. 오늘날 범죄와 죄를 동일시하지 않으며 시도된 범죄와 완성된 범죄를 동등하게 보지 않는다. 또한, 종교적 범죄나 위증을 범죄로 간주하지 않는다.

세이퍼틀과 같은 범죄학자들은 범죄를 악의 자유로운 의지에 기초한다고 주장하지만, 이러한 이론은 상황에 따라 변동하고, 감면 사유를 인정하며 모순된다. 또, 공포나 예를 통해 범죄를 억제하려는 이론 역시 모순을 지닌다. 과거에는 범죄자에게 엄청난 형벌을 가했지만 오히려 범죄가 증가했으며 사람들은 형벌에 덜 민감해졌다. 로베스피에르 시대에는 어린이들이 작은 단두대를 가지고 놀았다. 형벌의 효과가 미미하거나 범죄자를 개선하지 않는다면, 최근의 형벌 완화가 형벌의 효과를 더 향상시킬 것인지 의문이다. 또 범죄자의 행위보다는 잠재적 위험을 고려하여 처벌하는 것이 정당한지에 대한 논란도 있다. 또한, 판사에 따라 처벌의 차이가 발생하는 것도 문제이다. 판사는 개인의 기호와 습관에 따라 처벌을 다르게 적용하며 이는 법적 공정성을 해친다. 사면권과 같은 제도도 형벌의 공정성을 문제삼는다. 사면은 때때로 지나치게 엄격한 형벌을 완화하기 위해 사용되지만 그 자체로 공정성을 어떻게 유지할 수 있는지는 의문이다.

최종적으로 형벌에 대한 이론은 사회적 방어와 개선의 필요성에 기반해야 한다. 형벌 이론이 절대적이고 영원한 정의를 주장하기보다는 실제 사회적 필요와 범죄의 예방, 재범 방지에 초점을 맞추어야 한다.

범죄 인류학에 따른 형벌

1. 벌금, 보호관찰 제도, 정신병원, 교정 불가능자 시설, 사형

형벌에 대한 비판은 극히 심각하다. 특히 페리, 가로팔로, 피오레티, 비아찌, 시겔레 등의 연구 이후, 기존 형벌 이론은 단순히 수정된 것이 아니라 완전히 개혁되었고 법적 관념과도 관계를 맺게 되었다. 이제 형벌을 더 이상 사회의 보상이나 사제들이 범죄자에게 부과하는 일종의 파문으로 볼 수 없다. 범죄자는 추상적인 죄보다 범죄자 본인과 피해자에 초점을 맞추어야 한다. 예를 들어 완전히 정직한 삶을 살다 명예를 지키기 위해 또는 도덕적, 정치적 이상을 위해 살인을 저지른 경우와 범죄로 가득한 삶을 살면서 절도나 강간을 위해 타인을 죽이는 경우는 다르다. 전자의 경우 범죄 자체가 범죄자에게 큰 고통을 주어 형벌이 거의 필요 없을 수 있다. 반면 후자의 경우 형벌을 미루거나 관대하게 대하면 선량한 사람들에게 큰 위험을 초래할 수 있다. 페리는 말하길 "범죄와 범죄자를 분리하는 것은 불가능하다. 법률을 작성할 때 가상의 평균적인 인간을 상정하는 것은 현실에서 실제 피고와는 다르다." 실제로 판사는 범죄와 형벌을 저울에 올려놓고 조정하며 형벌을 적절하게 조정할 때 심리적, 생리적 측면을 고려하지 않는다. 형벌이 선고된 후 판사는 형벌 집행의 결과를 알지 못할 수 있다. 형벌을 다 마친 후에도, 범죄자가 여전히 사회에 위험을 미치는지를 모르며 형벌이 적절하게 수행되고 있는지에 대한 피드백이 부족하다. 범죄는 질병과 같으며 적절한 치료가 필요하다. 범죄 인류학의 임무는 이러한 적합성을 규명하는 것이 의사가 병원에서 환자들에게 '폐렴? 라바르바로 시럽 15일!'과 같이 처방한다면 적절하지 않을 것이다. 범죄를 범한 사람도 마찬가지로 그 상황에 맞는 처벌이 필요하다. 형벌의 종류와 강도는 범죄자의 개인적 특성과 범죄의 성격에 따라 다르게 적용되어야 한다. 또 형벌의 양과 종류는 더욱 세밀하고 유동적으로 조정되어야 하며 교도소형 형벌 이외의 방법도 고려되어야 한다. 형벌은 짧고 경미한 것일지라도 효과적으로 인도적이고 회복적인 방법이 필요하다.

범죄자의 행동과 개인적 상태가 사회적으로 충분한 처벌을 받지 못할 경우 판사는 무기한 격리나 정신병원, 교정 불가능자 시설, 기회범들을 위한 시설에 격리하도록 판결해야 한다. 이후 이 판결의 집행은 판사의 업무와는 분리된 지속적인 기능으로 특수 기관에 의해 수행되어야 한다. 실행위원회는 범죄학적 전문가, 판사, 검찰, 변호사, 행정 공무원들이 함께 참여하여 범죄자에 대한 적절한 보호와 사회적 위험 방지, 형벌의 효율적 집행을 보장해야 한다.

교도소 외의 형벌: 범죄자를 반복적으로 짧은 기간 동안 교도소에 수감하는 것은 범죄의 온상과 같은 역할을 하며 이를 피해야 한다. 교도소는 범죄를 방지하기보다는 오히려 범죄를 증가시키는 결과를 초래할 수 있다. 짧은 기간 동안의 교도소 수감은 범죄자를 교정하기보다는 범죄를 장기적으로 악화시킬 수 있다. 프랑스에서는 300만 명이 최소 24시간 이상 교도소에 수감 되었으며 매년 10만 명이 새로 수감된다. 이는 범죄를 막기보다는 오히려 교도소의 문턱을 높이는 결과를 초래한다. 베랑제는 교도소에서 제외될 수 있는 범죄자들이 절반 이상 될 수 있다고 계산하였다. 형벌은 효과적이어야 하며 형벌의 짧은 기간과 범죄자들이 주로 상습 범죄자들과 접촉하는 상황에서는 형벌이 위협적인 효과를 발휘하지 못한다. 네덜란드와 이탈리아의 형법에서 하루나 삼일 같은 극히 짧은 형벌은 정의의 진지함을 해치고, 범죄자들에게 형벌에

대한 두려움을 없애며 재범을 유도할 수 있다. 이러한 형벌은 범죄자들에게 사회의 위험 요소가 되고 범죄자들은 교도소에서 상습 범죄자들과 접촉하면서 더 부패해질 위험이 있다. 따라서 가벼운 범죄에 대한 다른 억제 수단이 필요하다. 이론가와 입법자들은 집행유예, 보석, 경고, 벌금, 교도소 외의 강제노동, 지역적 추방, 신체적 형벌 등을 고려해왔다.

각 방법을 살펴보자.

신체적 형벌과 자택 구금: 우리 문명과 그 섬세함에 맞는 신체적 형벌의 대체 가능성에 대해 논의가 필요하다. 예를 들어, 단식, 샤워 같은 신체적 형벌은 비용이 적고 단계적으로 적용할 수 있으며 강제노동도 효과적일 수 있다. 자택 구금은 군 복무 중 이미 적용되고 있으며 지역 사회 내의 특정 장소에서의 구금도 고려될 수 있다.

벌금: 벌금은 신체적 형벌에 비해 더욱 적절하고 조정 가능한 형벌로 여겨진다. 이는 범죄자에게 실질적인 영향을 미치며 특히 부유한 범죄자에게 더욱 효과적이다. 벌금은 범죄의 원인인 경제적 동기를 직접적으로 다룰 수 있으며 피해자에게 보상할 수 있는 수단이 된다. 네덜란드의 형사소송법 제254조는 범죄자가 벌금을 지불하면 법적 절차를 중지할 수 있도록 규정하고 있다. 또한, 보네빌 드 마르상지는 벌금이 가장 관대하고, 나누기 쉽고 경제적이며 용서할 수 있는 형벌로 보았다.

손해 배상: 손해 배상은 피해자에게 중요한 보상을 제공하

는 방법이다. 판사들이 손해 배상을 결정하도록 하고, 공공 검사 대표들이 피해자가 소송을 제기하지 않을 경우 직접 소송을 제기하도록 의무화해야 한다. 손해 배상은 범죄자 가족에게 책임을 묻고 범죄자의 노동 수익에서 일부를 피해자에게 지급하는 것도 고려되어야 한다. 손해 배상 청구권은 범죄의 피해를 보상하기 위한 필수적인 요소이다.

경고와 보석: 경고는 가벼운 범죄에 대해 형벌의 대체 수단으로 인정받고 있으며 법률에서 이미 적용되고 있다. 보석은 범죄자가 다시 범죄를 저지르지 않을 것이라는 보증을 제공하며 일정 기간 후 범죄를 저지르지 않으면 반환된다. 이는 미국과 덴마크에서 적용되고 있으며 특히 폭행, 상해, 불법행위, 반란 등의 범죄에 효과적일 수 있다. 이러한 형벌 시스템은 범죄의 종류와 범죄자의 개인적 특성에 따라 적절히 조정되어야 하며 사회의 안전과 범죄자의 교정에 기여해야 한다. 말레베리아와 프로베이션 시스템은 경범죄와 일회성 범죄자를 관리하기 위한 대안적이고 혁신적인 접근법이다. 이들 시스템은 수감에 의존하지 않고 범죄자를 교화하고 예방하려는 목적을 가지고 있다.

말레베리아: 말레베리아는 본질적으로 선행 행동에 대한 보증이다. 판사는 피고인에게 즉각적인 처벌을 대신하여 평화 유지와 올바른 행동을 요구한다. 만약 새로운 범죄를 저지르면 첫 번째 위반에 비해 더 엄격한 처벌을 받게 된다. 이 제

도는 스페인과 영국에서 채택되었으며 1861년 영국의 형법 통합법에 명시되었다. 말레베리아는 교화와 예방을 통해 수감 대신에 범죄자의 재범을 방지하는 방법이다.

프로베이션 시스템(Probation System): 프로베이션 시스템은 주로 미국에서 발달한 제도로, 특히 청소년 범죄자들에게 많이 사용된다. 이 시스템에서는 재범의 위험이 없는 범죄자가 바로 감옥에 가지 않고, 일정 기간 동안 프로베이션 담당자의 감독을 받는다. 이 기간 동안 범죄자가 긍정적인 행동을 유지하면 추가적인 처벌을 받지 않는다. 그러나 범죄를 다시 저지르면 다시 법정에 서서 더 엄격한 처벌을 받게 된다.

적용 사례: 미국 매사추세츠에서 1878년 도입된 프로베이션 시스템은 이후 주 전체로 확장되었다. 1879년부터 1883년까지 보스턴에서 2,803명이 프로베이션을 받았고 이 중 223명은 법정에 다시 출석하게 되었으며 44명은 도주했다. 1888년에는 244명이 프로베이션을 받았고, 230명이 교화되었다. 이 시스템은 긍정적인 결과를 보여 주 전체로 확장되었다. 영국은 1887년 8월 8일 제정된 "초범자법First Offenders Act"[22)]은 유사한 절차를 도입하였다. 여기서 판사는 범죄자의 임무와 정당성을 바탕으로 조건부 석방을 결정할 수 있으며, 별도의 감독관이 필요 없다. 1887년부터 1890년까지의 데이터에 따르면 500명이 조건부 석방되었고, 이 중 95%가 교화되었다. 1888년 벨기에에 도입된 프로베이션 제도는 빠르게

*22) 초범자법은 주로 미국에서 사용되는 법으로, 첫 번째 범죄를 저지른 사람에게 기회를 주기 위한 제도다. 이 법을 통해, 범죄자가 법원의 조건을 잘 이행하면 형사 기록에 범죄 사실이 남지 않는다.

긍정적인 결과를 보였다. 1891년에는 447,070명의 범죄자 중 27,504명이 프로베이션을 받았고 이 중 578명이 재범을 저질러서 2%의 재범률을 보였다. 이 시스템은 경범죄와 일회성 범죄자 관리에 효과적이었다.

결론은 프로베이션 시스템과 말레베리아는 교화와 예방에 중점을 두어 수감 대신 교화의 기회를 제공하려는 시도이다. 이러한 접근법은 범죄자의 재범을 줄이고 사회에 재통합할 기회를 제공하는 데 목표가 있다. 미국, 영국, 벨기에의 경험은 이러한 시스템이 잘 구현되면 범죄율을 낮추고 범죄자의 사회 재통합을 촉진할 수 있음을 보여준다.

프랑스에서도 이 제도를 시험해본 적이 있다. 1892년 8월 26일, 드마스 형사국장은 법무장관에게 베랑제 법에 대한 첫 9개월간의 보고서를 제출했다. 이 보고서에 따르면, 1891년 3월 26일부터 12월 31일까지, 프랑스의 교정 법원에서는 11,768건의 조건부 판결을 내렸으며, 이 중 7,362건이 징역형, 4,406건이 벌금형이었다. 전체 판결 중 징역형이 97,245건, 벌금형이 65,337건이었으므로, 조건부 판결은 징역형의 7.5%, 벌금형의 6.7%를 차지했다.

뉴질랜드와 호주에서는 1886년부터 1888년까지의 2년간 이 제도의 결과가 매우 좋았다고 보고되었다. 뉴질랜드에서는 121명이 프로베이션을 받았으며 이 중 58명이 조건을 충족했고, 9명은 의무를 다하지 않았으며 1명은 도주하고 53명은 실험 기간이 끝나지 않았다. 호주에서는 1886년 10월 1일부터 1888년 12월 31일까지 203명이 프로베이션을 받았으며 이 중 143명이 개과천선하여 70%의 성공률을 기록했다. 10명은 재수감되었고 5%가 재범하였다.

엘미라 개혁학교는 또 다른 유사한 접근 방식을 채택한 사례이다. 이 학교는 16세에서 30세 사이의 경범죄를 저지른 청소년을 수용하며, 운영위원회는 법적으로 무제한의 권한을 가지고 있다. 이 권한에 따라 수용자는 범죄에 대한 감형 기준에 따라 조기에 석방될 수 있으며 이는 수용자가 자신을 교화할 수 있는 능력을 가지고 있다고 판단될 때 이루어진다. 석방의 유일한 조건은 감독관에게 신뢰를 주는 것이며 좋은 행동을 보인 수용자는 감형이 가능하다.

엘미라 개혁학교에서는 도착 즉시 수용자에게 목욕과 함께 기관의 유니폼이 제공되며 사진 촬영, 등록, 의사 진료, 예방접종이 이루어진다. 이후 2일 동안 독방에서 반성과 자숙의 시간을 가지며, 그 후 제정관에게 면담을 통해 적절한 교화 방법이 결정된다.

수용자는 다음과 같은 세 가지 범주로 나뉜다.

우수한 범주: 모범적인 행동을 보이는 수용자.

중간 범주: 실험적인 처벌이 필요한 수용자.

난치 범주: 교화가 어려운 수용자.

수용자는 행동, 작업, 학습의 세 가지 분야에서 평가되며 매달 9개의 평가 항목을 충족하면 우수 범주로 승진할 수 있다. 이후 적절한 기술과 직업 교육을 받으며 최소한의 비용으로 시설이 운영되며 수용자들은 교도소의 모든 업무를 직접 담당한다. 수용자들은 자신이 잘 할 수 있는 직업을 선택하여 졸업 후 자립할 수 있도록 돕는다.

엘미라 개혁학교는 모든 교육과정을 제공하며 학문적 교육 외에도 직업 훈련을 실시한다. 매주 두 번의 직업 교육과 두 번의 학문 교육이 있으며 나머지 시간은 작업 준비에 사용된다. 수용자들은 주간 신문을 작성하여 기관의 활동, 정책, 교육 결과 등을 담아 내보낸다. 이 신문은 범죄와 관련된 중요한 정보를 제공하며 수용자들 간의 경쟁과 협력을 촉진한다.

1등급으로 승진하면 여러 가지 혜택이 주어진다. 특히, 서신을 주고받거나 방문을 받을 수 있으며 책을 소지할 수 있고 일반 식당에서 식사할 수 있다. 반면, 나머지 수용자들은 각자 셀에서 식사해야 하며 가장 우수한 수용자들은 풀밭에서 산책할 수 있고 다른 수용자들을 감시하는 등의 신뢰할 수 있는 업무를 맡게 된다.

수용자들은 우수한 평가를 통해 1등급을 획득할 수 있지만 부주의하거나 나쁜 행동으로 인해 등급이 하락할 수 있다. 이 경우, 3등급으로 강등되며 자유를 회복하기 위해 더 힘든 작업에 시달려야 한다. 또한, 1등급 수용자들은 다양한 유혹에 노출되며 6개월 후 감독관은 이들을 임시 석방할 것을 행정 위원회에 제안한다. 위원회는 수용자의 모범적 행동 불구하고 석방을 거부할 수 있으며 특히 범죄의 심각성이 높을수록 그러하다. 그러나 위원회는 감독관에게 석방 권한을 주는 편이다.

석방은 감독관이 석방자가 직장을 찾을 수 있는지 확인한 후에만 이루어진다. 만약 수용자가 스스로 또는 친구의 도움으로 직장을 찾지 못하면 감독관이 직접 직장을 찾는 것을 돕는다. 이제까지 이러한 일이 어려움 없이 진행되었다면, 임시 석방된 수용자는 최소 6개월 동안 자신의 행동에 대해 보고해야 하며 한 해 동안 좋은 행동을 보인 후에만 완전한 자유를 얻을 수 있다.

결론적으로, 나는 이 개혁에 대한 강력한 지지자이며 이는 내 연구의 첫 실제적이고 진지한 적용이다. 나는 범죄자의 신체적, 심리적 분석과 실질적이고 개별화된 교육이 범죄자들에게 큰 결과를 가져올 것이라고 믿는다. 특히, 일에 대한 습관을 기르고 범죄를 저지른 사람들에게 제공되는 자원을 활용하면 재범을 방지할 수 있다. 그러나 범죄자 본성과 관련하여, 이러한 개입이 항상 지속적이고 효과적일 수는 없다고 생각한다. 49%의 범죄자가 도덕적 감각이 없고 12%는 14세 이전에 가정을 떠났거나 부모가 간질 환자였고, 37%는 알코올 중독자 부모에게서 태어난 경우, 56%는 회개하지 않았다는 사실을 고려하면 마사지와 목욕, 교육만으로 모든 범죄자가 완전히 교화될 수 있다고 보기 어렵다.

그리고 15년 동안 83%가 교화되었다고 주장되는 통계는 상세히 분석해보면 실제로는 31%가 교화되지 않았다고 한다. 1,722명의 석방된 수용자 중 156명이 다른 주로 이주했으며 10명은 사망했다. 128명은 여전히 행동을 보고해야 하며 185명은 형기가 끝난 후에야 석방된다. 271명은 6개월 동안 좋은 결과를 보였지만 부분적으로 석방되었으며 126명은 필요한 증명을 하지 못해 행방이 불명이다. 42명은 재범으로 추가 형을 받았고 79명은 다시 수용되었으며 25명은 자발적으로 복귀했다. 이러한 부족함에도 불구하고 이 제도는 범죄자를 교화하고 재범을 방지하기 위한 가장 효과적인 방법 중 하나로 여겨진다.

정신 병원 제도는 인도적 접근과 사회 안전을 보다 잘 조화시키기 위한 또 다른 제도이다. 범죄자 중 많은 이들이 정신 질환을 앓고 있어 감옥에 있는 것이 불공정하며 자유를 제공받는 것이 위험할 수 있다. 영국은 이러한 문제를 해결하기 위해 정신 병원 제도를 도입했으며 이는 1세기 전부터 시작되어 66년 전에는 거의 완성된 상태이다. 영국은 이 제도를 통해 범죄자와 정신병자를 구분하고, 그들의 필요를 충족시키기 위해 특별히 설계된 시설을 운영하고 있다.

미국에서는 최근 몇 년간 비슷한 제도가 생겨났으며 오번 교도소와 매사추세츠, 펜실베이니아에는 대규모 정신병원이 새로 설립되었다. 이 질문은 매우 중요하며, 정신질환을 앓고 있는 범죄자들을 처리하는 데 있어 이러한 제도가 진정한 필요에 부합하는지를 묻고 있다.

사회적 필요성: 정신병원 범죄자 시설은 단순히 사치나 유행이 아니라, 실제로 사회적 필요를 충족시키는 제도이다. 시간이 지남에 따라 이 제도가 확대되고 발전해 온 것은 이 시설이 실질적으로 필요한 것을 증명하고 있다. 이러한 기관은 정신질환을 앓고 있는 범죄자들에게 적절한 치료 환경을 제공하고, 사회에 대한 위험을 줄이는 데 기여하고 있다.

제도에 대한 인식 차이: 이탈리아와 프랑스에서는 정신질환의 범죄적 요소를 인식하지 못하는 경우가 많고 범죄자를 단순히 게으르거나 반항적인 사람으로 간주하기도 한다. 이로 인해 많은 정신 질환자이 적절한 치료를 받지 못하고 있으며 정신병원 입소를 꺼리는 경향이 있다.

교도소에서의 문제: 정신 질환을 앓고 있는 범죄자들이 교도소에 있는 것은 여러 가지 문제를 야기한다. 교도소는 이들을 적절히 치료할 수 있는 환경이 아니며, 이로 인해 교도소의 규율과 안전에 부정적인 영향을 미칠 수 있다. 정신 질환자들이 교도소 내에서 폭력적이고 불안정한 행동을 보일 수 있다.

정신병원 범죄자 시설의 필요성: 정신병원 범죄자 시설은 이러한 문제를 해결하기 위해 필요하다. 이 시설들은 적절한 치료와 관리 환경을 제공하며 정신질환을 앓고 있는 범죄자들이 사회에 대한 위험을 줄일 수 있도록 돕는다. 이러한 시설은 범죄자들에게 맞춤형 치료를 제공하고, 사회를 보호하는 데 중요한 역할을 한다.

정신병원 범죄자 시설의 문제점: 정신병원 범죄자 시설도 완벽하지는 않다. 일부 시설은 보안이 부족하거나 치료 환경이 열악할 수 있다. 이로 인해 시설 내에서 폭력적이거나 문제 행동을 일으킬 수 있는 범죄자들을 효과적으로 관리하기 어려울 수 있다. 또한, 관리 및 치료 방법에 대한 우려가 있을 수 있다.

법적 및 사회적 합의: 정신질환을 앓고 있는 범죄자들에 대한 법적 처리는 신중하게 다루어져야 한다. 이러한 범죄자들을 정신병원으로 보내는 과정은 정확히 규제되어야 하며, 권리와 보호가 보장되어야 한다. 사회와 가족들은 이들의 상태와 권리에 대해 충분히 이해하고, 법적 시스템은 공정하고 인도적인 방식으로 처리해야 한다.

결론적으로, 정신 병원 범죄자 시설은 단순한 사치가 아니라 실제로 필요한 제도이며 이를 통해 정신 질환을 앓고 있는 범죄자들에게 적절한 치료와 관리를 제공하고 사회의 안전을 도모하는 것이 중요하다. 가장 흔히, 이러한 범죄자들은 우리 사회에 자유롭게 존재하고 있으며 외적으로는 완벽한 평온과 명확한 지능을 보이지만 그 속에는 여전히 병적인 충동을 간직하고 있다. 이들은 예기치 않은 순간이나 사소한 기회에 병적인 충동을 발휘하여 되돌릴 수 없는 피해를 입힐 수 있다. 이러한 병적인 충동의 재발 사례는 많은 학자인 홀츠엔도르프, 브리에르, 델브룩, 솔브리그 등에서 발견된다. 나 자신도 알 수 없는 위험에 처했던 경험이 있다.

몇 년 전, 그라츠의 시장이 종교적 집착을 가진 정신병자에게 희생되었으며 이 정신병자는 몇 년 전에도 다른 사람에게 위협을 가한 바 있다. 할트필드가 조지 3세를 공격하기 전에 아내와 세 자녀를 살해하려 했고 벨담에 수감된 후에는 다른 정신병자를 살해했다. 부스는 링컨을 살해하기 전에 몇 년 전 바다에 뛰어들어 자살한 동료와 대화하려 했던 인물이다.

바실리사라는 여성은 아무 이유 없이 살인을 저질러 시베리아에서 12년형을 선고받았고, 도착 후에는 또 다른 살인으로 인해 22년간 광산에서 일하고 100대의 태형을 받았다. 그녀는 광산에서 소녀와 다섯 여성, 그리고 또 다른 남성을 다치게 하였다. 이러한 범죄자들이 자유롭게 사회에 존재하는 해악은 종종 국가 전체로 확산된다. 그들은 때때로 국가의 주요 인물들을 대상으로 하는 살해 충동을 가질 뿐만 아니라, 연합 성향을 가지고 있어 유리한 시점이 오면 위험한 집단을 형성할 수 있다. 이러한 집단은 병적인 사고로 인해 그 길을 멈출 수 없으며 자신의 특이성으로 인해 대중의 사고에 영향을 미쳐 혼란을 일으킬 수 있다. 이는 중세의 역사적 광기나 러시아의 니힐리스트, 미국의 몰몬교도, 1830년대 노르망디의 방화자들, 그리고 최근의 파리 코뮌 사건 등에서 볼 수 있다.

파리 코뮌의 사건에서 우리는 정신병자들이 다수 참여했던 사례를 볼 수 있다. 역사적으로도, 혁명 기간 동안 많은 정신병자가 참여했던 것으로 알려져 있다. 이들은 대개 심각한 정신병적 증상을 보였으며, 무정부 상태에서 그들의 병적인 성향이 커지게 된다.

이탈리아에서도, 콜레라에 대한 두려움이 남부 이탈리아에서 일으킨 공황, 그리고 에밀리아에서의 밀가루 소동처럼, 정신병자들이 혼란을 일으킬 수 있다. 이러한 상황은 대중의 상상력을 자극하고 병적인 집단을 형성하는 데 기여할 수 있다. 따라서, 법적으로 인정된 정신병자 범죄자 시설의 설립이 필요하다. 이는 사회 안전과 법적 정의를 유지하는 데 중요하다. 현재, 법원은 정신병자의 범죄에 대한 판단에서 불확실성과 모호성을 느끼며 때로는 불공정하거나 신중하지 못한 판결을 내리기도 하며 정신병자가 명백한 질병을 보일 때는 감형을 하거나 사형에 처하기도 한다. 그럼에도 일부 사람들은 이러한 의심으로 인해 아무도 처벌받지 않을 것이라고 주장할 수 있지만, 이는 과거의 마녀사냥과 유사하다. 몽테뉴가 말한 것처럼, "어쨌든, 의심을 가지고 살아있는 사람을 불태우는 것은 너무 비싼 대가를 치르는 것이다"는 생각이 들 수 있다. 현재, 이 문제는 단순히 감정적인 연민의 문제가 아니라 사회를 보호하기 위한 예방 조치이다. 범죄자들이 완전히 무해해질 때까지 그들을 사회에서 격리하는 것이 필요하다. 또한, 일부 범죄자들은 자신의 상태를 가장 잘 숨기고 있거나, 심각한 정신병을 시뮬레이션하여 형벌을 피하려고 한다. 이와 같은 문제를 해결하기 위해서는 법적 체계를 정비하고 정신병자 범죄자들을 적절히 관리할 수 있는 제도를 갖추어야 한다. 이를 통해 사회의 안전을 지키고, 범죄자들이 다시 사회에 해를 끼치는 일을 방지할 수 있다.

2. 정신병원과 범죄자

정신병원의 문제와 비판: 탈출과 폭력: 이 텍스트는 정신병원에서 범죄자들이 정신병을 가장하여 탈출한 사례를 언급한다. 이는 범죄자를 안전하게 유지하는 것이 얼마나 어려운지를 보여준다.

정신병원의 비판: 위더메이스터(Friedrich Wiedemeister 독일 정신과 의사)는 영국의 정신병원들이 폭력과 혼란이 만연하며, 유지 비용이 다른 기관의 세 배에 달한다고 지적한다. 이들 장소는 자주 범죄자들이 직원들을 공격하고, 물건을 파괴하며 폭력

을 행사하는 문제를 겪는다.

개혁과 개선: 입원 환자 분류:이러한 문제를 해결하기 위해 시스템은 범죄자를 비판적으로 나누고, 비판적인 환자와 처벌된 환자를 구분하는 개혁을 시행하였다. 최근에는 영국의 워킹 프리즌 교도소(Woking Convict Invalid Prison) 한 부분을 범죄자 치료와 보호를 위해 사용하고 있다.

통계와 비용: 비록 문제가 있지만, 정신병원에서의 사망률은 일반 정신병원보다 훨씬 낮다. 높은 비용은 보안과 전문 치료의 필요성에 의해 정당화된다.

1) 성별, 나이, 범죄 유형에 따른 처벌

성별: 여성과 범죄: 이 텍스트는 여성 범죄자 대부분이 태생적 범죄자가 아니라, 감정이나 기회에 의해 범죄를 저지른다고 언급한다. 여성은 남성에 비해 심각한 범죄에 덜 연루되는 경향이 있다. 차별적 처벌에서 여성의 경우, 남성보다 덜 엄격한 처벌이 제안된다. 조건부 자유나 수녀원에서의 처벌 등이 제안되며, 여성의 자산에 대한 중요성을 이용한 대체 처벌 방법도 제시된다.

역사적 및 문화적 조정: 역사적 방법: 다양한 문화에서 범죄를 저지른 여성에 대한 역사적 처벌 방법이 인용된다. 예를 들어, 중세 러시아에서는 남편을 때린 여성이 엉덩이를 들고 말타는 처벌을 받았다. 이러한 역사적 맥락은 여성 처벌에 대한 맞춤형 접근을 정당화한다.

이 텍스트는 성별, 나이, 범죄 유형에 따른 맞춤형 처벌이 범죄자에게 더 효과적일 수 있음을 제시한다. 이는 범죄자의 특성과 범죄의 성격에 따라 처벌을 조정하는 인류학적 학파의 접근법에 부합한다.

2)낙태와 유아 살해

낙태의 처벌: 낙태는 이윤을 목적으로 하지 않는 경우에는 처벌이 아닌 경고로 충분하다고 한다. 낙태를 범죄로 간주하는 것은 가족의 질서를 보호하려는 입법자의 목적과 일치하지 않으며, 태아의 법적 존재를 인정할 수 없다는 주장이 있다.

법적 논의: 낙태가 범죄로 간주되지 않는 이유는, 낙태가 종종 불법적인 가족을 만드는 것을 피하려는 여성의 선택에서 비롯되기 때문이다. 또한, 낙태가 사회에 긍정적인 영향을 미치지 않는다는 점도 근거로 제시된다.

3) 낙태의 사례 및 통계

이탈리아의 사례: 19세기 중반 이탈리아에서 낙태로 기소된 사례는 적었다. 통계적으로도 낙태에 대한 기소와 처벌이 거의 없었다.

영국 및 기타 국가의 사례: 영국, 스코틀랜드, 벨기에 등에서도 낙태에 대한 기소와 처벌이 드물었으며, 낙태에 대한 법적 처벌이 거의 없었다는 점이 강조된다.

4) 유아 살해와 처벌

유아 살해: 유아 살해는 사회에 이익을 주지 않으며 오히려 사회적, 도덕적 부담을 초래한다고 주장된다. 유아를 부양하는 것은 사회적 부담을 주며 유아의 높은 사망률이 문제로 지적된다.

법적 접근: 유아 살해에 대한 처벌보다는 경고와 감독이 더 적절하다고 주장된다. 유아 살해는 대개 일시적 감정에 의해 발생하며 재범 가능성이 낮기 때문에 처벌이 적절하지 않다는 의견이다.

5) 청소년과 처벌

청소년의 처벌: 청소년기에 대한 처벌은 감정적이고 도덕적인 지도와 같은 대체 방법이 더 효과적이다. 청소년의 경우, 가정적 환경에서의 교훈과 도덕적 자극이 중요하며, 교도소보다 가족 및 사회적 지원이 필요하다는 주장이 있다.

대체 프로그램: 청소년 범죄를 예방하기 위해 가정적 지원과 교육 프로그램, 농업 식민지 등 다양한 사회적 지원 방안이 제안된다. 이러한 방법이 범죄를 예방하고 청소년의 재활을 돕는 데 더 효과적일 수 있다.

3. 범죄 예방과 처벌에 관한 논의

1) 예방 조치

청소년과 예방: 범죄의 조기 발생을 고려할 때 예방 조치가 필요하다. 특히 청소년에 대한 구금은 부패를 초래할 수 있으며 이로 인해 범죄의 유혹에 빠질 수 있다. 중세 병원에서 환자 사이에 죽은 시체가 있는 상황과 같이 우리는 잠재적 범죄자와 성숙한 범죄자를 함께 구금함으로써 더 큰 문제를 일으킬 수 있다. 프랑스는 이런 방식으로 청소년을 범죄자로 만들고 있으며, 이는 오히려 부정적인 결과를 초래한다. 청소년에게는 강력한 처벌보다 교화 프로그램과 도덕적 교육이 필요하다.

2) 노인과 처벌

노인의 처벌: 노인이 이미 신체적으로 무능력할 경우, 감옥보다 일반적인 보호 시설이 적절하다. 특별한 경우를 제외하고, 노인을 위한 보육소와 같은 기관에서 관리할 수 있다. 범죄의 성격에 따라, 특별한 경우에만 감옥이 필요할 수 있다.

3) 감정적 범죄자

감정적 범죄자: 감정에 의해 범죄를 저지른 이들은 범죄로 인해 이미 충분한 처벌을 받았다고 볼 수 있다. 이들에게는

벌금, 경고, 또는 추방과 같은 조치가 적절하다. 그들의 범죄는 종종 일시적인 감정에 의해 발생하며, 그들이 사회에 끼치는 해악은 최소화되어야 한다.

4) 정치적 범죄자

정치적 범죄자: 정치적 범죄자는 종종 광범위한 사회적 맥락에서 이해되어야 한다. 이들은 종종 사회적 변화를 추구하며 그들의 범죄에 대해 사형이나 심각한 처벌을 피하는 것이 바람직하다. 정치적 범죄자 중 많은 이들이 정신적 문제를 겪고 있으며 이러한 경우 정신병원에서 치료하는 것이 더 적절하다. 정치적 범죄자는 일반적으로 젊은 나이에 발생하며 이러한 범죄자에게는 처벌보다는 정치적 관용이 필요하다.

5) 법적 접근과 판결

법적 접근: 정치적 범죄자에게는 일시적인 처벌이 필요하며, 3~5년마다 의회에서 재검토할 수 있어야 한다. 이는 공공의견이 변화할 수 있는 가능성을 반영하여, 범죄에 대한 인식을 변경할 수 있는 기회를 제공한다. 예를 들어, 과거에 중대한 범죄로 여겨졌던 행동이 현재는 처벌받지 않을 수 있다.

6) 국제적 접근

국제적 접근: 범죄의 성격에 따라 국제적 맥락에서도 접근

이 필요하다. 정치적 범죄자에 대한 처벌은 그들의 정치적 신념과 사회적 맥락을 고려하여 조정되어야 하며, 국제적 기준에 맞춰야 한다. 이 논의는 범죄의 예방과 처벌에 대한 다양한 접근 방식을 제안하며, 사회적 맥락과 개인의 상황에 맞춰 적절한 조치를 취하는 것이 중요하다는 점을 강조한다.

4. 범죄에 대한 처벌의 문제와 해결 방안

1) 정치적 범죄에 대한 처벌

순수 정치적 범죄: 순수하게 정치적 동기에 의해 발생한 범죄는 일시적이고 절대적인 처벌을 받아야 한다. 이러한 범죄는 단순히 정치적 열정에서 비롯된 것으로 범죄 자체가 다른 범죄와 결부되지 않은 경우가 많다.

혼합형 정치적 범죄: 정치적 범죄와 일반 범죄가 혼합된 경우, 정치적 범죄는 현재의 정치 체제나 그를 대표하는 인물들을 공격하며 일반 범죄는 이를 달성하기 위해 사용된 수단이기 때문에 따로 구분되어야 한다. 이 경우, 사회의 정당한 반응을 반영하기 위해 특정 기간의 형량을 설정하되 정치적 범죄에 대한 처벌은 계속해서 검토 가능해야 한다. 범죄자의 선의와 사회적 기여도를 고려하여 처벌의 경중을 조절해야 한다.

2) 우발적 범죄와 경미한 범죄

우발적 범죄: 경미한 피해를 초래한 우발적 범죄는 형벌이 불필요하다. 이러한 경우, 형벌 대신 피해 보상과 같은 효과적인 방식으로 처리해야 하며, 징역형은 공적 의식에서 불공정하게 여겨질 수 있다. 따라서, 범죄가 사회적 피해를 초래하지 않고, 범죄자도 위험하지 않은 경우, 형벌 대신 경제적 보상이나 다른 사회적 조치를 고려해야 한다.

3) 명예훼손

정치적 명예훼손: 정치적이나 사회적 명예훼손 사건에서 형벌은 불필요할 수 있다. 특히 명예훼손이 권력자나 강력한 인물에 대해 행해진 경우, 이들을 보호하기 위해 법이 사용되기보다 오히려 공공의 이익을 위해 폭로를 장려해야 한다. 피해자에게 사실을 입증하도록 요구하고, 잘못된 경우 사과를 받는 방식으로 해결하는 것이 더 바람직하다.

4) 자살 도움

자살 도움: 자살을 돕는 행위는 법적으로 처벌받지만, 사회적 관점에서 자살을 범죄로 간주하지 않으며, 이는 오히려 개인의 자율성과 사회적 안전을 고려할 때 문제를 발생시키지 않는다. 자살을 시도한 개인이나 이를 돕는 경우, 사회적 관점에서 불필요한 처벌보다는 이들의 자율적인 선택을 존중하

고, 자살 방지를 위한 다른 조치를 취해야 한다.

5) 결투

결투에 대한 처벌: 결투는 종종 사회적 관습의 결과로 발생하며, 법적 처벌은 오히려 결투를 더 부추길 수 있다. 결투가 일반적으로 악화된 상황에서 발생하며, 법이 지나치게 엄격한 처벌을 부과할 경우, 오히려 사회적 관습이 더 강화될 수 있다. 결투는 법적 규제보다는 사회적 관습의 변화로 해결하는 것이 바람직하다.

6) 간통

간통에 대한 처벌: 간통은 현대의 법에서는 사회적 기준에 따라 다루어져야 한다. 간통에 대해 형벌을 부과하는 것보다, 현대의 법과 사회적 관습에 맞는 합리적인 접근이 필요하다. 간통이 결혼 생활에 미치는 영향을 고려하여 법적 절차를 간소화하거나, 민사적 해결 방법을 도입하는 것이 적절하다.

7) 범죄의 특수성

범죄자 유형에 따른 처벌: 범죄자 중 비재범이며 혼자 행동하는 경우, 첫 번째 범죄에서는 처벌을 유예하고 보증금이나 재정적 책임을 부과하는 것이 적절하다. 범죄자의 재정적 상황에 따라 작업을 강제할 수도 있으며, 이를 거부할 경우에는 구속될 수 있다.

이러한 접근은 각 범죄의 특수성과 범죄자의 상황에 따라 처벌을 조절하고, 사회적 가치와 공공의 안전을 고려하여 적절한 조치를 취하는 것을 목표로 한다.

5. 재범자와 상습범

1) 재범자와 상습범

재범자의 처리: 재범자와 상습범은 선천적 범죄자와 유사하게 처리되지만 몇 가지 차이가 있다. 이들은 대부분 절도, 사기, 위조와 같은 덜 심각한 범죄를 저지르기 때문에 처벌의 강도가 선천적 범죄자보다 덜 엄격해야 한다. 상습범의 경우, 단 하나의 중대한 범죄로 무기징역을 선고하기에는 부족하고, 범죄의 심각성에 따라 일정한 수의 재범이 필요하다.

농업형 교도소: 범죄자에 대한 이상적인 격리는 국내에 위치한 농업형 교도소를 이용하는 것이다. 이러한 교도소는 지역의 건강 상태와 범죄자의 종류에 따라 달라질 수 있다. 농업형 교도소는 처벌 비용을 줄이고 지역 경제를 발전시키는데 기여할 수 있으며 이는 카스티아다스 식민지와 트레 폰타네에서 성공 사례를 볼 수 있다.

2) 공범

가중 요소: 강도나 살인과 같은 중대한 범죄에서 공범의 존재는 가중 요소로 간주되어야 한다. 이는 더 위험한 범죄자들이 대개 그룹으로 활동하기 때문에 공범이 있는 경우 범죄의 위험성과 관리의 어려움이 증가하기 때문이다. 따라서 공범은 위험한 범죄자들의 특징으로 간주되어야 한다.

3) 정신병자 범죄자

정신병원: 심각한 정신질환을 앓고 있는 범죄자는 정신병원에 수감되어야 한다. 정신병원은 범죄자가 정신병을 가장하려는 유인을 제거하고 감정적 동정심으로 인해 조기 석방되는 것을 방지하는 데 기여한다. 또한, 정신병원은 범죄자들 사이에서 범죄 집단이 형성되는 것을 방지하고 재범을 줄이며, 재판과 새로운 범죄에 따른 비용을 절감하는 데 도움을 준다.

비판과 대응: 일부 비판자들은 정신병원의 설립이 정의를 훼손할 수 있다고 주장하지만 이러한 사례는 드물다. 통계에 따르면, 대부분의 정신병 환자는 완전히 회복되지 않는다. 따라서 장기간 관찰 후 일부는 석방될 수 있지만, 여전히 위험한 환자는 통제하에 두는 것이 중요하다.

사회 방어 원칙: 정신병자가 범죄를 저질렀을 경우 사회 방어 원칙에 따라 위험의 정도에 비례한 보호가 필요하다. 이는

범죄자가 회복되었더라도 조기 석방되지 않도록 해야 한다. 정신병 환자가 범죄를 저질렀다면 이들이 사회에 재차 해를 끼치지 않도록 하기 위해 지속적인 통제가 필요하다.

4) 비판 및 실질적 고려 사항

전문 기관의 필요성: 정부가 위험한 정신병자를 다루는 기관이 있지만 이들 기관은 종종 영구적인 격리를 보장하지 않으며, 심각한 경우를 관리하기에는 부족할 수 있다. 보다 구조화된 시스템이 필요하며, 정신병 범죄자들을 다루는 전용 기관이 필요하다. 이는 지역 사회에 대한 위협을 방지하는 데 중요한 역할을 할 수 있다.

종합적으로, 재범자와 상습범에 대한 처리, 공범의 가중 요소, 정신병자를 위한 정신병원의 활용은 정의와 공공 안전을 균형 있게 유지하는 데 중요한 요소들이다.

5) 정신병원과 범죄자의 관리

정신병원의 필요성: 정신병원은 영국에서 거의 백년 동안 운영되고 있으며 이러한 시설이 벨기에, 프랑스, 독일 등 다른 유럽 국가에서는 아직 도입되지 않았다는 주장이 제기되었다. 그러나 이 주장은 잘못된 것이다. 덴마크와 스웨덴은 이미 정신병원 제도를 도입하였으며, 프랑스는 최근에 정신병원 설치를 진행하였다. 프랑스에서는 1876년에 본격적인

정신병원 설치를 시작하였고 현재는 120~200명의 환자를 수용할 수 있는 시설이 있다. 이곳은 현재 75명의 환자를 수용하고 있으며, 그 중에는 여러 가지 정신병을 앓고 있는 환자들이 포함되어 있다.

유럽의 법적 접근: 유럽 대륙의 다른 국가들 역시 정신병자의 관리를 위한 법적 제도를 갖추고 있다. 예를 들어, 독일의 베를린에는 의학적 전문 지식을 갖춘 법원 시스템이 있으며 함부르크와 브루크살 등지의 교도소는 정신병자를 위한 특수 병동과 안전 조치를 갖추고 있다. 벨기에는 1850년에 정신병자를 위한 법률을 제정하였고 1891년에는 교도소에 특수 정신과 의사를 배치하여 정신병자를 관리하고 있다.

6) 이탈리아의 현황

법적 미비점: 이탈리아에는 정신병자를 위한 특수 시설이 있지만, 의학적 관리가 부족하고 교도소의 형태를 유지하고 있다. 현행 법률은 정신병자와 범죄자에 대한 처벌에 모호함이 있으며, 이는 실제 적용에 있어 문제를 일으킬 수 있다. 예를 들어, 범죄자가 정신질환 상태에서 행한 범죄는 법적으로 처벌되지 않을 수 있으며, 정신질환이 경미할 경우에도 처벌이 이루어질 수 있다. 이러한 법적 모호성은 정신병자를 적절히 관리하는 데 방해가 된다.

법 개정 제안: 인간의 진보를 위해, 법 제46조와 제47조를

수정하여 정신병자 범죄자에 대한 보다 명확한 지침을 제시해야 한다. 제53조와 제54조의 조항에 따라, 미성년 범죄자에게 교육과 교정 기관에서 보호를 제공하는 것처럼, 정신병자로 인한 범죄자도 전용 치료 시설에서 완전한 회복까지 보호받아야 한다. 또한, 법적 판단에 있어 부족한 전문성을 가진 사람들이 정신병자를 관리하는 것에 대한 문제를 해결하기 위해, 의심스러운 경우에는 시민들과 함께 하는 혼합 배심제를 도입할 것을 제안한다.

결론은 제도 개선의 필요성으로 정신병자 범죄자를 효과적으로 관리하고 사회를 보호하기 위해서는, 법적 제도와 시설의 개선이 필요하다. 이는 범죄자의 치료와 예방, 그리고 사회적 안전을 보장하는 데 중요한 역할을 할 것이다.

6. 정신병원과 범죄자 관리에 대한 제안

1) 정신병원 설치와 범죄자 수용은 정신병원이 법적으로 인정받고 적절히 설치된 후 다음과 같은 범죄자를 수용해야 한다.

위험한 범죄자: 심각한 정신질환을 앓고 있으며 방화, 살인, 외설적인 행위를 하던 수감자들, 급성 단계가 지나면 이들 범죄자를 수용해야 한다.

심리적 평가가 필요한 범죄자:살인, 방화, 소아성애 등으로 기소되었으나 정신질환으로 인해 재판이 보류된 범죄자들.

이해할 수 없는 범죄자: 명확한 동기가 없는 기괴하고 잔혹한 범죄를 저지른 사람들로, 정신병이나 심각한 뇌 질환의 의심이 있는 경우.

간질환 범죄자: 정신적 간질 상태에서 범죄를 저지른 자들, 또는 간질 발작을 겪은 범죄자들.

만성적 질환으로 범죄를 저지른 자들: 펠라그라, 만성 알코올 중독, 히스테리, 산후 질환 등으로 범죄를 저지른 자들로, 정신질환의 가족력이 있는 자들.

이러한 범죄자들을 위한 특별한 정신병원을 설계해야 하며 알코올 중독자, 간질 환자, 펠라그라 환자 등을 위한 별도의 시설을 마련하는 것이 바람직하다. 교도소에서 수용된 정신병자들은 별도의 구역이나 병동에서 특별한 규칙에 따라 관리되어야 한다. 다른 정신병자들은 소규모 그룹으로 나누어져 각자의 셀에서 생활하며 엄격한 규율과 감시 하에 관리된다. 치료는 그들의 힘에 맞게 조절되며 신선한 공기를 마시고 적절한 휴식과 오락이 제공되어야 한다. 정신과 의사가 관리하고 교도소 직원이 지원하는 방식이 바람직하다.

2) 교도소와 재범 문제에 따른 효율적 운영

교도소 제도가 범죄자 재범을 막는 데에 한계가 있으며 심지어는 교도소 내에서 반복적으로 범죄를 저지르는 경우도 있는 영국의 교도소 시스템은 일부 범죄자들이 미국으로 이주하여 범죄율을 높이는 경향을 보인다. 덴마크의 개별화된 시스템조차도 부정적인 결과를 보였으며, 집합적 교도소는 반복적인 재범의 원인이 되기도 한다.

교도소에서 반복적으로 범죄를 저지르는 경우, 사회는 이러한 범죄자가 교도소에서 새로운 교훈을 얻기를 기다리기보다는 그들을 영구적으로 격리하거나 최소한 이들이 사회에 해를 끼치지 않도록 해야 한다. 이를 위해 특별한 교도소를 설립하고 범죄 경향이 있는 자들을 감독하여 그들이 오랜 기간 동안 교도소에서 근무하며 사회에 해를 끼치지 않도록 하는 것이 필요하다.

교도소의 재범 문제를 해결하기 위해 다음과 같은 제안이 있다.

교도소 위치: 교도소는 외진 섬이나 계곡 등지에 위치시켜 범죄자들이 농촌 작업에 참여하거나 도로 작업 혹은 습지 정화 작업에 참여하도록 한다. 이들은 일상적인 활동과 개인적인 관심사에 참여할 수 있지만 특별한 교정이 이루어질 때까지는 석방되지 않는다.

셀 시스템: 재범을 반복하는 범죄자에게는 셀 시스템을 복원하고 교도소 내에 충분한 수의 셀을 유지하여 안전성을 확보한다.

범죄자 관리: 범죄자의 유전적, 환경적 요인과 정신적, 신체적 특성에 따라 이들을 효과적으로 관리하고 교정하기 위한 방안을 마련한다. 이러한 방안은 범죄자들에 대한 철저한 관리와 사회의 안전을 보장하는 데 기여할 것이다. 범죄자의 유전적, 환경적 요인에 의해 발생하는 범죄를 줄이기 위해 자연선택의 과정을 통해 사회를 보호하고, 범죄 예방을 위한 적절한 방법을 모색해야 한다.

3장

사회적 보호와 범죄자 처리에 대한 제안

1. 범죄자 관리와 교정

범죄자들이 사회에 미치는 영향을 최소화하고 사회가 그들의 범죄에 대한 피해를 감수하지 않도록 하기 위해 다음과 같은 방안을 제안한다.

범죄자 처벌의 원칙: 교도소에 수감된 범죄자들이 사회에 미치는 영향과 교도소에서의 교훈이 불충분할 때, 범죄자들을 단순히 교도소에서 석방하는 것은 부적절하다. 이는 이론적 원칙에 따라 범죄자들이 교도소에서 모든 죄가 씻겨진다고 믿는 것과는 달리, 실제로는 그렇지 않다.

범죄자의 재범: 범죄자들이 교도소에서 교훈을 얻지 못하고 반복적으로 범죄를 저지를 경우, 사회는 이들에게 추가적

인 처벌이나 격리를 고려해야 한다. 이는 단순한 교도소 수용을 넘어, 더 장기적이고 심각한 조치를 필요로 한다.

2. 역사적 사례와 제안

역사적으로도 교정적 조치에 대한 논의는 있어 왔다.

1864년 영국의 제안:영국의 상원은 두 번째 재범 이후에 강제 노동형을 선고하는 방안을 제안한 바 있다.

이탈리아의 제안: Doria, Barini, Manfredi 등의 인물들은 교도소에서 교정이 불가능한 범죄자들을 위한 특수 교도소 설립을 제안하였다.

Labatiste, Bonneville, Tissot의 제안: Labatiste는 5년 이상의 누적 형벌을 받은 재범자에 대해 영구적인 유배를 제안하였으며, Bonneville과 Tissot은 무기형에 대한 유사한 제안을 하였다.

이들 제안은 범죄자들이 교도소에서 교훈을 얻지 못하고 반복적으로 범죄를 저지를 경우, 사회가 그들을 격리하거나 장기적인 처벌을 고려해야 한다는 원칙을 강조한다.

3. 범죄자의 장기적 격리와 사형 논의

맥스플라스(Maxplas) 농장식 교도소: 벨기에의 맥스플라스 교도소는 4,500명의 범죄자를 수용하고 있으며, 이들은 자급자족 방식으로 생활하고 있다. 이들은 자신들의 집을 건축하고, 농사와 작업을 통해 생활비를 충당한다. 맥스플라스는 범죄자들을 네 가지 카테고리로 나누어 관리하며, 다양한 종류의 범죄자들에게 적절한 처벌과 관리가 이루어지고 있다.

사형 제도에 대한 논의는 매우 복잡하다.

사형의 정당성: 범죄자들이 교도소에서 교훈을 얻지 못하고 반복적으로 범죄를 저지를 경우, 사형이라는 극단적 조치가 필요할 수 있다. 이는 사회의 안전을 보장하고, 범죄자들이 계속해서 사회에 해를 끼치는 것을 방지하기 위한 방법 중 하나로 고려된다.

사형의 사회적 영향:사형이 사회에 미치는 영향에 대한 논의도 필요하다. 사형이 범죄를 예방하는 데 효과적일 수 있지만, 또한 사회적 윤리와 감정적 반발을 초래할 수 있다. 따라서 사형 제도는 사회적 맥락과 감정적 반응을 고려하여 신중하게 적용해야 한다.

범죄자의 본성과 사회적 대응: 범죄자의 본성에 따라, 특정 범죄자들은 본능적으로 범죄를 저지르는 경향이 있으며 이들은 사회적 규범을 벗어나기도 한다.

사회적 격리: 이러한 범죄자들을 사회와 격리시키고 그들의 행동이 사회에 미치는 영향을 최소화해야 한다.

교정의 한계: 교도소에서의 교정이 효과적이지 않을 경우, 보다 장기적이고 심각한 조치를 고려할 필요가 있다. 이와 같은 접근은 범죄자들이 반복적으로 범죄를 저지르는 것을 방지하고, 사회의 안전을 보장하기 위한 방법으로 제안된다.

4. 형벌 체계 요약

동정심이 결여된 범죄자, 극도의 잔인성과 무감각성을 가진 살인자나 금전적 이익이나 개인적 쾌락을 위한 살인자, 피해자의 도발 없이 일어난 살인, 잔인한 방법으로 실행된 살인.

제안된 형벌: 교도소, 형무소, 정신병원, 재범자에 대한 사형.

폭력적이며 충동적인 범죄자.

성인: 고문, 창피를 주기 위한 부상, 절단, 강간 또는 폭력적인 강간, 성적 목적의 인질.

제안된 형벌: 정신병원(간질 환자), 무기한 격리.

청소년: 치명적인 폭력 범죄, 성적 공격.

제안된 형벌: 정신병원(선천적 성향), 형무소(재범자), 추방.

성인: 극단적인 모욕에 의해 유발된 살인, 정당방위의 살인.

제안된 형벌: 피해자 가족으로부터의 거리두기(지방 추방). 명예를 위한 복수의 살인.

제안된 형벌: 외딴 섬이나 지역에서 무기한 격리(관찰 기간 5~10년 포함).

경미한 범죄 및 위반 행위: 폭행, 비속어, 명예 훼손.

제안된 형벌: 피해 보상, 벌금, 경고, 보증금, 교도소 대신 강제 노동.

반란 및 권위에 대한 불복종

제안된 형벌: 경고, 보증금, 기간을 정한 교도소.

5. 도덕적 감각이 결여된 범죄자

습관적 범죄자: 절도, 사기, 방화, 위조, 강제 수거.

제안된 형벌: 정신병원(정신 질환자), 추방(정신 질환이 없는 경우).

우발적인 범죄자: 절도, 사기, 위조, 강제 수거, 방화.

제안된 형벌: 무기한 노동 캠프, 직업 금지(피해 보상 완료 시까지).

공금 유용, 강압, 권력 남용에 따른 제안된 형벌: 직위 상실, 공직 금지, 벌금, 피해 보상. 방화, 파괴, 복수로 인한 재산 피해(인명 피해 없음).

제안된 형벌: 피해 보상(교도소로 대체 가능), 정신병원(정신 질환자), 재범자에 대한 추방.

파산 및 고의적 채무 불이행에 따른 제안된 형벌: 피해 보상, 상업 및 공직에서 배제.

화폐 및 신용 증서 위조, 허위 증명서, 허위 진술로 인한 제안된 형벌: 기간을 정한 교도소, 벌금, 공직에서 배제, 피해 보상.

중혼, 유아 교체 및 살해: 제안된 형벌:무기한 격리.

청소년(절도, 사기, 소매치기): 제안된 형벌: 경고 및 감시, 농업 캠프(무기한).

활동이 결여된 범죄자 거지 및 방랑: 제안된 형벌: 농업 캠프(농업 종사자), 공장(시민).

반사회적 범죄자인 정치적, 사회적, 종교적 반란자.

제안된 형벌: 일시적인 추방, 3년마다 갱신 가능.

6. 형벌 체계 요약

절대적 제거: 사형.

상대적 제거: 정신병원, 추방, 무기한 격리,무기한 격리, 농업 캠프 및 지방 추방.

피해 보상: 국가에 대한 벌금, 피해자에게 보상, 금액 지급,

임금의 일부 환급, 교도소 없는 강제 노동.

기간을 정한 교도소: 예외적인 범죄(위조 및 반란) 및 피해 보상 및 강제 노동 대체.

이 제안된 체계는 특정 이념적 가치를 위배할 수 있지만, 사회 안전을 유지하고 법적 절차의 비용을 줄이기 위한 것으로 범죄의 효과를 완화하고 확산을 방지하는 것이 목표이다.

4장 이러한 개혁의 실질적인 유용성 입증

1. 영국과 스위스

이러한 개혁들이 범죄 감소를 가져온다는 것은 우리가 스페인이나 이탈리아처럼 거의 아무 조치도 취하지 않았던 곳에서는 범죄가 증가하는 반면, 런던과 제네바와 같이 많은 개혁 조치가 도입된 곳에서는 범죄가 뚜렷하게 감소한다는 사실에서 증명된다.

영국과 스위스는 범죄 예방을 위한 모든 가능한 조치를 취한 나라들이다. 도덕적 재교육, 알코올 중독 방지 등의 제도가 구축되어 있다. 결국, 이탈리아에서는 매년 범죄가 점점 증가하는 반면, 제네바는 지난 50년 동안 범죄가 지속적으로 감소하는 현상을 보이고 있다.

1829-1838년 동안 제네바의 형사 법원에서 연간 유죄 판결을 받은 범죄자는 인구 10만 명당 79명이었고, 교정 법원에서 유죄 판결을 받은 범죄자는 1,000명이었다. 그러나 1872-1885년 동안에는 각각 10만 명당 12명과 300명으로 줄어들었다. 즉, 첫 번째 경우에는 5/6, 두 번째 경우에는 2/3로 감소했다. 이러한 감소는 제네바의 범죄율은 외국인 범죄자보다도 지역 범죄자에게서 더욱 두드러진다. 제네바의 범죄율이 지난 50년 동안 9/10로 감소한 것은 큰 성과이다.

제네바가 도덕성의 오아시스가 된 이유는 여러 가지가 있지만 주요 원인으로는 제네바에 정착한 외국인들이 제네바 시민들의 생활 방식을 받아들이면서 도덕성과 정직성이 향상된 점이 있다. 그러나 외국인의 이주가 계속되면서 이 효과가 중화될 수 있다는 점도 지적된다. 또 다른 원인은 제네바가 중앙 유럽에서 유일하게 상호 구호 기관을 많이 갖추고 있어 빈곤 문제를 해결하고 예방 조치를 강화한 점이다.

영국, 특히 런던에서도 이와 유사한 변화가 관찰된다. 1892-93년의 범죄 통계를 10년 전과 비교하면 개인에 대한 범죄는 28% 증가했고 재산에 대한 범죄는 18.9% 증가했다. 그러나 절도, 불법 수취, 위조, 공공 질서 위반 등의 범죄는 각각 8.8%, 30.6%, 34%, 22.2% 감소했다. 전체적으로 범죄율은 8% 감소했다. 이 기간 동안 인구는 12% 증가했으므로 범죄율이 12% 증가했어야 하지만 실제로는 감소했다.

Joly는 범죄의 감소가 범죄자들이 다른 이름으로 기소되기 때문이라고 주장한다. 즉, 과거에는 법정에서 다루던 범죄가 현재는 교정 법원에서 다루어지는 경우가 많다는 것이다. 그러나 이 주장은 50년 이상의 기간을 고려해야 하며 최근 10년 동안의 통계에서는 교정 법원의 감소 경향이 프랑스에서도 나타나고 있으며 영국은 이러한 경향에 저항하고 있다는 점에서 제시된 주장의 타당성이 떨어질 수 있다. 범죄의 감소는 범죄자의 수치나 통계로도 확인된다. 1868-69년에 16세 이하의 범죄자는 10,000명 이상이었으나, 1893년에는 1,400여 명으로 감소했다. 즉, 70%의 실질적인 감소가 있었고, 반면 프랑스는 50년 동안 16세 이하 범죄가 140% 증가했다.

영국의 범죄자는 대부분 절도범이나 도난된 물건의 수취범들로, 이들의 수는 1867년에 87,000명이었으나, 현재는 29,826명으로 감소했다. 악성 범죄자의 집도 3년 동안 2,688개에서 2,360개로 줄어들었다. 범죄의 증가는 새로운 법률이나 경찰에 의해 발생한다고 여겨지기도 한다. 예를 들어, 프랑스에서는 1825년에 연간 9,000건의 범죄가 발생했으나 최근 통계에서는 80,000건 이상으로 증가했다. 영국에서도 유사한 사례가 있지만, 그 비율은 훨씬 낮고 감소 추세에 있다. 1886-87년에 56.55%였던 범죄율은 1890-92년에는 53.2%로 감소했다.

2. 범죄 감소의 증거

– 개인 사례와 통계적 분석

범죄 감소의 기적이 예방 조치, 특히 어린이 보호와 알코올 중독에 대한 도덕적, 종교적 싸움 덕분이라는 증거는 런던과 같은 도시에서 관찰된다. 런던은 세계에서 가장 인구가 많은 도시 중 하나지만, 범죄율이 예상 외로 낮다. 런던의 경우, 범죄와 관련된 의심 인물의 수는 10만 명당 15명이며, 이는 농촌 지역의 61명, 기타 도시의 50명과 비교된다. 또한, 런던의 악성 범죄자 집은 10만 명당 3.4개로, 농촌의 3.9개, 기타 도시의 18.4개와 차이가 있다.

이러한 결과는 영국과 스위스에서 종교 단체(크로아 블뢰)와 정부가 알코올 중독 문제를 해결하기 위해 적극적으로 노력한 결과로 볼 수 있다. 1869년에서 1893년까지 프랑스에서의 알코올 소비량은 1인당 1.82리터에서 4.32리터로 증가한 반면, 영국과 스위스에서는 최근 몇 년 간 알코올 소비가 감소하여 각각 7리터와 5리터로 줄어들었다.

개인 사례로는 다음과 같은 이야기들이 있다.

빌리 벤더: 빈곤한 세탁부의 아들로, 범죄에 연루된 형제를 두고 있는 상황에서 제네바의 구호 기관에 의해 구출되었다. 1886년 캐나다로 보내져 농장에 배치되었고 이

후 모범적인 생활을 하며 자신을 잘 돌보고 있다.

이올레: 15세의 청소년으로, 부모의 부재와 가난으로 방황하다 제네바의 구호 기관에 의해 구출되었다. 캐나다에서 농장에 고용되었고, 현재는 좋은 평판을 얻으며 자립적인 생활을 하고 있다.

제임스: 14세의 소년으로, 가난과 방황으로 인해 범죄에 연루되었지만 캐나다로 보내진 후 안정된 삶을 살며 훌륭한 농부로 성장했다.

엔리코 호가스: 18세의 청소년으로 거리 생활과 방황을 거친 후 제네바의 구호 기관에 의해 캐나다로 보내졌다. 현재는 긍정적인 변화를 보이며 안정된 삶을 살고 있다.

이 사례들은 범죄 예방 조치와 알코올 중독 퇴치가 개인의 삶에 미치는 긍정적인 영향을 보여준다. 하지만, 태어날 때부터 범죄 성향이 강한 '선천적 범죄자'는 여전히 많은 문제를 일으킨다. 영국은 그러한 '선천적 범죄자'를 인정하고 범죄 예방 조치를 강화하며 전반적인 범죄율 감소에 기여하고 있다.

범죄율과 재범률에 대한 분석은 여러 가지 중요한 시사점을 제공한다.

재범률과 범죄 추세: 범죄율은 8% 감소했지만, 남성의 재범률은 거의 변하지 않았으며 1892-93년에는 41.7%, 1894-95년에는 45%로 나타났다. 여성의 경우 재범률은 오히려 증

가하여 54.6%에서 60.4%로 상승하였다. 이는 여성의 경우, 매춘과 알코올 중독 같은 사회적 문제로 인해 예방 기관의 효과가 제한적임을 보여준다. 파리의 통계에 따르면, 727명의 노동 가능한 구걸꾼 중 단 18명만이 지속적으로 일하였으며, 이는 노동 의지가 실제로 적은 사람들이 많다는 것을 나타낸다.

3. 범죄학의 실용적 적용

형법 비판: 범죄학은 새 형법의 효과를 문제 삼았다. 법률 전문가들이 작업한 새 법전이 실제 범죄 현실과 일치하지 않음을 보였다. 이는 범죄학이 법제도와 정책 개선에 기여할 수 있음을 시사한다.

정신의학 및 법의학: 범죄학은 정신의학 및 법의학 분야에서도 유용하였으며, 범죄 행동과 그 생물학적, 심리적 기초를 이해하는 데 기여하였다.

정치 범죄: 범죄학적 분석을 통해 진정한 혁명과 무익한 반란을 구별할 수 있었으며, 혁명가들은 종종 독특한 신체적 특징을 가지고 있다. 이 연구는 이탈리아 혁명가들 중 0.57%만이 '범죄적 유형'에 해당하며, 이는 일반 인구의 2%와 비교하여 훨씬 적다는 것을 보여준다.

결론으로 이러한 결과는 범죄학이 단순한 이론적 이해를 넘어서서 실질적인 범죄 예방과 처벌에 기여할 수 있음을 확인시킨다. 이 학문은 법제도와 정책 개선, 재범 관리, 정치 범죄 처리에서 유용한 도구가 될 수 있음을 보여준다.

니힐리스트와 범죄 유형: 30명의 러시아 니힐리스트 중 18명은 매우 아름다운 외모를 가지고 있으며 12명은 몇 가지 이상을 보이고 오직 2명만이 범죄 유형을 나타낸다. 즉, 6.7%이다. 반면, 피에스키(Fieschi), 찰스 기토(Charles Guiteau), 장 밥티스트 캐리어(Jean-Baptiste Carrier), 장 폴 마랏(Jean-Paul Marat 1743-1793) 등과 같은 왕 살해범이나 대통령 살해범, 1793년의 대량학살에 관련된 사람들은 거의 모두 범죄 유형을 보인다. 이 유형은 라바촐(Ravachol. 본명 François Claudius Koenigstein 일명 라바촐로 불리며 프랑스 폭탄 테러범 1859-1892), 조르지오 피니(Giorgio Pin 1899-1987년 이탈리아의 정치인.언론인. 극우주의자)와 같은 공산주의자와 무정부주의자들 사이에서도 발견되지만 빈도는 낮다. 시카고의 43명의 무정부주의자 사진 중 40%가 범죄 유형을 보였고 토리노의 무정부주의자들 사이에서는 34%, 일반 범죄자들 사이에서는 43%였다.

정신과학적 감정에 대한 적용: 법의학자와 실무형 형사들은 인류 범죄학이 실무에서도 귀중한 도구라는 것을 발견하였다. 이 과학은 범죄에서 피고의 역할을 규명하고 여러 공범과 용의자 중 진짜 범인을 구별하는 데 도움을 준다. 많은 재판이 실패하고 무고한 사람들이 피해를 보며 많은 범죄가 처벌되지 않는 원인은 약한 증거와 불확실한 지표 때문이다. 사제 팔메자노(Palmeggiano)의 경우 상처를 입힌 혐의가 무죄로 밝혀졌고 혐의가 명백한 거짓말이라는 것이 입증되었다. 반면, 제르비니(Zerbini)의 경우, 범죄 유형의 특성과 범죄 기록이 명확히 그녀의 주장이 거짓임을 증명하고 진짜 범인으로 처벌했다.

피에트로 베르소네 사례: 37세의 유명한 도둑 피에트로 베르소네는 2만 리라의 철도 강도 사건에 대해 체포되었다. 그는 자기가 중독되었다고 주장하며 음식을 거부했다. 그러나 분석 결과, 그의 고통에 대한 무감각이 두드러졌고 병을 가장한 것임이 분명해졌다. 펠트리그래프 검사 결과 그는 철도 강도 사건에는 관련이 없고 또 다른 강도 사건에는 연루되어 있음을 확인했다. 이 사례는 정신질환 시뮬레이션이 실제 정신적 상태에서 비롯될 수 있지만, 시뮬레이션과 자기 복제를 포함할 수 있음을 보여준다.

마리아 갈 사례: 66세의 마리아 갈은 1886년 6월 19일, 부패가 심한 상태에서 발견되었다. 머리는 이불에 덮여 있었고, 몸은 부분적으로 위로 기울어져 있었으며 오른쪽 팔은 몸에 붙어 있고, 왼쪽 팔은 펼쳐져 있었다. 얼굴은 매트리스에 부딪혀 있었고, 콧구멍은 피가 나고 눌려 있었으며, 몸 안쪽은 부서져 있었다.

사건 개요와 감정: 사건은 66세의 마리아 갈이 1886년 6월 19일에 발견되었고, 그녀의 사체는 부패가 심하며 질식사와 뇌의 큰 타격을 받은 상태였다. 사체에서 발견된 모든 내적 증거는 질식과 부패를 명확히 보여주었다. 또한 식도에서 발견된 20cm 길이의 회충이 질식의 원인일 수 있다는 주장이 제기되었다.

사례 1: 피에트로 베르소네

피에트로 베르소네는 강도 사건에 연루되었고 자가 중독을 주장했으나 그의 상태가 가식적이라는 것이 드러났다. 그의 신체적 특성 및 심리적 반응에서 범죄적 성향이 드러났다. 특히, 그는 범죄를 숨기기 위해 폭력과 시뮬레이션을 혼합하여 사용한 것으로 보였다.

사례 2: S의 살인 사건

부유한 농장주 S는 2000리라를 가지고 시장에서 돌아오던 중 자기를 고용해달라는 낯선 남자와 함께 차를 타고 갔다. 그 남자는 S를 데리고 가서 그를 살해하고 돈을 빼앗았다. 범인은 의심스러운 행동을 보였고 범행 후 큰 금액의 돈을 사용하며 용의선상에 올랐다. 법정에서는 그의 외모와 과거의 범죄 기록을 바탕으로 유죄를 판결해야 했으나 불행히도 증거 부족으로 무죄로 판결되었다.

결론: 각 사건의 분석 결과, 범죄 유형의 적용과 생물학적, 심리적 특성 분석이 중요함을 보여준다. M과 같은 경우는 범죄 성향이 뚜렷하고 그에 비해 S의 경우는 일시적인 범죄 성향이 있었지만 증거 부족으로 무죄 판결을 받았다. 범죄학과 법의학적 분석이 범죄자 식별에 큰 역할을 할 수 있음을 확인할 수 있었다.

4. 적용 사례와 분석

1) 무고한 자의 구출

사례: 어린이 성폭력 사건에서 피해자의 어머니가 여섯 명의 사람을 혐의자로 지목했습니다. 이들은 모두 피해자와 가까운 사이였으나, 무죄를 주장했습니다. 사건의 진상을 파악하기 위해, 나는 여섯 명을 면밀히 조사했다.

분석: 범죄적 특성:한 용의자는 음탕한 문신을 가지고 있었고, 음경이 짧아 보이는 시각적 이상이 발견되었다. 그는 최근에 매독의 흔적이 있었고, 이는 범죄와 관련이 있음을 시사했다.

결과: 이 인물은 결국 범죄를 자백했다. 이는 인류학적 조사와 감정이 어떻게 범죄자를 식별하고 무고한 사람을 구할 수 있는지를 보여준다.

2) 잘못된 유죄 판결의 사례

사례: Rossotto Giacinto는 1866년에 강도 혐의로 종신형을 선고받았다. 그에게는 거짓 진술을 강요한 사촌이 있었고, 이로 인해 그의 유죄가 판결되었다. 이후 인류학적 조사가 그의 정상적인 특성을 밝혀내었고, 그는 일반적인 중산층의 정직한 유형으로 판별되었다.

분석: 인체 측정: Giacinto는 평균적인 체형과 신체 능력을 가지고 있었으며 범죄적 성향을 나타내는 특성이 전혀 발견되지 않았다. 이는 당시의 인류학적 분석이 잘못된 판결의 원인이 되었음을 보여준다.

결과: 비록 Giacinto가 그의 정직성을 입증했지만, 당시의 법적 시스템은 그의 무죄를 인정하지 않았다. 이 사례는 법적 시스템의 결함을 드러내며, 인류학적 검토가 얼마나 중요한지를 강조한다.

5. 교육과 인류학적 적용

적용: 인류학적 측정과 연구는 교육적 측면에서도 중요한 역할을 한다. 조기 신체 발달의 차이와 비대칭, 작은 머리 크기 등을 통해 학습 및 행동에서의 어려움을 설명할 수 있다. 이러한 정보는 학생들을 적절히 분류하고,

적합한 경로를 제시하여 이들의 잠재력을 최대한 발휘하도록 도울 수 있다.

문학과 인류학 적용: 문학에서도 인류학적 개념을 적용할 수 있다. 도스토예프스키의『죄와 벌』, 졸라의『인간의 짐승』과 같은 작품은 인간 본성과 범죄 심리를 탐구하며, 인류학적 분석을 통해 보다 깊이 있는 해석을 제공한다. 예술 작품에서 인류학적 요소를 분석함으로써 창작의 과정과 그 결과물을 더 잘 이해할 수 있다.

6. 집단 범죄와 사회적 대응

적용: 집단 범죄와 같은 현상은 때때로 이해하기 어렵다. 인류학적 연구는 이러한 현상을 분석하고, 이를 방지하기 위한 보다 효과적인 사회적 조치를 제시할 수 있다. 집단 범죄의 원인과 그 사회적 반응을 이해함으로써 우리는 사회적 갈등을 예방하고 더 나아가 인류애를 증진시키는 방법을 찾을 수 있다.

결론: 인류학적 연구는 범죄 식별과 예방, 법적 시스템의 개선, 교육적 접근, 문학 분석 등 다양한 분야에서 유용하게 활용될 수 있다. 이 연구는 단순히 범죄자를 식별하는 것에 그치지 않고, 무고한 사람을 구하고, 사회적 불평등과 갈등을

해결하는 데 기여할 수 있다.

5장

범죄의 활용

1. 공생

작업을 마무리하며, 오랜 시간 동안 탐험을 마친 사람처럼 내가 지나온 길을 되돌아보았다. 그 과정에서 책이 항상 결핍을 가지게 마련이라는 점을 감안할 때, 내가 너무 간과한 범죄의 새로운 측면을 발견하게 되었다. 범죄가 존재하는 한 그로 인해 비록 드물지만 불확실한 이점이 있었을 것이며, 그렇지 않았다면 오랫동안 존재하지 않았을 것이다.

다윈의 법칙에 따르면, 종에 유용한 기관만이 생존하고, 그렇지 않으면 선택에 의해 퇴화하거나 사라진다고 한다. 그러나 스펜서가 말한 것처럼, 범죄는 강도나 정치적 음모, 부패

등으로 계속해서 증가하고 있다. 이는 특히 덜 문명화된 민족들 사이에서 범죄가 사회에 어떤 기능적 유용성을 가지고 있을 가능성을 제기한다.

고대와 현재의 덜 문명화된 사회에서 가장 악랄한 범죄가 정치적 무기로 사용된 사례는 잘 알려져 있다. 우리는 마키아벨리의 "군주론"에서 정치적 목적을 위한 범죄 계획의 일종을 볼 수 있으며 보르자가 이를 실행한 모델이었다. 베네치아의 십인위원회가 정치적 목적으로 암살자와 독살자를 고용한 것부터 앙리 4세의 총살, 생바르톨로메오의 학살, 알제리에서의 대량 학살, 그리고 미국과 포르투갈이 원주민을 멸종시키기 위해 천연두와 매독을 퍼뜨린 것까지 범죄는 역사 속에서 중요한 역할을 해왔다.

근대의 정치인들 중에서도 피트와 귀조의 부패, 부셰와 탈레랑의 거짓말과 배신, 유대인과 폴란드인에 대한 잔혹한 박해가 대표적이다. 현대에도 정치적 범죄는 계속되고 있으며, 이는 비록 사적인 범죄와는 다르게 도덕적 비난을 받지 않을 수 있지만 여전히 존재한다.

최근에는 로마 은행 사건이 드러난 것처럼 덜 문명화된 사회에서는 정치 도덕과 개인 도덕이 분리되어 있으며 부도덕한 정치인들이 종종 부패와 기만으로 통치할 수 있다. 이탈리아의 역사에서도, 후에 조국의 기념비로 여겨지는 부패한 정치인들이 있었다. 그들은 자신의 부패를 통해 권력을 유지하고, 사회의 비판을 피하면서 오히려 존경과 명예를 얻었다. 정직함이 필요한 정치적 상황에서 정직한 사람은 상황을 극복하고 어려운 개인적 딜레마를 해결하는 데 어려움을 겪는다. 반면, 부도덕한 정치인들은 상황을 수월하게 헤쳐 나가며 종종 기만과 위선을 통해 승리한다. 이처럼, 범죄는 정치적 정당성과 도덕을 넘어서 사회적 기능을 수행하는 것으로 보인다. 심지어 현대의 의료, 법률 분야에서도 거짓말이 필수적이다. 의사는 말기 환자에게 위로의 거짓말을 하거나, 변호사는 의뢰인을 방어하기 위해 부당한 주장이나 변명을 해야 할 때가 있다. 이와 같이 범죄와 도덕의 경계는 현대 사회의 여러 분야에서 모호해지며 범죄가 사회 시스템의 일부로 기능할 수 있는 지점에 도달하게 된다.

전쟁은 대규모의 도둑질, 살인, 강간, 방화 등을 포함하는 범죄의 집합체이다. 전쟁의 원인은 개인적 야망과 탐욕에서 비롯되며 그로 인한 범죄 행위가 대규모로 일어나기 때문에 일반적으로 용서받는다. 그럼에도 불구하고 전쟁은 종종 문명화된 사회에 큰 피해를 주며 동시에 덜 문명화된 사회를 발전시키기도 한다. 중국의 최근 패배는 유럽에 큰 영향을 미쳤고, 전쟁은 종종 국가를 결속시키거나 정치적 변화를 가져온다. 이러한 이유로 전쟁에 대한 반대가 전 세계적으로 충분히 강력하지 않아서 더 이상 일어나지 않을 것이라는 보장이 없다.

1) 범죄의 활용-공생

매춘은 범죄의 일종으로, 성범죄를 예방하고 실제로는 예방책 역할을 할 수 있다. 이는 농촌 지역에서 성폭행이 도시보다 상대적으로 더 많이 발생하는 이유 중 하나이다. 고대 아테네에서는 솔론이 '데이딕테리온' 제도를 도입하여 성폭행을 억제한 것으로 알려져 있으며, 이러한 제도가 큰 효과를 발휘했다.또한, 고리대금업(Usura)도 중요한 역할을 했다. 고리대금업은 초기 부르주아 계층의 형성과 대규모 자본의 축적에 기여했으며 이러한 자본은 인류의 가장 강력한 기업들로 이어졌다. 노비코프는 러시아에서 유대인 상인과 고리대금업자들이 추방되었을 때 농민들이 빈곤해졌다는 사실을 보여주었다. 유대인들의 추방은 농민들의 가난을 심화시켰고, 상업을 통해 얻어지던 이익을 상실하게 했다. 중세 도시들은 유대인을 추방한 뒤 다시 받아들였는데, 이는 그들의 부재가 빈곤을 증가시키고 초기 산업을 방해했기 때문이다.

나는 제2장에서 범죄에 대한 처벌의 많은 부분이 바르바르 시대에는 새로운 범죄가 아니었음을 설명했다. 보복 범죄, 식인범죄, 또는 시몬을 포함한 범죄는 나중에 미덕을 위해 사용되었다. 타부는 성직자들이 자기 이익을 위해 도입한 비합리적인 금지 사항들의 집합이었지만, 동시에 농업과 어업의 파괴를 막는 데 유용한 기능을 했다.

중세의 교회와 왕국의 법에서는 범죄에 대한 벌금이 종종 비합리적이었지만 그것이 살인 범죄를 억제하고 도덕의 기초를 세우는 데 기여했다. 고대 라틴 사회에서 불륜 여성에게 가해지는 공개적인 모욕과 중세에서의 처벌은 음란하고 범죄적이었지만 피해자들에게 두려움과 혐오감을 주어 도덕의 원초적인 기초를 형성하는 데 일조했다.

현대의 범죄자들에 대한 관용은 그들의 성향에서 비롯된 것이라고 생각한다. 범죄자들은 상업, 산업, 정치에서 혁신을 추구하는 경향이 있으며 이는 중산층과 정반대되는 특징이다. 감옥에서 나는 중산층에서는 보기 힘든 재능을 발견했으며 범죄자들은 종종 비판적이고 창의적인 사고를 한다. 범죄자들은 열정과 에너지를 바탕으로 새로운 아이디어를 추진하며 이는 종종 사회적 진전을 촉진시킨다.

범죄자들은 그들의 비정상적인 성향 덕분에 정부의 결점을 잘 인식할 수 있다. 그들은 종종 기존 정부의 억압적 규제에 반발하며 이는 혁명적인 변화를 추구하는 데 도움을 준다. 범죄자들은 사회의 비판을 두려워하지 않으며, 종종 새로운 아이디어를 전파하고자 하는 강력한 에너지를 가진다. 그들의 비정상적인 성향은 또한 새로운 시스템을 도입하는 데 기여할 수 있으며, 과거의 범죄자들이 수립한 제도들이 사회에 유용한 결과를 가져오는 경우도 많다.

범죄자들은 때로는 기존의 부패한 시스템에 맞서 싸우며, 그들이 창출한 변화는 결국 사회 전체에 이익을 줄 수 있기도 하다. 영국 해군의 기원은 해적들로부터 시작되었으며 현대의 범죄자들도 혁신과 발전에 기여할 수 있다. 이처럼 범죄자들은 종종 기존의 사회 구조와 대립하며, 그로 인해 사회적 변화와 발전을 이루는 데 중요한 역할을 한다.

부패한 문명 속에서 과도한 법적 정당성이 범죄를 방치하는 경우 린치와 같은 폭력적인 방법이 사용되기도 한다. 캘리포니아에서는 공직자들이 부패했으나, 시민들이 연합하여 그들을 처벌한 결과, 캘리포니아는 가장 평온한 지역이 되었다. 이는 법적 제도가 범죄자를 처벌하지 못할 때, 시민들이 자력으로 정의를 실현한 사례이다. 이 연구는 범죄와 사회적 정의에 대한 깊이 있는 논의를 담고 있다. 역사적, 사회적 맥락에서 범죄의 역할과 인식에 대해 탐구하며 범죄와 처벌 제도의 역할과 효과에 대해 의문을 제기한다. 이 글에서는 역사적으로 어떤 범죄가 단순히 허용된 것에 그치지 않고 사회적이나 경제적으로 유용한 역할을 했다고 설명한다.

저자는 범죄 처벌이 종종 효과적이지 못했던 이유는 사법 제도가 불완전했기 때문이며 때로는 범죄와 유착된 측면이 있다고 주장한다. 이로 인해 범죄자들이 종종 법의 처벌을 피하게 되고 정직한 사람들이 사법 시스템의 비용을 떠안는 상황이 되었다고 설명한다. 이 연구의 주요 제안은 범죄를 단순히 억제하는 것을 넘어서서, 범죄자의 자원을 사회에 유익한 방식으로 활용하자는 것이다. 즉, 범죄자의 성향과 재능을 사회에 유익하게 활용할 수 있는 방법을 모색하자는 것이다. 이러한 접근법은 범죄자와 사회 간의 '공생'을 통해 범죄를 예방하고 사회적 복지를 증진시키려는 노력의 일환이다. 저자는 역사적 사례를 들어 범죄자로 보였던 사람들이 유용한 역할로 전환된 사례를 제시하며 인적 자원과 경향을 건설적으로 활용할 수 있음을 강조한다.

결론적으로 이 연구는 단순한 처벌을 넘어서 범죄를 통합하고 재활시키는 새로운 접근 방식을 제안하며 범죄자도 사회에 기여할 수 있는 가능성을 염두에 두고 있다.

내 연구는 다음과 같은 점을 보여주었다. 그중 하나는 간질이 창의성과 도덕적 미친 상태를 기반으로 하듯이 이러한 상태가 종종 사회에 유용하게 작용할 수 있다는 것이다. 특히 역사적으로 큰 업적을 이룬 사람들이 종종 범죄적 배경을 가진 경우가 많았고 이들이 제시한 위대한 창조나 혁명적 변화가 그들의 범죄적 행동을 가리게 된다는 것이다. 호주와 미국의 개척자들은 본래 범죄자였으며, 이들은 새로운 세계를 정복하면서 인류에 기여했다. 이들은 원주민 부족들과의 전투에서 그들의 행동 욕구와 전투 본능을 발휘했으며 이는 본국에서는 큰 위험 요소가 되었을 것이다. 이러한 관점에서 보면 간질에 의한 정신적 변형이 때로는 범죄자들을 극단적인 이타주의나 성스러움으로 변화시키는 경향이 있다. 이러한 변화는 개인뿐만 아니라 대중 전체를 도덕적으로 고양시키는 효과를 가져온다. 성 로욜라나 성 요한 같은 경우가 그러하다. 따라서, 국가가 이런 인물들이 나올 수 있도록 지원해야 하며 그들의 출발점이 비천하더라도 그들의 기여를 인정하고 장려해야 한다. 역사적으로 정부는 이런 인물들을 억압하거나 처벌하기보다는 그들의 잠재력을 활용해야 한다.

범죄자들이 가진 열정과 에너지를 사회의 이익을 위해 사용하는 것이 중요한데, 이것은 혁명적 에너지를 선용하는 방법이 될 수 있다. 범죄적 열정이나 정치적 범죄는 큰 사회적 변화를 일으킬 수 있으며, 이들을 올바르게 활용하면 사회를 변화시키는 데 큰 도움이 될 것이다.

이러한 에너지가 잘못된 방향으로 쓰이는 것을 방지하고 올바르게 활용할 수 있는 기회를 제공해야 한다. 만약에 가리발디가 그 시기에 억제되었다면 그의 업적들은 실현되지 않았을 것이다. 따라서, 범죄자들이 가진 잠재력을 적절히 활용하고, 그들이 발전할 수 있는 기회를 제공하는 것이 중요하다. 결국, 범죄와 범죄자의 잠재력을 사회에 긍정적으로 활용할 수 있는 방법을 모색하는 것이 필요하다. 이는 간질이나 범죄적 성향을 가진 사람들이 사회에 기여할 수 있는 방안을 찾고 그들이 사회적 가치 있는 일을 할 수 있도록 지원하는 것을 포함한다. 이렇게 함으로써 범죄자는 단순한 범죄자로 끝나는 것이 아니라 사회에 긍정적인 영향을 미칠 수 있는 존재가 될 수 있다.